万川 reflections

一步万里阔

The Power of
Reinvention in Life
and Work

下一步！

重塑人生的科学与行动指南

【美】乔安妮·利普曼／著　宫杉姗／译
Joanne Lipman

NEXT

中国工人出版社

图书在版编目（CIP）数据

下一步！：重塑人生的科学与行动指南 / (美) 乔安妮·利普曼著；宫杉姗译. -- 北京：中国工人出版社，2025. 8. -- ISBN 978-7-5008-8741-6

Ⅰ. C936-49

中国国家版本馆CIP数据核字第 2025QB8365 号

著作权合同登记号：图字 01-2025-1637

下一步！：重塑人生的科学与行动指南

出 版 人	董　宽
责任编辑	邢　璐
责任校对	张　彦
责任印制	黄　丽
出版发行	中国工人出版社
地　　址	北京市东城区鼓楼外大街 45 号　邮编：100120
网　　址	http://www.wp-china.com
电　　话	（010）62005043（总编室） （010）62005039（印制管理中心） （010）62001780（万川文化出版中心）
发行热线	（010）82029051　62383056
经　　销	各地书店
印　　刷	宝蕾元仁浩（天津）印刷有限公司
开　　本	880 毫米 × 1230 毫米　1/32
印　　张	9.25
字　　数	200 千字
版　　次	2025 年 8 月第 1 版　2025 年 8 月第 1 次印刷
定　　价	58.00 元

目 录

I

重塑之路的路线图

引言
重塑人生——转变的四个阶段

数年前，我刚成为一名新晋的《华尔街日报》记者时，负责报道广告行业。每周一到周五，我会关注哪些广告大获成功，哪些失败了；哪些广告人选择了跳槽，哪些又被解雇了；以及广告公司之间在如何争夺大型广告业务。

有一天一大早，我前往曼哈顿中城的一座办公楼，去拜访那位创作出“我是‘玩具反斗城’里的孩子”这句经典广告语的人。他是大型广告公司智威汤逊的一名高管，负责公司许多重大业务。他为伊士曼柯达公司创作的“拍出新世界”打动了无数人的心；汉堡大战中脍炙人口的那句“饿了就吃汉堡王!”也是他的杰作。

走进他的办公室时，我困得睁不开眼，心里嘀咕着平常根本不用起这么早。这位高管语气温和、言辞简短，衣服有些皱巴巴的。他耐心地听我道歉，随后示意我坐到他办公桌对面的椅子上。他告诉我，他已经工作了好几个小时。事实上，天还没亮他就在家开始工作，来到公司前几乎完成了一天的工作量。而他所说的工作，不是打磨广告稿或者整理备忘录，而是写一本小说。

这位广告业高管的真正热情原来是写小说。和我们许多人一样，他心中怀揣着对另一种生活的向往。当然，他是一个成功的专业人士，在行业内备受尊敬，没有任何财务上的烦恼，多年来全身心地投入广告事业中。现在，他已经到了中年。

他的工作无法再点燃他内心的热情。他渴望创作小说，而不是广告词。他把所有空余时间都用来写作。深夜、清晨，飞机上或者午休时，他在办公桌前匆匆记下自己的想法，用铅笔在黄色便笺簿上记录脑海中的故事情节。他告诉我，他刚刚出版了一部小说，并递给我一本新鲜出炉的精装书。我礼貌地笑了笑，把书塞进包里。然后我拿出笔和本子，开始正式的采访，询问他关于汉堡大战的详细过程。

几周后，在一次商务飞行中，我从包里掏出了那本书。这本小说讲述的是一帮坏人密谋炸毁华尔街的故事。具体情节我记不清了，但我记得《柯克斯书评》杂志对它的评论："一本愚蠢透顶的惊悚小说，超级英雄的故事极其尴尬……彻底的失败。"

哎呀。还好这家伙有一份正经的工作。

所以，几年后，当这张熟悉的面孔出现在一则本地电视广告中时，我颇感意外。简单的背景下，这位广告人面对着摄像机，手里拿着他最新的作品。

"我是詹姆斯·帕特森。"他说。

如雷贯耳。詹姆斯·帕特森无疑是美国最成功的商业作家之一。他独立或与他人合著的书超过 250 本，销量高达 4 亿多册，其中最著名的是以侦探亚历克斯·克罗斯为主角的系列悬疑小说。他的书几乎都曾登上《纽约时报》的畅销榜单，包括他送给我的那本《黑市》(后来改名为《黑色星期五》)。他还保持着一项吉尼斯世界纪录：拥有最多畅销榜冠军头衔的独立作家。他的多部作品被改编成电影。据《福布斯》估算，帕特森的个人净资产超8亿美元，是美国最富有的作家，在全球位居第二，仅次于“哈利·波特”系列的作者J.K.罗琳。

这位曾经的广告高管证明了那些与他唱反调和怀疑他的人全部错了。他冲破了旧生活的束缚，开启了一个极其成功的新生活，就像小说里的超级英雄一样。《名利场》杂志称他为“图书界的亨利·福特”，认为他“从广告狂人变成了全球惊悚小说狂人”。而在商业成功之外，这一切还有着更深远的意义：他实现了多年前与我提及的梦想，重塑了自己的未来，并拥有了长久以来他所渴望的那种生活。

他是怎样做到的？他是如何克服重重困难、重塑自我的？我们能够从他的转变中学到什么？

在那次见面的30年之后，我再一次联系了他。

当你还是个孩子的时候，你希望长大以后做什么？我曾经想要当一名间谍。从7岁开始，我就随身带着一个黑白大理石纹的笔记本，就像我最喜欢的书《超级大间谍》里的女主角一样，记录在学校里无意间听到的对话，或者偷听我姐姐和她男朋友的电话。读了《小妇人》以后，我决定在做一名间谍的同时，还要像路易莎·梅·奥尔科特那样，成为一名小说家。然后，我读到一本名为《沼泽人》的书，讲的是在丹麦的沼泽中发现了铁器时代的尸体，于是我又把考古学家加入了我的多重职业梦想清单中。

当然，最后我没有从事上述的任何一种职业。大多数孩子和我一样，曾经设想过各种职业身份：摇滚明星或者癌症治愈者，任由思绪天马行空。在脑海中随意放弃一个身份不会对他们造成丝毫困扰，因为他们随时可以再幻想出一个新的。在 2020 年一项有 2000 多名成年人参与的调查中，当被问及小时候想成为什么样的大人时，最受欢迎的答案是职业运动员；其他热门的选择还有宇航员和演员。实际上，几乎 80% 的人最终从事的职业与他们小时候的梦想完全不同（这一点都不奇怪，毕竟，每 1 万个打篮球的高中男孩里，只有 3 个能进入NBA）。

孩子们任意幻想着不同的职业，轻松抛开一个旧角色，再尝试一个新角色，周而复始。他们对未来的设想不仅仅局限于职业。除了想象自己长大后做什么——成为消防员还是芭蕾舞演员，他们还想象一切想要完成的事情和未来生活的样貌。小学时，我在卧室的小黑板上列出了 20 岁之前要完成的 20 件事情。虽然钉在黑板上的条纹便利贴早已不知去向，但我仍然记得其中的几项：骑自行车穿越美国；出版一本畅销小说；划独木舟穿越加拿大荒野——尽管我只在为期两周的女童子军夏令营里划过一次独木舟（是的，我一件都没有完成）。

不知何故，在长大成人的路上，我们逐渐失去了想象未来的能力。在大学里，我们被引导着选择一个专业。然后，如果幸运的话，我们会找到一份工作。接着，或许会结婚，生小孩，买房，安定下来。很快，生活中的选择会变得越来越少。工作、事业、住在哪里、空闲时间做什么、一天中什么时候喝咖啡……改变一个方面意味着其他方面就会被颠覆。我们已经习惯了眼前的生活方式、收入水平或者职业地位，难以做出改变。逐渐地，不知不觉中，一切似乎真的再难改变。于是我们把赌注押在现有的生活上，不再去想象另一种生活。我们对现有的生活已经投入了太多，只能继续加倍投入，而不是颠覆它。正如威廉·布里奇斯（William Bridges）在《转变之路》（*The Way of Transition*）中所写的那样："在穷尽所有可能的办法之前，我们是不会轻易放弃任何重要的事物的。"

新冠疫情的暴发，打破了数百万人对生活的掌控感。这场危机使我们从日常生活中惊醒，引发了一场集体反思，并随着经济不确定性的加强和政治动荡的加剧而愈演愈烈。人们开始重新调整生活的优先级，再度思考未来。一些企业遭受突如其来的打击，拼命试图转型。领导者不得不重新思考自己的角色，调整策略。直到今天，几乎每个人都还在努力适应着一个快速变化的世界。《华尔街日报》专栏作家佩吉·努南在疫情暴发之初写道："人们遭受着苦难，感到害怕。他们的想法发生了转变，许多人开始重新审视自己的生活。他们不仅开始思考'什么是重要的'或者'什么会让我快乐'，还会思考'我生来注定要做的是什么？'"这些想法至今仍在引发共鸣。

疫情在许多方面改变了我们的社会，更重要的是，它让我们重新审视自己与工作的关系。2021 年和 2022 年，数百万人离开了原来的工作，但令人震惊的是，调查显示，他们中至少三分之一的人并没有重新开始工作。人们重新思考要在工作上花费的时间，考虑着更希望把时间用在哪里、用于做什么，以及一份“好工作”的定义到底应该是怎样的。

不仅仅是换一份新的工作，想要改变职业方向的人空前增多。皮尤研究中心 2021 年的一项调查发现，各个收入水平——不只是高收入水平——的失业者中，有 66%的人认真考虑过换一种职业。招聘网站Indeed在 2022 年对求职者的调查中发现，85%的人希望转型，选择新的职业发展道路。

这几乎是一场现代史上前所未有的全球重置。但事实上，即便没有疫情，几乎每个人一生中至少会经历一次这样的重置——甚至可能不止一次。一个普通人在职业生涯中可能会换十几份工作，经历被解雇或者被裁员。在新闻行业，近 10 年来，因为财务问题，至少有 3 万个工作岗位消失了，2500 家美国报社倒闭。盖洛普公司的调查发现，许多人对职业选择感到不满，想要换个工作。在疫情之前，“摆烂”还没有成为年度热词的时候，就已经有 71%的千禧一代对工作毫无热情。他们认为未来可能会出现某些重大变故：疫情、战争、小概率事件、飓风或者地震等自然灾害。

无论是什么催化了这一切，都迫使我们亟须做出改变，去思考这样一个问题：下一步是什么？我们该如何应对？

我成年后的大部分时间都在思考这个问题。作为一名记者，我报道商业和社会的变革；作为一名数字时代的主编，我引领新闻机构改革；作为一名作家和性别平等的倡导者，我曾经帮助一些组织重塑它们的文化。我一直着迷于追寻“新机会”所带来的挑战，这让我不断产生新的想法。没有什么比抓住那些近在咫尺、其他人却视而不见的机会更令我兴奋。在我发现它们的时刻，我的脑海中会划过一道闪电：“就是它了！”尽管我报道、领导，甚至亲身经历过这些关键时刻——无论是好的（比如创办一本新杂志）还是糟糕的（比如目睹杂志停刊）——大多数时候，我依靠的是直觉，像盲人那样摸索着前进。大多数人都是如此。没有任何一本书可以为你指明方向。

这本书源于我的数百次个人采访和科学研究的成果，分为两个部分。第一部分探讨转型的不同情形，包括职业重塑、内心直觉、关键时刻、重整旗鼓、创伤恢复，以及在不得不改变时如何应对等内容。第二部分则通过最新的科学研究案例，着重讲述转型成功的具体策略。在书的末尾，我还提供了一套具体实用的工具包。各部分内容都基于一个核心观点：如果我们了解转变的步骤，就一定能找到一条有意义的变革之路——无论是彻底重塑，还是仅仅弄清楚下一步该怎么走。我们可以改变，并且会变得更好。

我选取了那些成功重塑了自己工作或生活的案例，例如吉姆·帕特森。我研究的转变有各种类型，有些是生活上的（比如在一次恐怖袭击后重新找到活着的意义），有些是职业上的（比如从电话维修工变成鞋子设计师），还有一些是濒临倒闭的企业或产品得以重振雄风（你会发现培乐多和伟哥有着相似之处）。我请每位受访者详细讲述他们是如何重塑未来，并将其变为现实的。我会分享他们的智慧，包括有效的策略和需要避免的陷阱。

我还与研究各类转变的科学家和研究人员进行了深入交谈。这本书建立在神经科学、社会心理学、认知科学、管理理论和数据科学的全新见解之上。这些领域的最新研究拓宽了我们对变化机制以及如何更好地驾驭变化的理解。科技的进步使科学家能够进一步窥探我们的大脑，从而更好地了解我们是如何产生创意和灵感的。几十年前还不存在的课题——比如创伤后成长研究，源于那些从难以想象的悲剧中幸存下来并变得更加强大的人——正在为一些人类最古老的命题提供新的启示。

通过这些案例和科学研究，你会了解到为什么有些人在重塑中取得成功，而另一些人却未能如愿。你会看到：一位全职妈妈是如何运用育儿技能成为一名首席执行官（CEO）；为什么睡眠是某位著名喜剧演员成功的关键；一个人在教堂里的“关键时刻”如何为他带来数十亿美元的新生意；童年记忆如何帮助一位NBA球员转型成为一名受人尊敬的学者和律师；一位爵士乐手如何变成著名的经济学家；哈佛毕业的经济学家又如何成为一名牧场主……他们的经历都颇具启发性。此外，你还会看到一些卓越的转变：遭遇砍刀袭击的受害者缘何决定要帮助袭击者的社区；曾经的时尚博主如何再次成为支持由黑人领导的科技初创企业的重要人物；是什么让百视达公司逐渐消失在人们的视野中，而奈飞公司尽管犯了错，却通过转型生存了下来。

如果你正在考虑改换职业，这本书就是为你量身定做的。如果你的企业正处在十字路口，你可以在本书里获得指导。如果你想要重拾多年前放弃的梦想，追求更有成就感的生活，或者只是面临着生活中的某个变化——新的居所、新的关系、受挫后的新起点——你会在这本书里遇见引领你前进的人。无论是现在还是几年以后，我们每个人都不可避免地会走到这样的转折点，而且往往不止一次。许多人都在追寻有意义的改变，寻找下一步的方向，但我们并不总是知道该怎么做。不过，你会在书中读到，有些方法可以让你以更少的压力和更多的动力来完成这些转变。

令人惊奇的是，当我深入研究这些不同类型的转变时，我发现几乎每一个转变都遵循着相似的模式。这个模式可以分解为具体的阶段。不同领域的科学家也许用词不同，阶段数量也有所不同。但从本质上讲，他们是在从不同的角度研究同一个现象，并得出几乎相同的结论。不过，这些专家彼此之间并无交流。他们在不同的大学里，参加着不同的会议，活跃在不同的社交圈子中。通过汇总他们的研究成果，并以现实生活中的例子作为依据，我希望能使我的观点更为全面——不仅包括转变是如何发生的，也包括如何在我们自己的生活中更成功地实现转变。

总的来说，转变通常从探索开始。一些转变者起初可能会不自觉地探索一个新的领域。然后会经历一段不太舒适，有时甚至感到痛苦的挣扎时期，因为他们既想转向新角色，又无法完全放下旧角色。接着会有一段停滞的时期，可能是自愿的，也可能是外界因素迫使你暂停下来，这段时间会帮助你的头脑整合摇摆不定的想法。最终，你会找到解决方案，完成转变。基本上，这些阶段构成了我们称为“重塑之路”的路线图：

探索→挣扎→停滞→解决

当然，这个模式并非一成不变。一个阶段可能持续数小时，也可能持续数年。不同的人可能以不同的顺序经历这些阶段，或者不止一次经历某个或某些阶段。有时候，挣扎期才是真正的催化剂，而不是探索阶段，尤其是对那些遭遇不幸或突然失业的人而言。同样地，你可能会轻松地度过某个阶段，但随后又重新回到之前的某个阶段。

一旦你熟悉了这些阶段，你就能在自己的生活中以及其他地方识别出它们。在我对许多指导或经历过重塑的人的采访中，以及在多个不同学科的学术研究中，这个过程都惊人地相似，只是用词不同而已。

举例来说，职业指导专家将挣扎期称为“临界期”。伦敦商学院的教授赫米尼娅·伊巴拉认为，“临界期”是“介于显然已经过去的过去和仍然不确定的未来之间”。研究创造力的科学家将挣扎期称为“孵化期”，即当你被一个问题所困扰，正准备沮丧地放弃时，却在某天半夜醒来，想到了解决办法的那段时间。对于创伤幸存者来说，在经历了战争、自然灾害、暴力或疾病之后，“挣扎期”是他们成长的前奏。

遗憾的是，人们往往只关注转变过程的第一步和最后一步——探索和解决。也许这是人性的一部分，好像职业转变总是在一夜之间发生的。一觉醒来，约翰·传奇（John Legend）从管理顾问变成了音乐巨星；萨拉·布雷克里（Sara Blakely）从传真销售员变成了身价百万的Spanx品牌创始人；哈里森·福特（Harrison Ford）从木匠变成了电影明星；王薇薇（Vera Wang）从花样滑冰运动员变成了婚纱设计师；朱莉亚·切尔德（Julia Child）从第二次世界大战情报专员变成了烹饪专家。

这种神话般的叙述方式的转变，对于普通人来说显得遥不可及。更糟糕的是，这些故事完全聚焦在错误的地方。职业转变并不是丑小鸭变成白天鹅的神奇蜕变，公司和组织也不可能打个响指就能轻松地完成转型。我曾与一家公司的高管合作，他宣称要开始"转型"，甚至任命了一位"首席转型官"，但他根本不清楚公司转型的目标是什么，也不知道如何实现转型。他对员工提出的各种问题感到恼火，而员工对他也非常不满。期望在一瞬间完成转变，只会导致失望和灾难。

事实上，中间的阶段才是最重要的，那就是挣扎期。这是一个艰难的过程。对于组织机构来说，挣扎意味着关注从眼前到终点的复杂过程，而不仅仅是眺望那个遥远的终点，那颗山顶上的闪耀之星。对于个人来说，挣扎期就是你拼命想要找到解决办法，而你的大脑因为过度思考而疼痛不已的过程。挣扎期可能是痛苦的，蕴含着几乎令人无法忍受的沮丧。没有人愿意经历这一切。谁不想轻而易举地知道下一步该怎样走呢？

遗憾的是，挣扎期是非常必要的，而且，在几乎每一场转变的舞台上，它都是找到解决方案的关键。

我们大多数人，都会本能地尽量避免任何形式的不快。没有人愿意处于痛苦之中。如果感到痛苦，那是不是意味着应该停止正在做的事情呢？然而，最新的研究发现，恰恰相反，这种痛苦不仅能带来收获，还能带来释放。

在芝加哥著名的Second City培训中心，当研究人员要求一组学生在即兴表演练习中“拥抱不适”时，他们发现，与正常练习或者被告知练习有效的学生相比，这些学生承担了更大的风险，但掌握的技能也更多。同样，当被要求写下他们生活中的一段情感经历时，被要求在写作时感受不适并将其视作一种积极信号的学生，在后来的报告中显示，他们的情感得到了更好的成长并发展了新的技能。芝加哥大学布斯商学院的教授阿耶莱特·菲什巴赫认为：“当人们能够将原本消极的信号重新转化为积极的信号——将不适重新视作一种成就的标志——这些信号就会变得更具有激励性。”

拥抱挣扎是违背本能的。但实际上，你可以说服自己改变态度。社会心理学家肖恩·阿乔尔、彼得·沙洛维和艾莉雅·克拉姆在瑞银集团的一个非常时期被召进这家巨头银行，该集团当时正经历着财政危机和大规模重组的双重动荡。研究人员要求第一组经理人观看展示压力是一种有害因素的视频，第二组观看展示压力实际上会增强大脑和身体表现的视频。6周后，第二组的经理人仍然认为压力具有积极的强化效果。与此同时，他们的健康问题减少，工作满意度提高了。

虽然这些科学研究相对较新，但我们提到的转变过程早已隐匿于历史之中。在文学作品中，约瑟夫·坎伯的《英雄旅程》就体现了这一过程，莎士比亚的作品和《星球大战》（*Star Wars*）中也有类似的情节。在《英雄旅程》中，英雄离开了原来的世界（探索），经历一连串考验（挣扎），面对放弃的诱惑（停滞），最终凯旋（解决）。在人类学领域，阿诺德·范热内普在他1909年的经典著作《通过仪礼》（*The Rites of Passage*）中描述了“临界期”，即过渡期（挣扎），一个人正从生活的一个阶段（探索）转变到另一个阶段（解决）的中间期。

在宗教故事里，摩西带领犹太人在旷野中流浪了40年才到达“应许之地”；耶稣在沙漠中经历了40天的考验；印度教徒要在森林中修行；佛教徒需要冥想；穆罕默德在圣山中通过漫长的思考才获得神启。在童话故事里，“睡美人”沉睡了100年，直到王子将她吻醒；小红帽、汉塞尔和格莱特在森林里经历了冒险。

在当代作品中，挣扎期的重要性表露无遗。凯瑟琳·梅在《冬季》（*Wintering*）里将其定义为“生活的一次休耕期，在这段时间里，你感到与世隔绝、被排斥、被边缘化，无法前进，成了一个局外人”。布鲁斯·费勒在2020年出版的《生活在转变中》（*Life Is in the Transitions*）一书中，将这段时期称为通向“新开始”的“混乱中间阶段”。布芮尼·布朗在《勇气的力量》（*Rising*

Strong）中称，当你感到“身处黑暗”，正是处于“挣扎的中途”。

从某种意义上说，新冠疫情给我们所有人带来了一段寓意不明的挣扎期。回想那些用来描述那一时期的词语：“迷失”“中断”“停滞”。我们经历了一场“精疲力尽”的流行病，感到“被消耗”“没完没了”和“混乱”。《今日心理学》安慰读者：“感到负担过重、效率低下是很正常的。”CNET的一篇头条这样写道：“你并不懒惰：为什么高效在当下变得很难？”

但是，当我们身处挣扎中时，也许有一条路可以让我们走得更远——也许我们可以找到一个彻底的解决方案。为了找到它，我们需要拥抱挣扎。

为了更好地理解重塑之路，现在，想象你正准备换一份职业。假设你现在的工作是电话维修工，而你的梦想是成为一名鞋子设计师。你知道该如何把它变为现实吗？

让我们回顾一下重塑之路的各个阶段：探索→挣扎→停滞→解决。首先，是探索，那么你应该从研究其他人设计的鞋子开始，学习鞋子的构造，了解时尚杂志上的最新款式。在这个阶段，最好保持你的日常工作，但你可以晚上在家里画自己的设计草图。

这正是马萨诸塞州电话修理工克里斯·多诺万的真实经历。克里斯是一个高大魁梧的男人，有着浓密的灰白胡须，带有浓重的波士顿口音。他年轻时做过酒保和服务员，后来为了追求稳定，进入了一家电话公司。稳定是他工薪阶层的父母一直以来最为看重的。对工作是否热爱“并不是重点”，他告诉我，“重点是稳定……与快乐无关”。克里斯把父母的教诲牢记于心：接下来的25年里，他一直从事修理、安装和维护电话的工作。

与此同时，克里斯有一个从未与人分享的爱好。这个爱好始于他的高中时代。有一天，他看到一个女同学穿了一双高高的厚底凉鞋，在他眼里，那就像是“脚上的艺术品”。他开始着迷于画鞋子的草图，虽然那些画看起来更像建筑设计图，而不是真正能穿的鞋子。那所高中是一所天主教学校，有些孩子看到他的画后开始嘲笑他，于是，克里斯将画都藏了起来。起初，他只是不想让同学和修女们看到，后来，他没有让任何人知道。在整个学生时代和工作生涯里，他从未停止过为鞋子画设计图。“任何东西都可以成为我的画纸。信封的背面、餐巾纸、工单……”他说，“我的办公室抽屉里塞满了鞋子的设计图和《Vogue》杂志。电缆工有时会来我这儿喝咖啡，他们会翻阅那些杂志和图纸！但他们从未说过什么。”

他从未想过这个爱好可以成为他的职业。“压根儿没想过。那看起来不像是一个可能的职业选择。”然而，当他快40岁时，他遇到了他的伴侣史蒂夫，并在史蒂夫的鼓励下，重新考虑了这个可能性。“我们第一次约会是在一家餐馆，史蒂夫看到我画在一张餐巾纸背面的草图，说，‘这真够奇怪的……但是很酷。’”克里斯开始谨慎地向史蒂夫敞开心扉，分享自己的笔记本和20年来从未向任何人展示过的草图。“我们在一起的时间越长，我越是经常能够听到史蒂夫说，‘你真的应该考虑当个全职设计师。

这不应该仅仅是你的一个爱好。'"

尽管如此，克里斯仍然选择待在电话公司。相较于那个未知的黑洞，这份工作是他所熟悉的。他进入了挣扎阶段，一边幻想着新的职业，一边深陷在旧的职业里。这是一段痛苦的时期。他记得有一次在科德角度假，与朋友共进晚餐时的情形："当时有一位东京商店的设计师，一个德国艺术家。我离开的时候非常沮丧。我对史蒂夫说，'他们都在做着了不起的事情。我知道我也可以。我知道它就在那里。'"后来，克里斯报名参加了罗德岛设计学院的继续教育课程，向他的设计事业迈出了一步。

不过，他仍旧没有离开电话公司。然后，在他50岁的时候，史蒂夫被诊断为癌症。虽然疾病得到了成功治疗，但这为克里斯敲响了警钟。他突然意识到，他必须离开电话公司了。他要去实现他的梦想——成为一名鞋子设计师。起初，这个决定让他感到恐惧。"但当我想到，如果我在临终之际，想的还是'要是……就好了'，那真是一种莫大的遗憾。这是我生来注定要做的事情。我不想错过这个机会了。"

克里斯毅然离开了电话公司。为此，史蒂夫拿出了他们原本准备用于翻新厨房的全部积蓄。于是，54岁的克里斯来到佛罗伦萨，穿过俯瞰阿尔诺河、历史悠久的维拉·法瓦尔德大门，走进装饰着壁画和吊灯的教室，成为柏丽慕达时装学校年龄最大的学生。

适应的过程并不容易。"这太糟糕了。你一点都不时尚。"在看到克里斯交的一份糟糕的作业后，一个老师这样告诉他，"看例如，克里斯·多诺万起初报名参加夜校的设计课程。“做一些小事，一些可控的新尝试。”乔斯林·妮可·约翰逊说，“重点是去做……你必须先行动起来。”乔斯林在弗吉尼亚州夏洛茨维尔市的公立学校做了十几年的艺术教师，50 岁时出版了备受赞誉的处女作《我的蒙蒂塞洛》(*My Monticello*)，并获得《纽约时报》的好评。

第一步可以尝试一下新的爱好，或者收集信息，了解自己可能感兴趣的方向，或者是观察不同职业的人群。你也可以像帕特森那样，天还没亮就开始写小说。尽管他在工作上花费了大量时间，但他仍会抓住一切空闲时间去写作。会议间隙、工作前后、飞机上、差旅期间的酒店房间里……你都可以看到他在勾画故事大纲。“这会让我心情平静。所有的压力都消失了。写小说的时候，我不会觉得要和谁竞争，”他回忆道，“杂念都被我抛开了。”

帕特森很快完成了他的第一本小说。兴奋之余，他把手稿寄给了 32 家出版商。没过多久，他就收到了 31 封拒绝信。但幸运的是，有一家出版商认可了他。1976 年，利特尔-布朗出版社出版了《托马斯·贝瑞曼号码》(*Thomas Berryman Number*)，讲述的是一名纳什维尔记者试图寻找一名杀手的故事。当时，帕特森还不到 30 岁。更棒的是，这本书为他赢得了由美国推理作家协会颁发的“爱伦坡奖最佳首作”奖。从此，他开始踏上成功之路。

当然，职业生涯很少是一帆风顺的。帕特森的经历尤是如看你的同学们。你看到他们都是20多岁的孩子了吗？他们很时尚。”随后，老师问他在入学前是做什么工作的。当克里斯解释说他之前是一个电话修理工时，老师恍然大悟。“所以你的特点是粗粝感，”她说，“保持这种原始的感觉。不要浪费这一点。”克里斯最终以班级第一的成绩毕业。

但是，当他毕业回家之后，优异的成绩并没有给他带来实际的帮助。他走访了皮革制造厂和手提包工厂，然而连面试的机会都没有得到。即便他提出可以免费实习，也没有人愿意接收他。没有人想要一个中年工匠，克里斯感到绝望。抱着试一试的心态，他参加了在《美国退休人员协会杂志》上看到的一个设计新星比赛，获胜者的作品将得到时装设计真人秀《天桥骄子》的导师蒂姆·冈恩的点评。令他吃惊的是，他拿到了第一名。在一间明亮的、白色调的女鞋沙龙里，冈恩观赏着他设计的几双别出心裁的高跟鞋，摄像机跟拍着他们。“哇，我从未见过这样的设计！”冈恩惊呼道，“这个世界需要这样的设计！”

克里斯·多诺万的这次亮相引起了众多潜在客户的兴趣，并最终创立了以他名字命名的鞋履品牌。他独特的设计感让他的鞋子看起来像是微型雕塑。粗犷的几何鞋跟让人联想到车床加工的木材，而精致的高跟鞋宛如折纸艺术品。为了纪念他的过去，他使用光纤导管制作鞋跟。他还会去废品回收场寻找灵感；他设计了一款靴子，鞋跟用废弃的髋关节置换零件和医用缝合线制成。最新的一个系列以纸飞机作为灵感。“任何人都可以从像花朵这样美的事物中获得灵感。”他说，“但如果是平凡甚至丑陋的东西呢？我不希望人们只关注表象的美，我们应该去发现内在的美。”

到这里，他的故事还没有结束。他用退休金委托一家意大利制造商生产他的新鞋子，相信可以从进货商店的销售中赚回这笔钱。但这个系列赶上了一个极其糟糕的上市时间：两个月后，疫情暴发了。女性们开始待在家里，穿着拖鞋，不再需要设计师款的高跟鞋。他开始在网上销售鞋子，并将一间闲置的卧室变成设计工作室，维持着业务的运转。

尽管如此，他并不后悔。他已经设计好了下一个系列，一旦有了生产条件，就可以马上开工。“不管遇到什么样的困难，我都能继续设计鞋子，”他告诉我，“这已经成为我生命的一部分，它让我非常兴奋，我爱这种感觉。”这位新面孔的设计师正在崭露头角。《波士顿杂志》也注意到了这一点，在 2020 年“波士顿最佳”的评选中，他被评为“最佳鞋履设计师”。当时，这位“新晋时尚巨星”已经 61 岁了。

表面上看，吉姆·帕特森和克里斯·多诺万似乎毫无共同之处。但是，当帕特森向我讲述他的职业历程时，我发现他们的故事有许多相似之处。他们的职业转变过程有着非常类似的轨迹。研究职业转型的专家们会认为帕特森的路径并不陌生，甚至是可以预见的。

和克里斯一样，帕特森多年来一直知道自己想要的是什么，但不知道如何实现。他在文学上的成功并非一蹴而就。他写了很多本书，包括一些失败的作品，直到后来才找到自己独特且极具市场价值的写作风格。他并不总是确信自己走在正确的道路上，他也有过怀疑的时刻。在出版了第一本书后，他在广告公司又待了将近 20 年。尽管这 20 年里他又出版了十几本书，但他始终觉得自己没有准备好。这位当代最畅销的作家直到快 50 岁的时候，才辞去原本的工作。

帕特森出生在纽约州的纽堡，一个日渐衰落、被农田包围着的哈德逊河滨小镇。他有着不幸的童年，他的父亲靠开面包车和挨家挨户推销保险勉强度日。后来，他们全家搬到了马萨诸塞州，小吉姆开始在声名狼藉的麦克莱恩精神病院上夜班，赚取外快。有时，他会在咖啡店听他的病人——尚未成名的歌手詹姆斯·泰勒的表演；有时，他会去观看另一位病人——诗人罗伯特·洛厄尔在自己房间里的诗朗诵，尽管“他看起来有点疯狂和暴躁”。

但大多数时候，他在漫长的夜晚里阅读。他对恐怖小说或通俗小说毫无兴趣，甚至从未读过商业小说。相反，他对严肃文学情有独钟。他大量阅读詹姆斯·乔伊斯、萨缪尔·贝克特和斯坦利·埃尔金的作品。很快，他开始试着自己写小说，但几乎没有得到任何人的鼓励。在他获得奖学金进入曼哈顿学院后，一位写作老师毫不留情地告诉他：“你写得很好，但别去写小说。”这个打击让他灰心丧气。“那时候，我不知道自己在做什么。”他这样对我说。

大学毕业后，他在范德比尔特大学又读了一年的研究生，但那时他已经意识到，自己“不想为严肃文学的读者写作”。然而，他没有受过其他方面的训练。他开始更多地阅读商业小说，比如《豺狼之日》和《驱魔人》，并发现它们“相当有趣……让我对悬疑小说和惊悚小说产生了兴趣”。但是，他怎么会想要去写畅销书呢？那些醒目地摆放在巴诺书店的书架上、登上《纽约时报》畅销书排行榜的那类书？“我不知道怎么写悬疑小说，因为我没怎么读过这类书籍。我是个典型的范德比尔特大学的科班书呆子。”

帕特森最终来到了纽约，他留着长发，像一个嬉皮士。他没有工作，也看不到前途。他试图当一名出租车司机，但没有成功，“一个长得像《出租车》里丹尼·德维托的家伙把我赶出了他的车库”。他住进廉价的华盛顿杰弗逊旅店，那是纽约当时最为破旧的旅店之一。在那间天花板很高的小房间里，吊坠图纹的墙纸上布满了某个精神失常的前房客留下的“X”标记，令人触目惊心。“我的目标就是离开那个房间。”他告诉我。最后，通过一个朋友的朋友的介绍，他在智威汤逊广告公司得到了一份初级文案的工作。

尽管“对广告毫无兴趣”，帕特森还是接受了这份工作。“我从来就不喜欢广告业。我想当一名作家”，但他需要一份工作。他目睹了父亲一生中大部分时间都在为钱而挣扎，他记得父亲经常叮嘱他“小心，小心，谨慎，谨慎”。广告公司的工作让他能够维持生计。“那些成功的小说家是怎么做到的呢？”

他说，那时候他是个“害羞、傻气的家伙”。但他有着写出令人难忘的广告词的天赋。在与公司的重要客户合作时，他学会了如何与观众对话。他将广告想象成一个个小故事，再把他脑海中的故事情节拍摄出来。他的工作引起了主管的注意，并获得了晋升。尽管他在广告领域表现出色，但他说："我一点都不热爱它。"每个人都认为他将是一颗冉冉升起的广告界新星。但当他看向镜子时，他看到的完全是另一个人。

"也许我是在痴心妄想，但我从不认为自己会一直是一个广告人，"他告诉我，"我随时准备去做一名作家。我希望做一名作家。这个想法始终在我的脑海中。"

帕特森在探索阶段为自己设想了一个不同的职业角色，这正是他成功的关键。就像克里斯·多诺万在修理电话的那些年里，心中一直梦想着成为一名鞋子设计师一样。这种对未来的具象化想象，是成功转行人士特有的标志。

1986年，社会心理学家黑泽尔·马库斯和保拉·努里乌斯提出了"可能的自我"这一概念，用来描述人们对未来自我的设想：我们可能成为、想要成为，甚至害怕成为什么样的人。这些设想中有一些可能是性格上的改变，或者是希望自己更快乐、更自信；还有一些可能是身体上的变化，比如减肥成功。而想象"可能的自我"对于那些正在重新思考自己的生活和职业的人来说，尤为重要。他们可以在脑海中尝试不同的角色，想象自己全新的样子，就像帕特森和多诺万一样。在真正开始行动之前，他们已经在脑海中描绘了这些未来。

管理学家认为，如果你正在考虑换个职业或者重新规划你的工作方向，认真思考未来“可能的自我”是关键性的第一步。帕特森通过“在脑海中”将自己视作一名作家，最终找到了正确的方向。它可以帮助你把白日梦变成现实。研究发现，当人们为自己设想不同的未来时，会更容易做出重大改变。仅仅通过设想“可能的自我”，会让你更有可能保持专注、制订有效的计划，并发现潜在的机会。当心理学家要求实验对象写下自己对未来自我的想象时，这种练习能帮助他们更清晰地制定目标，计划实现目标所需的步骤，并且将不切实际的幻想与现实的目标区分开。

几乎每个人在一生中都会考虑多种“可能的自我”。马库斯和努里乌斯在对大学生进行的一项调查中发现，2.2%的大学生当下已经是网络红人，而大多数（56.1%）的学生表示他们设想过未来会成为一名网络红人。1.4%的学生已经拥有属于自己的公司，而高达 80.3%的学生想象过自己未来会拥有一家公司。

伦敦商学院的伊瓦拉在过去的 20 多年中一直在研究职业转型，她经历了繁荣的年代和混乱的时期，比如 2008 年的金融危机和后来的新冠疫情。她认为，在混乱时期，尝试“可能的自我”尤为重要。“即使在好年头，职业转型也从来不是一个完全顺利的过程，”她在疫情期间写道，“那必然是一段混乱的探索之旅——要想找到正确的方向，你必须去探索、尝试并了解种种‘可能的自我’。”

但仅仅是设想“可能的自我”还不够。职业重塑的第一步是探索，而最关键的是采取行动。有些人无意识地向新的可能性靠拢，但大多数人探索“可能的自我”是一个更有目的性的过程。

此。尽管收获了好评，但《托马斯·贝瑞曼号码》的销量并不高。随后，意料之外的悲剧发生了。他交往多年的女友简·布兰查德被诊断出患有脑瘤。之后两年多的时间里，他一直忙于照顾简，甚至拒绝了为像汉堡王这样的大客户出差的工作安排。1982年，简去世了。帕特森悲痛欲绝，埋首于工作。“简的离开促使我全身心投入广告工作中。”他告诉我。他晋升的速度很快，并最终成为智威汤逊北美公司的CEO。

随着时间的推移，他重新开始了写作，然而他却感觉很难找到自己的写作风格。“《托马斯·贝瑞曼号码》里有很多不错的句子，”他对我说，“但后面写的一些书，我觉得并不怎么样。”尽管如此，他仍然坚持写作。当我在20世纪80年代末再次见到他的时候，他递给我的那本小说已经是他出版的第五本小说了。那时，在广告业，帕特森已经是一名声名赫赫的高管。但作为一名作家，他仍然默默无闻。他还没有找到自己的最佳状态。

至此，我们对帕特森的职业历程并不感到陌生。在他坚定不移地朝着成为小说家的目标迈进时，他也没有放弃原本的工作。他已经进入那个中间阶段——过渡的挣扎期。他的情况并非典型的挣扎状态——他已经是成功的广告主管，但同时还在不断地出版自己的作品。可以说，他在做着两份全职工作。而他还没有准备好放弃稳定的工作，去追求充满不确定性的未来。“我知道我做得还不够好。我不敢贸然辞职，去做全职小说家。”他告诉我，“所以我想了个简单的办法，在空余时间写作。”

为了找到适合自己的创作方向，他研读了很多畅销书，试图弄清它们成功的原因。“从某一刻起……我开始更认真地思考如何写出一本畅销书。我擅长什么，不擅长什么？”他不再去写自己无法掌握的复杂题材，就像他给我的那本书，内容涉及华尔街金融体系；他把精力集中在自己能够掌握、能写出可信内容的题材上。当他想写一个绑匪故事时，他采访了曾参与林德伯格著名绑架案的美国联邦调查局（FBI）探员，还结交了一些警察和退伍军人朋友。作为广告人，他从来不缺乏创意，脑海中总是涌现各种可能的故事情节。“我的想法层出不穷。我可以立刻写一本关于我们这次谈话的小说。我的大脑就是这样疯狂。”他有一次对我说。他的写作速度也非常快。通常在正式动笔前，他会先写出一份三四十页的提纲，再根据提纲完成初稿。

然而，当他开始写第八本小说时，他仍然没有找到属于自己的写作风格。和之前一样，他先写了一份提纲。但这一次，他不断向提纲里增添内容。随着叙事能力的不断增强，他将收集到的信息逐一补充进去，比如与FBI专员的对话等。“成败在此一举。”他说。最终，这份提纲扩展到大约350页。就在那时，他突然意识到：“这就是我想要的风格。”他又精简、剔除一些不必要的细节，提纲变成了情节不断推进的简短章节。他找到了对的感觉。

“那是一个巨大的突破，”他告诉我，“这就是我的书里章节短、口语化的起源……每一章的情节和人物发展都在向前推动，就像我脑海中的摄像机被打开了。”他给那本书起名为《蛛丝马迹》（*Along Came a Spider*），首次塑造了亚历克斯·克罗斯这个侦探形象。这本书不仅成了火爆的畅销书，还催生了一个盈利丰厚的系列作品。帕特森很快为这个系列写出了更多续集。

令人惊讶的是，他仍然留在广告公司里，此时他已经升任整个北美业务的负责人。“我从来没有真正喜欢过做广告，”他说，“从理论上讲，拍那些短片应该是很有趣的，但在智威汤逊公司不是这样。很多客户并不在乎片子的好坏。”在公司的董事会会议上，时间一分一秒地缓慢流逝着，令他感到煎熬。“我会频繁地看时间，7:50，8:05……我对会上讲的那些东西没有兴趣……它就是一份工作，很无聊。除了我可以雇用我喜欢的员工。”唯一让帕特森感到欣慰的就是他的团队。他们聪明、有趣，不像那些“讨厌鬼”。

到 1996 年，他已经出版了 10 本书，比大多数全职作家一生出版的书还要多。更为惊人的是，他写出了很多本畅销书，包括侦探亚历克斯·克罗斯系列的第二本《红唇劫》（*Kiss the Girls*）。到这时，“我已经是智威汤逊公司的CEO了，但写书赚得更多”。但是，他仍然没有准备好彻底离开广告公司，完成最终的转型。

就在那时，他的停滞阶段到来了。重塑领域的专家们——无论是研究职业转型的管理大师还是研究“关键时刻”的神经科学家——都曾提及停顿的重要性，因为它可以帮助人们找到解决办法。克里斯·多诺万在伴侣被诊断出癌症时被迫停滞，同时这让他意识到，是时候放弃电话维修的工作，去追逐自己设计鞋子的梦想了。帕特森同样经历了突破性的停滞时刻，不过他没有遭遇生命危险：他只是被堵在了路上。

那是一个炎热的星期天，帕特森正准备从新泽西州曼托洛金的海滨别墅赶回公司。他和那些刚刚结束周末生活、回归工作的人们一起被堵在新泽西州的收费公路上。就在那时，他突然意识到：天啊，这感觉太糟糕了。他看到对向车道的车辆飞驰而过——那些正驶向海滩的车，而不是离开。嗖——嗖——“我被堵在路上，咒骂着，感到心烦意乱。而另一边的车呼啸而过，每15秒就有一辆。”反方向的那条路根本不会堵车。新泽西州的海岸在他身后渐行渐远，但对于行驶在那条路上的人来说，前方正在闪闪发光。

“一个半小时后，那个‘关键时刻’出现了。”他告诉我，“我必须到路的另一边去，现在这样是错误的。我要去纽约做的事情，我一点儿都不喜欢。我必须到路的另一边去，我走错方向了。”

他说，堵车的那段时间让他有了“意料之外的突破”。他知道，时机到了。

回到曼哈顿的办公室之后，吉姆·帕特森辞职了。

听完帕特森的故事，我对这位低调的广告人几十年来的巨大转变惊叹不已。“哇，这真是一个翻天覆地的变化。”

“是吗?”他看起来有些困惑。在他眼里，并没有发生什么翻天覆地的变化，这更像是一种延续，而不是彻底的重塑。他始终是那个想做小说家的人。只不过在开始的几十年里，他需要靠做其他事情来谋生。他认为，真正的转变发生在他成为一名作家后。“我会不断地挑战自己，去做不同的事情。”他说。他不仅写过悬疑小说，还写过童书和非虚构文学。他会与其他人合著，写过关于约翰·列侬、穆罕默德·阿里和杰弗里·爱泼斯坦等人的大部头书籍，还曾与比尔·克林顿和多莉·帕顿等名人合作写小说。“这对我来说是一种转变。”

这种观点在我采访的其他成功转型人士中也很常见。他们并不认为自己是在创造一个全新的自我，而是在寻求实现原有的自我。我遇到的大多数人都是渐进式、一步步地转变，往往会历经数年，而不是试图一蹴而就地完成改变。而且他们常常在意识到自己想要转变之前，就已经开始采取行动了。

此外，几乎所有与我交谈过的人都曾表示，无论新生活看起来与之前有多么不同，他们都会将过去的经历融入其中。克里斯·多诺万在设计鞋子时会从电话维修工的经历中汲取灵感，他甚至在作品中直接使用工业部件。他始终记得设计老师对他的告诫（“你的特点是粗粝感……不要浪费这一点”），做真实的自己，而不是想象中的设计师。

政治活动家斯泰茜·艾布拉姆斯曾说，她经常会在这个完全不同的领域里运用早期职业生涯中习得的技能：她曾以笔名“塞莱娜·蒙哥马利”写作爱情小说和悬疑小说。“领导力要求你能与不同需求和想法的群体互动，并让他们产生共鸣。讲好一个故事——尤其是在浪漫小说的写作中——也需要类似的技能。”艾布拉姆斯说，“一本好的悬疑爱情小说绝不能低估它的读者，而一名出色的政治领导者要知道如何让选民感受到尊重，并为他们描绘一个美好的未来。”

过去的经历，无论多么不令人满意，甚至以失败告终，都可能是有价值的。王薇薇曾是一名颇具竞争力的花样滑冰运动员，未能进入奥运代表队以后，她转行成为一名时尚记者，40 岁时又成为一名时装设计师，并因其标志性的婚纱设计而享有盛誉。她说："花样滑冰教会我自律。它让我感受到表现自我的快乐。有时候你需要关注速度；有时候你需要关注动作；如果摔倒了，就爬起来再试一次。生活不也是这样吗？"

吉姆·帕特森更是充分运用了他在广告生涯中学到的技能。他通过在电视上为《蛛丝马迹》打广告而一举成名——这在当时的出版业简直是闻所未闻——他自掏腰包制作了一个广告。他还深度参与图书营销的方方面面：封面、书名、排版、促销。他说，多年的广告生涯为他的创作带来了许多启发："我从广告制作中得到的最大收获就是了解观众。"作为一名广告人，他将广告制作视为"打开脑海中的摄像机"。现在，他又将这种方式应用到写作中。"那是广告工作教会我的，我会将其运用到写作中。"

帕特森仍然充满创造力，就像他为汉堡王和玩具反斗城制作广告时一样。他一直在思考下一步应该做什么。就在我们谈话时，他正在佛罗里达的家中为下一批书做筹划——仅 2022 年，他就有十几本书在进行中。他始终在寻找着新的故事。当我们的谈话接近尾声时，他把最后一个问题抛给了我："你的下一个转变是什么呢？"

1
是时候转变了吗?
鼓起勇气的时刻

> 唯有直觉是真正有价值的。
>
> ——阿尔伯特·爱因斯坦

小时候，我曾认真学习过音乐。每天，我都会花好几个小时练习中提琴。每每到了周末，父母会开车把我从新泽西送到曼哈顿，跟随茱莉亚音乐学院的著名中提琴演奏家保罗·多克托学习。多克托有着悦耳的维也纳口音，是少数能以演奏这种古怪乐器为生的艺术家之一——中提琴的体型介于大提琴和小提琴之间，但比这两者更难以演奏。成年后，我不再演奏中提琴，但音乐依然是我生活中重要的一部分。我的第一本书就是一本音乐回忆录，现在偶尔也会写一些关于世界级演奏家的文章。

在我遇到的音乐家中，有一个人的经历特别有趣。艾伦在某些方面会让我想起我的儿子安德鲁。与安德鲁一样，艾伦也在曼哈顿长大，是个棒球迷，还是洋基队的铁杆粉丝，他能够背出洋基队每场比赛的首发阵容和最终比分。他们都对比赛数据着迷，艾伦会通过击球率来学习分数的计算——3 比 11 是 0.273，7 比 22 是 0.318。艾伦的妈妈则和我一样，喜欢在聚会上让自己的儿子给客人表演心算——尽管这让他们感到很尴尬。此外，这两个男孩都在表哥的影响下开始学习乐器。

不过，与我儿子不同的是，艾伦很快对音乐产生了极大的热情，甚至超过了对棒球的热爱。他在 12 岁时开始学习单簧管，不久后每天练习四五个小时甚至六个小时。他虽然喜欢古典音乐，但对爵士乐更着迷，尤其会被那些老派爵士乐大师所吸引，比如班尼·古德曼。很快，他也开始学习次中音萨克斯管，以便能够演奏那些蓝调爵士乐的即兴曲目。

艾伦的家境并不富裕，他的妈妈离婚后在一家家具店工作。他后来回忆道，高中时他的数学成绩很好，但对于不感兴趣的课程，“表现就只是还可以”。由于需要不停地练习乐器和棒球，他没有多少时间投入学业。虽然他的学习成绩一般，但他是一名出色的音乐家。十几岁时，他就已经可以通过周末的演出赚取零花钱。毕业后，他考入了著名的茱莉亚音乐学院，成为为数不多的被选中学习单簧管的美国学生之一。这所音乐学院曾培养了众多人才，包括大提琴家马友友（Yo-Yo Ma）、小提琴家伊扎克·帕尔曼（Itzhak Perlman）和爵士乐大师迈尔斯·戴维斯（Miles Davis）等。

进入茱莉亚音乐学院之后，除了单簧管，艾伦开始学习钢琴和作曲。可是他的内心深处仍然得不到满足。他的课程重点是古典音乐，但古典乐根本无法像爵士乐那样打动他。因此，当他的次中音萨克斯管老师告诉他，有一个爵士乐团出现职位空缺时，他马上抓住机会去试奏。如愿获得了这个职位，他欣喜若狂。“感觉上那里不像职业棒球大联盟，更像是3A级的职业棒球小联盟。”他后来用他最喜欢的另一种娱乐活动来形容这段经历：“但那仍然是一份正式的工作。”

乐团在东海岸各地演出。和其他音乐家一起演奏令他兴奋不已。任何一位音乐家都会告诉你，与志同道合的演奏者在一起时，便会感受到一种从精神到肉体上的战栗。“在一支优秀的乐团里演奏，与站在乐团前听他们演奏，是完全不同的两种感觉。”正如艾伦所说，“人声与乐声从四面八方向你涌来；你会感到连骨头都在有节奏地律动；乐团中的每一个人都无时无刻不在互动着。”

尽管艾伦与乐团伙伴一起演奏时充满激情，但当音乐停下来，他们之间的共同之处就少了许多。可以说，艾伦是乐团里唯一的“书呆子”。当他的乐团伙伴们在业余时间聚会时，他却在为他们准备报税表。在演出中途的20分钟休息时间中，他的同事们会到休息室里喝个痛快——而他则独自留下阅读书籍。他不怎么喜欢小说，偏爱非小说类的书籍。他热爱数学，因此对股市和金融家的传记情有独钟也不足为奇。但渐渐地，他“开始期待那20分钟的休息时间”。艾伦告诉我：“我意识到这比音乐还要有趣。”

就在那时，艾伦决定重返校园。尽管他热爱音乐，但他为自己设想了一个新的方向——去华尔街。他已经准备好迎接这个转变。

于是，这位职业音乐家鼓起勇气，离开了乐团，进入纽约大学，开始学习金融。转型是令人不安的。艾伦已经离开校园很多年了。“我很担心自己做不好。”他说。音乐对他来说非常熟悉，但学校生活让他感到陌生。为了做好准备，他在开学前的夏天就买好了课本，提前开始学习。进入校园后，他仍然保持着与音乐的联系，在校管弦乐团演出并加入了合唱团。他的社交生活以音乐为中心。“人们倾向于做自己擅长的事情，因为这能增强他们的自尊心。所以，如果你特别擅长某件事，你就会花很多时间在上面，这是一种自我强化的过程。”他告诉我。音乐是他最擅长的，也是他花费时间最多的事情。

不过，艾伦仍然不确定自己是否走在正确的道路上。有太多学生对华尔街感兴趣，他们目标明确，已经学习过相关课程，拥有优异的成绩和丰富的经验去竞争那些梦寐以求的职位。他凭什么认为自己可以像他们一样呢？“我没有信心自己能在金融领域获得成功。”他坦承道。

艾伦彻底改变了自己的人生轨迹，踏上了一条未知的道路。这是一个正确的选择吗？当我与那些正在考虑改变人生方向、转换职业赛道，或者彻底颠覆原有生活的人们交谈时，这始终是他们最感到困惑的问题。也许直觉告诉你，这个改变是正确的，但你怎么确定它真的正确呢？而且，当下是否就是采取行动的最佳时机？

在任何转变中，最艰难的一步或许正是第一步：决定是否要进行重大转变。即使我们渴望改变——可能因为我们的能力已经跟不上时代、生活不再充实，或者失去了工作——强大的社会文化力量仍会阻碍我们。重塑人生听上去是那么令人望而生畏。书籍和杂志上充斥着关于如何打破旧生活、掌控新生活的强烈建议，但那看起来只适用于少数敢于恣意妄为的人。激励大师托尼·罗宾斯号召他的追随者“摧毁”他们的恐惧，斥责他们的“软弱”，并且不止一次地坚持要求他们像狮子一样咆哮以获取力量。正如乔希·林克纳在他的著作《重塑之路》（*The Road to Reinvention*）中写的那样，人们需要“不顾一切地抛弃当下”。

但是，在我撰写本书的过程中，我几乎没有遇到过一个“不顾一切”的人。艾伦当然不是。对大多数人来说，“强势、激进”的做法是行不通的。那些性格并不强势、激进的男性和女性群体的情况大为不同。研究发现，这类人群如果偏离生活轨道，往往会遇到更多的阻碍。

真正的改变似乎难如登天，所以我们常常会退缩。“坚持下去”“忍耐一下”“继续加油”“还是算了”，这些话我们可能都曾对自己说过。在某种程度上，这是人的本能。当周围的一切都在变化时，我们会本能地去寻找坚实的土地，而不是翻滚的海洋。我们迫切地需要获得确定性。无论是否有意，我们都已经内化了这样一种观念：我们应当停下来，回到原来的轨道上，继续前行，不要再偏离方向。

然而，如果我们一直固守现状，而不是为自己创造新的可能性，我们就会失去创造力、创新力和成就感。澳大利亚的临终关怀护士布罗尼·韦尔多年来一直在照顾生命即将走到尽头的病人，她在自己的书《临终的五大遗憾》(*The Top Five Regrets of the Dying*)中记录了他们最后的遗憾。这些老年患者最常提到的遗憾是:“我真的希望自己曾经有勇气去过自己想要的生活，而不是别人期望的生活。”

艾伦所经历的那种转变，理想的情况下，只是令人感到困惑，而最糟糕的情况下，则会令人感到恐惧。对于像他这样已经拥有一份稳定的工作或者一种稳定的生活的人来说，放弃眼前的一切去追求未知，是有巨大风险的。那就像面对一片深不可测的黑洞，你隐约看到未来在尽头闪闪发光，但随时可能被黑暗吞噬。

如果没有后盾支持，情况或许会更加糟糕。遭遇解雇或者裁员、公司破产、突如其来的变故，如离婚或者家人去世、家庭情况发生变化，需要更灵活的工作方式、搬迁到新的城市，发现自己的技能没有用武之地，或者就像疫情期间的数百万人那样，因为感到精疲力竭而不得不辞职。对于那些没有备选方案、没有其他选择的人来说，改变是他们要做出的最可怕的决定之一。

我们知道，生活或工作中的重大转变往往遵循着相似的轨迹。起初，人们会探索，收集信息，思考可能的未来。接着是一段不舒适的中间阶段——挣扎期，也许只持续片刻，也许会延续数年。随后，人们通常需要停顿下来，休息一下，才能厘清头绪，找到解决方案。

但问题是：如何确定开始的时机呢？有太多的变量需要考虑，这些变量随时可能使你的转变中途夭折。如何评估风险和回报？从逻辑上讲，如果想要彻底颠覆自己的生活，似乎应该先有一套有条不紊的方案来推进这个过程。每一个因素都需要被仔细而理性地权衡。最好有决策树或者清单列表可以参考。如果说有什么时刻需要有意识地、缓慢而仔细地进行思考，那一定就是此刻。

可是，当我与那些成功渡过转变难关的人们交谈时，我惊讶地发现，很多人从未提及任何这样的时刻。相反，他们更多谈到的是“直觉”。相较于在纸上列出利与弊再做出的决定，他们依靠直觉做出的选择往往更正确。更令人惊讶的是，很多人在回顾自己转变的过程中才意识到，他们在实际转变的很久之前就已经开始行动了。在有意识之前，他们就已经开始重塑自己。

坦白说，这听起来很不可思议。没有数据支持就做出重大人生改变，简直难以想象。如今，我们可获取的信息数量和质量，已经远远超出从前的想象。我们在做出重大决定时，可以得到的信息比以往任何时候都要更全面。如果你想要转变，网上可以搜索到你想知道的一切：新的职业、新的城市、新的工作环境等。企业可以获取大量的用户数据：年龄、住址、婚姻状况，甚至是喜欢的蛋黄酱品牌。像Facebook和谷歌这样的数字平台掌握着我们成千上万的数据，在许多方面，它们比我们自己还要了解我们。

但事实证明，过多的信息可能会把我们引向错误的方向。所以，在一家精心筛选过的精品店购物，往往比在选择过多的百货商店购物更容易。与其让自己陷入信息的旋涡，有时候，你只需要忘记所有复杂的变量，听从内心的直觉。

有趣的是，管理专家发现，成功的高管往往会有意屏蔽大量数据，依靠直觉做出重大甚至具有变革性的决策。杜克大学富卡商学院的约翰·R.格雷厄姆教授在对1000名首席执行官和首席财务官进行研究时发现，他们中近一半的人依靠“直觉”来分配支出。他们手握大量的信息，会参考传统的财务指标，但最终，他们依靠直觉和其他财务以外的因素——比如部门经理的声誉——而不仅仅是实际数据，来决定如何在各个部门之间分配资金。

“在学校里，教授会教学生们使用课本上的公式来做出投资决策，”格雷厄姆告诉我，“但实际上，令人惊讶的是，他们还会使用很多非正式和简单的决策方式。”

这似乎是一场危险的游戏，尤其是在华尔街，高管们时刻被紧盯着提高财务业绩，公司董事会不断要求首席执行官们达到更好的指标。格雷厄姆的发现令我困惑。我想知道这些首席执行官们到底是怎么想的？是什么促使他们忽视数据？因此，我联系了柏林马克斯·普朗克人类发展研究所的研究员沙布南·穆萨维，向她询问为什么高管们会依靠直觉做决策。

“因为那很有效。”她平淡地说，“有意忽视数据可以让他们做出更正确的决策。”

我们都愿意相信自己做出的决策是理性的，权衡了每一个可能的风险因素。在企业中，我遇到过一些项目在被批准前经过严格的审查。我花了几个小时准备演示文稿，列出每一个可能的变量，让高层们相信这个项目是可行的，可以按照他们要求的时间表交付。但生活比这要复杂得多。穆萨维认为，简单的经验法则可以胜过复杂的算法，因为把每一种可能性都确定下来是不现实的。

学者们会借用一个流行的比喻：狗接飞盘。在这项运动中，游击手会用目光追随飞盘，然后找到一个合适的位置接住它。如果你仔细观察，狗在奔跑时，目光会始终与空中的目标保持一个固定的角度。狗天生就会这个。游击手不需要学习物理就能抓住飞盘，狗当然也不懂数学。这要比计算飞盘的轨迹、旋转角度、风速、湿度等飞行时的每一个因素容易得多，当然也快得多。复杂的金融系统也是如此，试图通过分析每一个因素来做出预测的专家注定会出错。穆萨维和她的同事格尔德·吉仁泽在 2013 年的一篇论文中写道：“计算可能会提供虚假的确定性。”

然而，我们大多数人都不愿意承认自己会使用直觉。“人们一直压抑着自己的直觉，因为那被看作是不科学的，”穆萨维说，“人们不愿意承认他们在使用直觉，因为从历史上看，凭直觉行事是不可取的。”因此，依靠直觉做决策的高管们，最终可能会要求下属给出一个合理的理由，来证明自己的决策是正确的——或者，我曾不止一次看到，他们高薪聘请顾问，让他们提供支持自己决策的建议。

成功转行或者做出其他重大转变的人，常常会提到直觉的力量。比如克利·希勒，当她为了丈夫的新工作从洛杉矶搬到纳什维尔时，她还没有明确的职业规划，不知道自己下一步该做什么。她当时在想："好吧，我是一个33岁的女人，来到了一个全新的城市，一个人都不认识。为了我丈夫的事业，我们搬了家，但接下来该怎么办呢？"克利不得不重新构想自己的生活。但她不知道该怎么做。

不久后，她遇到了另一个刚搬到纳什维尔的人——乔安娜·特普林。乔安娜主修电影，爱好艺术，曾经设计过一套贺卡，和家人一起从西海岸搬到了这里。和克利一样，她也需要重新开始自己的生活。两个年轻的妈妈在新城市里都感到格格不入。在一个共同朋友的介绍下，有一天她们共进了午餐……4个小时后，她们结成了生意伙伴。"从我们见面的那一刻起，我们就知道我们会一起创业。"她们后来写道。这就是纯粹的"直觉"。

那天晚上，在给孩子们洗澡的间隙，她们敲定了创办一家房屋整理公司的计划，并给公司取名为"家居编辑"。在接下来的5年里，这个想法迅速成为风靡全国的现象级商机，催生了一档电视节目和三本畅销书。她们与货柜公司达成了授权协议，还吸引了像瑞丝·薇斯朋、金·卡戴珊和格温妮丝·帕特罗这样的名人客户，在Instagram社交平台上收获了500多万个粉丝。她们标志性的彩虹色整理策略令人赞不绝口：食品储藏室的货架上摆放着装有各类谷物的透明容器；游戏室的隔间里整齐地排列着红、橙、黄、绿色的乐高积木。

“当然，很多年后回想起当初，我们都会觉得，‘真不敢相信我会和一个刚认识几个小时的人一起开公司，没有做过任何背景调查，甚至都没有搜索过她的名字’。”她们在合著的书《家居编辑》（*The Home Edit*）中这样写道，“这不是最明智的做法，但是……我们还是决定跟随直觉。”

任何成功的事业都是多种因素共同作用的结果，正如失败也是由多种错误共同导致的。这两位女性具有互补的技能，并且擅长发布抓人眼球的网络热帖。在创业初期，她们利用西海岸的人脉，找到了一个名人客户——女演员克里斯蒂娜·艾伯盖特，她是乔安娜孩子幼儿园同学的妈妈，并为她们介绍了更多的名人客户。她们还对房屋整理进行了巧妙的创新。通常，人们更多关注的是清理旧物，简化生活；而她们则专注于对现有物品进行重新整理，打造出令人艳羡的食品储藏间或者漂亮的车库。她们的卖点是一种彩虹色的生活方式，以及她们亲密的伙伴形象。

虽然克利和乔安娜的故事是她们所独有的，但她们关于不要过度思考的见解值得我们深思。“我们可以激发自己的直觉并付诸行动，而不是纠结于思考分析直到大脑缺氧。我们就是全力以赴地去做，努力让想法变为现实。”她们写道。

这两位女性可能并不知道，她们对于直觉的看法已经得到了组织心理学家的验证。在 2002 年的一项实验中，马克斯·普朗克研究所的研究人员丹尼尔·戈德斯坦和格尔德·吉仁泽随机抽取了一组德国人和一组美国人，向他们询问一个简单的问题："圣地亚哥和圣安东尼奥，哪个城市的人口更多？"你可能会认为美国人更清楚正确答案是圣地亚哥，但令人惊讶的是，所有的德国人都回答正确，而有三分之一的美国人答错。

研究人员对此的解释是，美国人对自己国家的城市了解得太多，因此在给出答案前会过度思考。他们会在脑海中搜索所有相关的信息——地理、产业、人口等，然后仔细地分析、权衡，再给出自己的答案。而德国人则没有这种信息上的"优势"。他们只知道圣地亚哥，这个城市似乎比圣安东尼奥更有名。对他们来说，没有过多的信息干扰他们的思维过程。

还有一个类似的实验，当英国和土耳其的学生被要求预测一场英国足球比赛的赢家时，土耳其学生的预测准确度几乎与英国学生一致，尽管他们对这些英国球队几乎一无所知。英国学生对自己国家球队的信息了解得太多——比如哪些球员在压力下会表现不佳，哪些球员受伤了——而土耳其学生对即便最成功的球队也不甚熟悉。研究人员提出了一个大胆的设想："认知的缺乏是否也是有益处的？"

答案显然是肯定的。在其他类似的实验中，业余爱好者在猜测 127 场温布尔登男子网球比赛的获胜者、政治选举的结果、唱片的销量和大学排名时，准确度与专家不相上下。纽芬兰的学生甚至能够猜对北美冰球职业联赛的哪个球员更成功。在一次实验中，随机采访的路人所选的股票组合表现甚至优于金融专业学生挑选的投资组合。研究人员的结论是，金融专家对股票的情况和影响因素了解过多，反而会在选择前过度思考，而业余爱好者大多只是挑选自己熟悉的公司。

有大量证据表明，过度思考容易让决策偏离正轨。在一项实验中，研究人员让参与者从五张海报中选择一张最喜欢的，这些海报包括印象派画作和有趣的动物图片，比如一只猫蹲在一根绳子上，配文是“让我休息一下”。第一组参与者被要求只是简单地挑选出他们最喜欢的海报即可；多数人选择了印象派画作。第二组参与者则被要求先详细描述他们对每张海报的喜好与否，再做出最后的选择；因此这组参与者必须仔细思考自己的选择和原因。最终，多数人选择了动物图片。三周后，当研究人员再次联系第二组参与者时，他们表示自己当初选错了，应该选择印象派画作。

过度思考就是这样：它会让我们改变主意，甚至做出更糟糕的决定。这种情况不仅仅存在于个人喜好的选择上。当我们过度分析一件事情时，可能会得出一个客观上错误的结论。研究人员在进行一次盲品测试时，让参与者品尝五种草莓果酱，并进行评分。在《消费者报告》的排名中，其中一种果酱排名第一，其他几种则排名较低，有一种甚至排在第44。第一组测试者被要求品尝果酱后立即评分；他们的结果与《消费者报告》的排名非常接近。而另一组则被要求品尝后仔细思考，并给出他们喜欢或者不喜欢某种果酱的原因；他们的结果与《消费者报告》的排名大相径庭。研究人员发现，过度思考“改变了人们对自己感觉的看法”，从而使他们的结论更不准确。

在创造新事物时——比如一个突破性的想法、一项新发明或者一个现有产品的再创造——过多的信息尤其会成为阻碍。一个典型的失败案例是著名的新可口可乐事件。1985 年，可口可乐公司的竞争对手百事可乐公司推出了“百事挑战”活动，随后，对消费者进行的盲品测试结果显示，百事可乐更受欢迎，可口可乐落入下风。于是可口可乐公司为了重新配制经典可乐，开始了一项在当时被认为是有史以来最广泛的市场调研（后来发现，百事可乐之所以更受欢迎，主要是因为它更甜，所以在测试品尝时味道更好）。

新配方的可口可乐是专为赢得测试而调制的。然而，这一新品推出后，几乎立刻遭到了消费者的愤怒的差评。时任总裁的唐·基奥后来承认，公司花费了 400 万美元进行研究，进行了近 20 万次的品尝测试，但所有的市场数据都没能预测到可乐爱好者对原产品“深厚而持久的情感依恋”。可口可乐公司的过度分析导致了历史上最尴尬的失败新品。

今天，即便企业能收集到大量数据，在尝试创造突破性新产品时，它们也会故意忽略这些数据。亚马逊以依赖数据和市场调研而闻名。该公司表示，它们会为每一笔订单收集超过 2000 个数据点。英国广播公司的一名记者查看了他在亚马逊的个人数据，发现该公司追踪了他超过 11.5 万次的互动，包括每本点击过的电子书，以及他在小女儿的请求下播放《冰雪奇缘》主题曲《随它吧》的 48 次播放记录。

然而，在创造新事物时，亚马逊关注的不仅仅是数据。“没有顾客要求我们开发智能音箱设备。”亚马逊的创始人杰夫·贝佐斯曾说：“这绝对是我们自发的一种探索。市场调研在这方面帮不上忙。如果你在2013年对一名顾客说，‘你想在厨房里放一个像薯片罐那么大、一直开着机的黑色圆筒吗？你可以和它聊天，问它问题，还可以让它帮你开灯，播放音乐？’我保证他们会奇怪地看着你说，‘不用了，谢谢。’”

在这一点上，他和苹果公司的史蒂夫·乔布斯很像。乔布斯曾经说过：“人们不知道自己想要什么，直到你把它摆在他们面前。正因如此，我从不依靠市场调研。我们的目标是看透还没落到纸面上的东西。”虽然乔布斯的说法有些夸张，因为苹果公司也收集和分析了大量数据，但他的观点在广泛意义上是正确的：如果你想发明“新”的东西，那一定是还没有人提出的需求。正如乔布斯所言：“知道自己想要什么并不是消费者的工作。”

类似地，詹姆斯·帕特森在推出他大获成功的小说《蛛丝马迹》时，也无视了自己数十年的图书出版经验，他不顾出版商的建议，执意要为这本书制作电视广告。“总会有人持怀疑态度，”他告诉《哈佛商业评论》，“但我的直觉通常是对的。与我共事的人最终也意识到了这一点。”

然而，成功的直觉决策与信息不足、懒于思考之间有着明显的区别。当你深入挖掘突破性想法的来源时，你会发现它们的共同点是丰富的经验和知识储备。

我们可能认为某个朋友拥有“出色的直觉”，或者某个领导者具备非凡的洞察力。但实际上，这背后往往是深厚的专业知识积累。研究人员发现，那些看似突如其来的灵光一闪，其实只是一次寻常的“模式识别”：创新者能够从过去的经验中识别出某种模式，即使在看似全新的事物中也是如此。他们的直觉之所以正确，正是因为他们分析过大量相关的情形。杰夫·贝佐斯和史蒂夫·乔布斯并不是凭空创造出了新产品；他们和各自的团队经过了几十年的创新和研究，对消费者有着深入的了解。而对于詹姆斯·帕特森来说，数十年的广告经验让他懂得了如何才能吸引读者。

在几乎所有情况下，依靠直觉行事就是将熟悉的模式应用到新的事物中。例如，国际象棋大师似乎只需要瞥一眼棋盘，就能知道正确的走法，不需要任何分析；但研究人员发现，他们之所以能够做到这一点，是因为他们已经积累了5万—10万种相关模式。在一项有趣的实验中，日本研究人员花费了几个月的时间训练一组新手成为将棋（一种类似于国际象棋的日本棋类游戏）高手，并使用成像设备监测参与者下棋时的大脑活动。起初，参与者在对弈中苦苦思索，他们会仔细分析每一步棋。然而，当他们变得有经验后，他们开始快速并显然是依靠直觉做出制胜之举，而他们的大脑在与无意识思维和自动行为相关的区域显示出更高的活动水平。通俗来说，这些参与者实际上发展出了以前没有的“直觉”。

华盛顿大学奥林学院管理学系的埃里克·戴恩教授在一项实验中也注意到类似的现象：拥有名牌包的人不需要检查缝线或

者颜色，就可以很快辨别出假冒的名牌包。他们不一定能说明原因，但他们就是知道。专业篮球运动员的情况也是如此。戴恩发现，那些在高中至少打过3年篮球的人，可以准确地评估出投篮的难度，而不需要对每一步进行分析。他们在观看篮球比赛视频时，根本无须思考具体的投篮动作，就能做出判断，投篮的难度对他们来说是显而易见的。

几年前，有一个著名的案例。一名消防指挥官凭借直觉做出了一个关键决策，奇迹般地挽救了整队人的生命。在扑灭一场看似常规的房屋火灾时，他们用水龙带对准火焰喷射，但奇怪的是，火势并没有减小。同时，房屋里异常热，比火势应该造成的热度还要高。更奇怪的是，房屋里非常安静。毫无缘由地，那位指挥官突然对队员们大喊："撤离！"消防队迅速离开了房屋。不到一分钟，他们原先站立的地板就塌陷了。火源就在他们脚下的地下室，但当时没有人知道。

指挥官也不知道火源在地下室。他只是有一种"第六感"，觉得他的队员们有危险。然而，当认知心理学家加里·克莱因和他的同事分析这个案例时，他们得出了不同的结论。"我们不会那么诗意地称之为'第六感'。我们认为偏差就是线索。热度、声音和喷水的模式偏离了标准，就是他做出决策的依据。"他们写道。消防指挥官深厚的专业知识让他感觉到眼前是一种错误的模式。正是这种偏差激发了他的"第六感"，让他产生了灾难即将发生的紧迫直觉。

神经科学家安东尼奥·达马西奥将这种直觉定义为"在没

有意识到合理的步骤之前快速得出特定的结论”。达马西奥在一项名为“爱荷华博弈任务”的实验中证明了这一点。实验的规则是，玩家从四副不同的牌中进行选择，每张牌面显示有不同的少量现金奖励或者惩罚。玩家们需要进行至少 50 次选择之后，才会意识到其中有两副牌是“有利的”，而另两副牌是“不利的”。然而，在仅仅 10 次选择后，当他们想要选择“不利的”牌时，他们开始出现身体上的压力感。他们的身体在大脑有意识之前就已经在为他们指明正确的方向。达马西奥是南加利福尼亚大学大脑与创造力研究所的负责人，他强调，直觉并不比推理更有优势，直觉是身体和大脑两个系统共同作用的结果。他写道：“我认为思维不仅仅与大脑有互动，与身体也有；这两者间存在割裂的观念可能是错误的。”

但另一方面，没有经验支撑的直觉可能是致命的。20 世纪初，纽约有一位以“黄金直觉”著称的内科医生，他似乎对哪些患者可能染上伤寒有着非凡的直觉。这名医生的诊断几乎从未失误：他会检查患者的舌头，用手指感受其形状和质地。鉴于他在不同患者之间检查前并不会洗手，他能通过“直觉”预测谁会生病，似乎也就不足为奇了。学者罗宾·霍加斯曾说：“他的双手是比‘伤寒玛丽’[1]更高效的传播载体。”

---

1 玛丽·马伦（Mary Mallon）是美国第一位被发现的伤寒无症状病原携带者，她作为厨师导致了 53 人染病、3 人死亡，因此被称为“伤寒玛丽”。——译者注

如果要找一个现代直觉失灵的例子，不妨看看好莱坞老将杰弗瑞·卡森伯格的事例。他是一名天才，30岁出头就晋升为华特·迪士尼影业集团董事长。他还是一个精力充沛的社交达人，每天早上会安排三场商务早餐，似乎认识所有值得结识的记者朋友。他想要的东西，总能找到办法得到。有一次，我哄孩子睡觉时，他居然通过我没有公开的电话号码联系到我，试图让我撤回即将刊登的一篇关于他的商业伙伴大卫·格芬的文章（但并未成功）。

卡森伯格执着、强势又迷人，迅速引起了人们的注意——这对一个高管来说并不寻常——并且在主流社会获得了一定的名声。他改造了迪士尼老旧的动画部门，制作出《小美人鱼》《美女与野兽》等经典动画片，又与人合办了梦工厂动画工作室，打造出像《怪物史莱克》这样的热门电影。因此，当卡森伯格与惠普和eBay公司的前首席执行官、知名科技公司的高管梅格·惠特曼合作开创一项新的流媒体服务时，人们曾抱有很高的期待。这个名为Quibi（意为“快餐”）的流媒体平台旨在为观众提供与大型影视公司相同制作水准的短视频内容，包括詹妮弗·洛佩兹、史蒂文·斯皮尔伯格在内的一线好莱坞人才也宣称加盟。《华尔街日报》报道称，Quibi迅速从投资者那里筹集了17.5亿美元，“主要是出于对创始人直觉和远见的信任”。

然而，仅仅6个月后，Quibi便宣布关闭。

直觉怎么会导致如此重大的失误？依靠直觉取得成功有时会带来过度自信的危险。卡森伯格和惠特曼在各自的领域都有着丰富的经验，但他们没能意识到社交媒体世界的巨大不同。社交媒体的关键是内容可以飞速传播，而Quibi的用户无法随意与朋友分享视频。创始人们还忽视了观众不仅仅需要在手机上观看视频，还希望在电视上观看视频。用户们也没有理由订阅Quibi的付费服务，因为他们大可以在YouTube和TikTok上免费观看那些视频。此外，还有一个不幸且不可控的原因：Quibi的推出日期是2020年4月，也就是新冠疫情暴发后的一个月。

归根结底，问题在于“对有远见的企业家过度迷信”，商业作家詹姆斯·苏洛维耶斯基如是说。有远见者相信，“如果大家普遍认为某个想法很疯狂，但你却认为那是个绝佳的主意时，你应该相信自己的直觉，并冒险去实现它”。最终，Quibi成了一个颜面尽失的巨大败笔。《华尔街日报》写道，投资者纷纷涌向Quibi，是因为他们“相信创始人的直觉”，“但事实是，他们目睹了娱乐行业最迅速的崩塌之一”。

客观地说，没有人拥有完美的直觉，即便是史蒂夫·乔布斯也不例外。还记得那款号称“革命性”的苹果丽莎个人电脑吗？如果你不记得，也不奇怪。这款电脑在1983年推出时备受瞩目，但大众对其近1万美元的售价和缓慢的运行速度感到失望。没过多久，这款产品便宣告停产。

直觉反应的一个显著特征是，在大脑有意识之前，身体已经在告诉你该怎么做了。这印证了我们在那些成功进行过重大转变的人身上看到的另一个共同点：他们几乎都是在有意识之前，就已经开始做出转变。克里斯·多诺万在真正成为设计师之前，认真绘制了多年的鞋子草图。皇后乐队的吉他手布莱恩·梅在攻读天体物理学博士学位期间，就已经和乐队一起录制了前三张专辑。这不仅在转换职业的人身上得到了印证，也适用于个人生活发生转变的人们：他们同样在有意识之前，就已经走向了一条新的道路。社会学家黛安·沃恩甚至发现，决定分手或离婚的伴侣，往往在有意识之前，就已经开始做出一些改变。

从今天的视角来看，吉姆·帕特森在工作之余写作、布莱恩·梅在读书期间演出，可以说他们都是在做“副业”——不是“正式的”工作，而是利用业余时间追求的热情。在其他经历职业转型的人身上，往往也会发现类似的模式。谷歌的两位创始人在创办公司时还是斯坦福大学的研究生。作为创始人之一的拉里·佩奇曾说：“我们差点没能创办起谷歌公司，因为我和谢尔盖都太担心无法完成学业了。”企业家莎拉·布雷克里在挨家挨户推销传真机时创立了Spanx内衣品牌。其他例子比如安德玛、Yankee Candle和Skimm资讯等，这些公司最初都是作为副业开始的。

我遇到过的最大胆的事例发生在几年前。当时我是《康泰纳仕》商业杂志的主编，一家投资公司邀请我参加他们的年度会议。那是在11月，我走进曼哈顿大都会俱乐部的晚餐会，感觉自己迷失在西装革履的中年男性海洋中。他们成群结队地聚在一起，一边相互攀谈，一边目光在房间里扫来扫去，寻找着更重要的目标。那里几乎没有女性，并且显然也没有人在意这一点。我下意识地端起一杯白葡萄酒，环顾四周，这时我看到一个看起来和我一样尴尬的人。这位年轻人独自站在一边，穿着蓝色的牛仔裤和阿迪达斯人字拖。哦，没人告诉他着装要求。这让我替这位年轻人感到难过，他看起来像是我女儿的高中同学。于是，我走过去向他自我介绍。

他握了握我的手，礼貌地微笑道："嗨，我叫马克·扎克伯格。"

那一年是2006年，Facebook俨然已经是一家巨头公司，传言，雅虎想以10亿美元的"天价"收购它（截至撰写本文之时，Facebook已经更名为Meta，市值超3600亿美元）。但这位哈佛大学辍学生并没有像那些老牌企业的CEO，或者另一位也在晚餐会上的科技界神童、YouTube的联合创始人查德·赫利那样，获得太多的关注（谷歌那时刚以16.5亿美元收购了YouTube）。然而，在我们的谈话中，最让我印象深刻的是，当我向扎克伯格问及关于他辍学的决定时。他澄清说他没有辍学，只是在休学中。他还是可以回到学校的。

这听起来不同寻常。扎克伯格已经创立了一家市值10亿美元的公司，但"以防万一"，他仍保留着大学生的身份。他与吉姆·帕特森一样令人费解：帕特森写的小说已然登上了《纽约时报》畅销书榜单，但他仍留在广告公司为柯达制作广告。对于马克·扎克伯格来说，Facebook公司仍然是他的一个"副业"。

在纽约大学，艾伦同样在无意识地为职业转变做着准备。他早年对数学的痴迷、大量阅读金融和华尔街相关的书籍，甚至是用空闲时间为乐队成员计算税费的经历，都为他打下了基础。尽管对重返校园感到紧张，他在第一个学期拿到了两个B、其余都是A的成绩，这让他自己都感到吃惊。之后的每个学期，他的成绩都是全A。这位在高中时平平无奇的学生成了大学里的佼佼者。“我选修了很多高等数学课程。经济学从一开始就吸引着我：供需曲线、市场均衡理念以及国际贸易演变，这些都让我着迷。”他说。艾伦继续在纽约大学攻读硕士学位，并最终获得了经济学博士学位。

“我一生中做过最重要的经济决策，”多年后，他告诉我，“就是离开乐团，去读大学。”

这句话意义非凡——尤其是从他口中说出。因为这位曾经的职业爵士萨克斯手后来并不只是成了一位普通的经济学家。他 5 次出任美联储主席，负责监督整个美国的金融健康。在他半个多世纪的职业生涯中，艾伦·格林斯潘做出的“重要经济决策”可能比世界上任何一个人都要多。

他大胆的职业转变最终得到了回报。而且，他也没有完全放弃音乐。他告诉我，他会在家里弹钢琴来放松自己。他的妻子安德里亚·米切尔是一名播音员，年轻时是一名小提琴手。当我在《华尔街日报》工作了 22 年后，决定辞职创办一本新杂志时，已经在美联储工作的格林斯潘博士给我写了一封既温暖又略带调侃的信，他提到 20 年前我作为《华尔街日报》实习记者写的第一篇头版文章，讲述的是我在街头演奏中提琴，体验街头音乐家生活的经历。

“你在那篇文章里神奇地结合了三个我很喜爱的主题：温暖

的古典音乐、城市街头万花筒般的景象和参与一手薪资比较分析的纯粹乐趣。”他写道，“我坚信，曼哈顿的空气中永远不会飘荡着太多巴赫的音乐，但我祝你的新事业好运——尽管这会让你远离街头，远离中提琴。”

这封信被我装裱了起来，至今仍然挂在我办公室的墙上。

2

拥抱挣扎

失败了，然后该怎么办？

成功就是一次次地失败，但从不丧失热情。

——温斯顿·丘吉尔

如果你看过美剧《尼基塔》或者《高地人》，你一定不会对玛拉·金斯伯格（Marla Ginsburg）这个名字感到陌生。作为一名长期活跃在美国电视界的高管，她将这些热门剧集推向了国际舞台，并且曾经因此在巴黎引起轰动。她曾是电视界最有影响力的女性之一，是巴黎时装周的常客，经常穿着香奈儿和蔻依搭配白T恤和牛仔裤，几十年来，风光无限。

2003 年，在一份轻松的高薪制片工作的诱惑下（“人们就是会愚蠢地花一些钱”），她搬回了洛杉矶。她买了新房，轻松地支付着上百万美元的贷款，还雇了园丁、泳池清洁工和两个孩子的保姆。生活看起来非常美好。

直到这一切美好突然开始崩塌。

起初，编剧大罢工导致整个行业停滞。一夜之间，她失去了工作，也没有了收入来源。罢工刚结束，又爆发了2008年金融危机。她大部分的储蓄都投入了股市，结果股票暴跌，房子也贬值了。为了维持生计，她抽干了泳池里的水，解雇了家里的帮工，放弃了汽车的租约。但这还远远不够。很快，银行账户里的资金清零，她只好亏本卖掉股票。由于没有流动资金，她找来一名房客合住，用租金支付日常的食品开支。她变得很擅长把周一买的汉堡做成周五还可以食用的肉饼。财务顾问建议她申请破产。她觉得自己彻底完了。

金斯伯格已经50多岁了，身处一个崇尚年轻的城市和一个由白人男性主导的行业。她不得不从头开始。但她能做什么呢？该如何转变？她没有经济来源，也丧失了个人信用。她记得曾经对自己说，亲爱的，一切可能真的结束了。如果真的是这样，那她接下来该怎么办？她回忆起自己当时的想法，苦笑着告诉我："我曾经有两个很现实的梦想，拥有自己的脱口秀节目和成为一名服装设计师。现在回想起来，这两个梦想在当时都荒谬极了。"

她已经走投无路。于是，她给自己买了一台缝纫机（"我去了杰西潘尼和西尔斯百货——我以前从没去过这种商场"），然后在谷歌上查找如何给线轴穿线。她花了好几个小时去弄明白怎么使用它（主要是通过上网搜索），又花了更多的时间精心缝制，然后把做好的衣服展示给她那些依然富有的朋友们；他们根本不知道她的财务状况有多糟糕。一连几天，她都埋头在缝纫机前。"当时我正处在更年期。天气还热得要命。我的孩子们都认为我疯了。"

有那么一瞬间，她的努力似乎有了回报。通过一次偶然的会面——无意中她听到两个陌生人在争论他们儿子的成人礼菜单，其中一个人就是一名服装制造商——她认识了一位投资者，愿意为她的系列服装提供资金。她的经纪人在家庭购物电视节目上为她安排了一个推广时段。但当房地产市场开始崩溃时，这位投资者也消失了。之后与另一位制造商的合作也没有成功。她的选择越来越少……直到没有了选择。随着财务状况的持续恶化，她“正常”的生活表象也最终土崩瓦解了。

她不得不以低于房产估价的价格卖掉了房子，带着缝纫机搬到生活成本更低的蒙特利尔，并尝试与一家新的服装制造商合作。为了寻找潜在的商业合作伙伴，她开始定期前往曼哈顿。但问题是，她没有多少钱可以用于交通。于是，她选择乘坐夜间灰狗巴士，从蒙特利尔一路颠簸到纽约，在第二天早上到达港务局的终点站后，到星巴克的洗手间里梳洗一番。她睡在朋友家的沙发上，然后再乘坐巴士回家。这是她唯一能负担得起的交通方式。“当时我身无分文，几乎被逼到绝境，”她对我说，“过往的人生经验毫无用处。突然之间，你什么都不是了。”

然而，金斯伯格的坏运气并没有结束。就在她觉得自己终于可以从财务困境中爬出来时，她 18 岁的儿子被诊断出患有霍奇金淋巴瘤。她没有能力让他在美国接受治疗，于是把他送去了荷兰——他父亲居住的地方。玛拉随后也去了荷兰，在朋友的公寓里借住了几个月。“钱没了，房子也没了，孩子又得了癌症……我一定是上辈子做了恶事。一个接一个的打击。”

许多名人的著作会告诉你，失败是人生给予你的最佳经历。失败也是毕业演讲中最常见的主题之一。2017 年，美国首席大法官约翰·罗伯茨在他儿子九年级的毕业典礼上对学生们说："我祝你们拥有坏运气。"2011 年，丹泽尔·华盛顿在宾夕法尼亚大学的毕业典礼上讲道："如果你没有经历过失败，说明你没有尝试过新事物。"许多成功的故事都是以失败开始：J.K.罗琳在创作"哈利·波特"系列时还领着福利救济；马克·库班先是被电脑软件公司解雇，随后创办的奶粉公司又破产了。

但是，当失败成为一个不可避免的现实时，这些故事只会让你感觉更糟。也许马克·库班可以东山再起，成为亿万富翁，但这与我们其他人有什么关系呢？似乎只有那些已经成功的人才会认为"失败是一件好事"。这种说法真的成立吗？也许这只是成功人士自谦的一种说辞，或者只是为了安慰我们这些普通人。也许他们就是喜欢夸大其词，或者他们的故事都只不过是特例。

在网络滤镜时代，即使你已经做得非常不错，也很容易因为看到别人营造的完美生活，而感觉自己还不够好。别人似乎总是看起来更漂亮、更聪明、更有魅力、更成功。对完美的过度追求让焦虑和抑郁的人数显著增加，而且在青少年中尤为突出。我在耶鲁的一些学生认为，如果他们得到A-的成绩，那就是一种失败。即使是在客观上已经非常成功的人，也常常对自己感到还不够满意。

在任何情况下，做出转变都绝非易事，而当你觉得在某件事情上已经失败时，转变就更加困难。我们已经知道，各种类型的转变都有一些共同点：从寻找转变的线索开始，经历转变过程中的挣扎，可能会陷入困境和停滞，最终找到解决方案。但失败之后的重新开始，则又增加了一层复杂性。在某件事情上失败——无论是课程、职业还是婚姻——并不意味着你就是个失败者。根据职业教练奥维尔·皮尔森的计算，即使在最佳的情况下，一个普通的求职者在找到工作前平均会遭到24次拒绝。当你正处于低谷期时，你会很难意识到这一点。失败看起来更像是一个个人问题。它会削弱你的自尊和信心。最令人不安的是，它可能会让你产生一种恐惧感，阻止你去重新想象一个更美好的未来。它会让你无法面对风险，而这可能正是迈出下一步所必需的。

这种情况在像玛拉这样的职业失败者身上尤其明显。许多人，特别是受过大学教育的美国人，会陷入一种将自己等同于工作的错误认知。《大西洋月刊》的作家德里克·汤普森将这种现象称之为“工作主义”（workism），并将其定义为“一种承诺了认同、超越和共同体的新型宗教”。但是，如果你的身份与你的工作成为一体，工作突然没有了，你该如何定义自己？你是谁？你要如何回答大多数人初见时会问的第一个问题：“你是做什么的？”突然之间，你感觉掉入了一个存在的黑洞。

心理学家使用“缠结”（enmeshment）一词来描述这种现象：当你与你的工作之间没有了边界，如果失去了工作，你就会同时失去自我价值感和身份认同。玛拉更直观地将个人身份描述为一把办公椅。“你以为有些人是属于‘你’的圈子，但当你的椅子被抽走，他们会重新围绕在正坐在那把椅子上的人的身边。”

我们从小就被灌输“失败在本质上是一件坏事”的观念。在一项针对五年级学生的研究中，斯坦福大学的心理学教授卡罗尔·德韦克发现，那些被夸赞“聪明”的孩子，一旦遇到困难，就会变得不自信。他们会觉得自己是一个失败者，认为既然感到困难，就说明自己不是真的聪明。而那些被夸赞“努力”的孩子，在困难面前反而变得更加自信，更有动力去迎接挑战，最终的表现也会更好。德韦克在她 2007 年发表的文章《赞美的危害与希望》中写道：“赞美智力的全部意义在于增强自信和动力，但这两者都在赞美的瞬间消失了。如果成功才意味着‘聪明’，那么挣扎就代表了‘不聪明’。”

然而，当失败被看作学习过程的一部分时，就会产生相反的效果：它会增加学生的学习动力，并帮助他们在学业上取得更好的成绩。在一项研究中，当低收入的高中生阅读关于爱因斯坦和居里夫人在成功前遭遇失败的故事时，这些学生的成绩得到了提高。他们对这些著名人物在成功之前所经历的考验和磨难产生了共鸣，并转化为学习的动力。但当学生们仅仅是了解科学家们的伟大成就时，他们中的一些人的成绩反而下降了。“失败是一种信息。”领导这项研究的哥伦比亚大学教育学院教授、认知科学家林晓东这样认为。关键是分析失败，理解失败发生的原因，并找出纠正失败的方法。

正确对待失败，失败就可以为你带来成功。西北大学计算社会科学家王大顺发现，在早期比赛中差一点登上领奖台——比如获得第四名——的竞技运动员往往会在后面的比赛中超越对手，甚至拿到冠军。牙买加短跑运动员阿萨法·鲍威尔高中时在一次锦标赛中仅名列第四，但日后击败了竞争对手，成为4次参加奥运会的运动员，并创造了100米短跑的世界纪录。

这种动力也适用于竞技以外的其他领域。王大顺发现，在学术界，职业早期遭遇挫折的科学家最终会比看似更一帆风顺的同行取得更大的成就。他追踪比较了错失美国国立卫生研究院资助与获得这项资助的年轻科学家。虽然马太效应提出的累积优势理论和一些广为人知的古谚（比如“富者愈富，贫者愈贫”）都表明，占据优势的强者更容易保持优势，并获得更多的经济回报和机会，但实际上，10年后，“错失组”的科学家反而居于领先地位。虽然两组科学家发表的论文数量相同，但“错失组”的突破性研究更具原创性，影响力也更大。他们印证了尼采的一句名言：“杀不死我的，使我更强大。”这些科学家的成功让我想起诺贝尔化学奖得主托马斯·林达尔，他在获奖时回忆起高中一门不及格的课程，说道：“讽刺的是，那门课正是化学。我是唯一一个在高中化学课上不及格的诺贝尔化学奖得主！”

“这些结果证明，失败可以成为成功的预测因素。每当我失败时，想到这个结论会让我感觉好些，因为我几乎每天都会失败。”王大顺笑着告诉我，“这让我充满希望。”

当然，不是所有的失败都能转化为成功。但为什么有些可以，有些不行？更重要的是，我们如何提高失败转化为成功的概率？目前的研究表明，答案在于我们如何面对失败。实际上，几乎所有曾经失败的成功者都有一个共同点：他们会在每次失败后做出调整和改进。他们不会彻底放弃或从零开始，而是逐步去调整，进入一个反复尝试、时常失败的过程。对他们来说，这个过程比结果更重要。他们会不断修正错误的部分，忍受漫长的挣扎，直到找到正确的方向和解决方案。

这种策略包含了我们大多数人本能地希望避免的事情：接受不适并拥抱挣扎。它需要我们有耐心进行细致的调整，而非彻底的变革。王大顺和他的同事们发现，那些将失败转化为成功的人"致力于'智能改进'，他们会逐步做出更好的尝试，最终赢得胜利"。他说："关键是，要把每一次失败都当作宝贵的经历……确保每次都能学到新东西，这样你就不必总是从零开始。"这意味着舍弃无用的部分，保留有用的部分，然后继续尝试，不断重复。"通过不断学习，失败的周期也会越来越短。从过往的尝试中获得经验，将目光锁定在目标上，找出需要更新和改进的问题，同时保留那些有效的部分。"王大顺解释道。

在最近的一项研究中，王大顺和他的同事对科学家、企业家以及恐怖组织进行了分析，试图了解哪些失败能带来成功。他们将科学家的成功定义为获得资助，企业家的成功定义为公司出售或上市。他们追踪了全球恐怖主义数据库中超过 17 万起的恐怖袭击，将恐怖分子的"失败"定义为无人死亡的袭击，"成功"则指的是至少造成一人死亡的袭击。在这三个群体中，最终成功的人都采取了渐进式改进的策略。

林晓东在一项针对包括奥运体操冠军西蒙娜·拜尔斯和足球

明星朱莉·福迪在内的成功人士的持续研究中，也发现了类似的现象。虽然她的研究仍处于初步阶段，但她告诉我："我可以毫不犹豫地说，失败是成功的主要动力之一。"林晓东还发现，成功的关键在于关注反复尝试的过程——也就是我们所说的挣扎——而不仅仅是关注最终目标。那些只被最终目标所激励的人（无论是全新的职业生涯还是一块奥运金牌），几乎都会无可避免地走向失败。

"要想真正获得创造力，取得成功，找到新方向，就不能只关注结果。"她告诉我，"如果你只关注结果，你就会不断感到失望，甚至感到厌恶。你必须爱上这个过程。"这个过程，也就是挣扎的过程，包括不断地重复，并在改进中做出微小的调整。这几乎不可避免地会让人感到"乏味"（"因为你总是在重复相同的动作"），所以，林晓东解释说，创新的关键在于找到让过程变愉快的方法。

然而，我们的天性让我们无法将这种过程视为一种乐趣。没有人愿意听人讲述一个无聊、重复的故事，更别说亲自参与其中。我们都想要即时获得的满足。挣扎的过程听起来太乏味了。因此，在讲述一个伟大的转变故事时，我们往往会忽略这个过程。

例如，我们很少听到J.K.罗琳在那些悲惨岁月里苦苦挣扎的细节，她曾考虑过自杀，曾被十几家出版商拒绝，最终只有一家出版商决定尝试出版"哈利·波特"。亨利·福特以T型车闻名于世，但少有人知道他在创立以他的名字命名的著名汽车公司之前，曾经营过两家汽车公司，但都破产了。华特·迪士尼在成为知名动画师之前，曾被《堪萨斯城星报》的一名编辑解雇，理由是他“缺乏想象力，没有好的创意”。托马斯·爱迪生因效率低下被两次解雇，并在多项发明上遭遇失败，包括早期的一个看起来令人毛骨悚然的“会说话的娃娃”。他有一句名言：“我不是失败了1万次——我是成功地找到了1万种行不通的方法。”篮球巨星迈克尔·乔丹也曾经说过：“在我的职业生涯中，我投丢过9000多个球……我经历过一次又一次的失败，而这就是我成功的原因。”

花样滑冰冠军陈巍在2018年的奥运会上仅获第五名，2022年他又重返赛场，赢得了金牌，他曾经公开讲述比赛失利这种“不光彩”过程的重要性。在2018年，他唯一的执念就是赢得金牌，这种不健康的执念又因为媒体疯狂的报道——他的形象出现在玉米片的包装盒和时代广场的广告屏上——而被强化。他说，这种关注度导致了他内心的“毁灭”。复出并打破纪录的关键在于，他将注意力从最终目标（赢得金牌）转移到了实现这一目标的过程上。他花了4年的时间在大学里学习和训练，努力拓宽自己的视野。“他的学校生活激发了他大脑的各个部分，让他最终意识到，滑冰的输赢并不是生死攸关的事情，从而减轻了他心里的一部分压力。”另一位2018年的奥运选手亚当·瑞彭说道，他曾帮助和指导过陈巍。正如陈巍在接受《纽约时报》采访时所言：“我觉得在我的职业生涯里，从失败中学到的东西最多，失败是让我成长的最好方式。”

所有这些修正和微调的关键在于，成功之前会先出现一个临界时刻。你可能一次又一次地失败，直到一个神奇的时刻到来，一切便开始逐渐步入正轨。

王大顺将这个过程形容为融化冰块。想象你现在需要融化一块冰，房间的温度是 20 华氏度。你升高一度，没有任何变化；再升高一度，依旧没有变化。你一次一度地不断增加室温，当你增加到 30 华氏度、31 华氏度时，你可能想要放弃了。如果你这时候放弃，之前所有的增量变化，所有的努力和试验，都将化为泡影。而当你再增加一度的时候，到了 32 华氏度——冰块突然就开始融化了。

每一次的尝试都是完全相同、重复的，直到突然之间，答案出现了。这就是临界时刻。

就像融化冰块一样，有时我们的问题在于放弃得太早。失败与成功的区别不在于我们付出努力的多少，而在于能否理解大部分努力产生的效果其实发生在表象之下，直到最后一步才有可能显现出来。正如爱迪生所说："生活中的许多失败者在放弃时都没有意识到他们离成功有多么近。"

王大顺的研究表明，我们不一定非得是世界上最聪明或者最幸运的人，才能从失败走向成功。事实上，当 143 名创意研究者被要求列出取得创造性成就最重要的因素时，没有人提到先天的智力水平；相反，他们更多提到了"从经验中学习"的能力。

这是一个令人欣慰的结论。我们确实需要一种品质：坚持。要在多次跌倒后重新站起来，继续尝试，这需要坚强的意志，尤其是当你已经跌倒了太多次。

不断地调整和迭代听起来很像硅谷的一句流行语：快速失败，频频失败。埃隆·马斯克的SpaceX火箭和特斯拉汽车等创新产品的诞生都归功于这种方法。但它有时也被曲解到毫无意义。“快速失败，频频失败”催生出一种现象，创新者以一种近乎鲁莽的速度前进，推出了很多还没有准备好或者根本不应该推出的半成品。“快速失败”有时会导致灾难性的后果，还常与科技界另一句热门格言“假装成功，直到真的成功”相伴相随。Theranos公司的首席执行官伊丽莎白·霍姆斯将“假装成功”与“真的成功”混为一谈，将一项声称是革命性的血液检测技术（但实际上并不奏效）推向市场，最终被判欺诈投资者罪。

“快速失败”的含义被扭曲到如此地步，以至于《环球邮报》将其称为“有史以来最愚蠢的商业秘诀”。被忽略的是真正有效的关键能力：保持耐心，从过往的错误中吸取教训。“我们说的‘快速失败’，”王大顺告诉我，“指的是两次失败间隔的周期应该越来越短。这似乎是从数据中看到的一个特征……如果你想做到‘快速失败’，你必须做出更多的增量尝试。”成功不会来自草率地放弃一个项目，不停地开始新的项目，或者拼命地寻找捷径。“快速失败”可能需要花费多年的时间。

卡塔琳·考里科的故事就是这样。这位出生于匈牙利的生物化学家是一个屠夫的女儿，在一个没有自来水的家中长大。当她的实验室失去资金支持后，她移民到美国，随后被一位主管威胁要将她驱逐出境。最终，她在宾夕法尼亚大学落脚，并在那里花了数年的时间研究“信使核糖核酸”（mRNA）。她希望这些分子能够用于治疗一些罕见疾病，或者在心脏病或脑损伤发生后修复受损的组织。不幸的是，她无法说服任何人相信她的研究会成功。她年复一年地申请研究经费，又年复一年地遭到拒绝。她的职业生涯几乎就是一连串的失败。

更糟糕的是，宾夕法尼亚大学将她从教授降为研究员。这是一个令她感到屈辱的降职。“我本来应该升职，但他们却给我降职，期望我会主动离开。”她说。这个经历让她开始反思和自我怀疑，考里科开始觉得“也许是我不够好，不够聪明”。但是，她并没有放弃（“我必须更加努力地做实验”），拿着很低的薪水，以研究员的身份继续工作。接下来的十几年里，也就是20世纪90年代到21世纪初，考里科一直坚持研究，但收效甚微。这些分子被注射到小鼠体内后会不断引发免疫反应问题，阻碍了它们在疫苗或其他治疗上应用的研究。无数次的重复实验后，她和她的同事德鲁·韦斯曼终于找到了解决办法。起初，几乎没有人注意到他们突破性成果。但他们毫不在意，继续默默努力着，为最终的临床试验铺平道路。

很难想象，如果考里科在被人们怀疑、贬低、忽视的那些年里选择了放弃，现在的世界会是什么样子。如果她和其他同事没有继续尝试、接受失败，再继续尝试，完善他们的实验，我们几乎可以肯定，现在的医学会处在一个更黑暗的世界里。

在今天，几乎每个人都知道考里科在mRNA上的开创性研究，即使他们并不熟悉这个名字。是她的坚持造就了辉瑞及其他制药公司开发出新冠疫苗。正如达米安·加尔德和乔纳森·萨尔茨曼所写的："这是疫苗竞赛的发令枪。"

我有幸在2022年《时代》杂志"100周年庆典"上见到了考里科，她与苹果公司的首席执行官蒂姆·库克、演员赞达亚等名流一起接受表彰。她梳着干练的黑色短发，戴着眼镜，穿着一件朴素的黑色长裙，环顾着闪闪发光的庆典现场。她告诉我，每一个"消极事件实际上都必然会发生，因为积极的结果会诞生其中"。"如果在匈牙利时我没有被解雇，丢掉工作，经历诸多磨难，今天我就不可能站在这里。"当同为获奖者的玛丽·布莱姬登台表演时，考里科和她的女儿——一位两次获得奥运金牌的赛艇运动员，一起跳起了舞。"我总是能找到解决办法，"考里科在离开前对我说，"因为我总是专注于我能做什么。这是我的秘诀。"

但如果问题的关键不是过早放弃，而是没有在应该放弃的时候停止呢？换句话说，我们如何判断已经到了应该放弃的时候？这是重大转型中最棘手的挑战之一。我们知道，在自我重塑的过程中，人们会经历挣扎、停滞，最终找到解决方案。但有些时候，我们进入了停滞阶段，其实正是到了应该果断放弃的时候。如果在我们面前的不是一个暂时的路障，而是一个明确的红灯信号，那就应该果断放弃。如何判断是该勇往直前，还是停止追逐一个不可能实现的梦想呢？

当然，有些情况下是显而易见的。比如，如果我打算改行做一名芭蕾舞演员，而我既缺乏协调性，又是扁平足，年纪也不小了，那我很快就会发现这个决定错得离谱。但对于那些不那么显而易见的情况，我们可能需要一种可以“诊断”的方法。

虽然还没有一种非常简单的诊断方式，但医学研究员梅兰妮·斯蒂芬发现了一种有用的策略。这个策略可以给你一剂现实的良药，帮助你在设想未来时锚定或者重新校准方向。

令人意外的是，这个策略叫作记录你的失败。

当我联系到目前居住在苏格兰的斯蒂芬时，她的自我介绍让我瞠目结舌：她是一个奥地利人，拥有数学、生物学双硕士学位和剑桥大学的博士学位；她在东京做过研究员，在加州理工学院读了博士后，做过哈佛医学院的教学研究员、爱丁堡医学院的高级讲师，同时还是一名计算神经生物化学家。

“哇，”我惊叹道，“这简直是金光闪闪的履历。”

“那么现在，让我重新向你讲述一遍我的经历。”她说。

她的学士学位和硕士学位花了 13 年才获得，而不是通常的 5 年。斯蒂芬的生物学硕士导师认为她不适合做科研，并“建议我去找一些与科学无关的工作”。她的博士项目申请只通过了一个。她在加州理工学院的实验并不顺利，她的导师警告她，哈佛大学教学研究员的工作将是她学术生涯的终点，因为教学是给失败者的工作，是严肃学术研究者的丧钟。

“回首过往，这一切听起来是如此光鲜。”她告诉我，“但当我身处其中时，我完全没有这样的感觉。每一步，我都不知道自己是否会成功。我经历了很多失败，很多焦虑和不确定性。”

有一段特别艰难的时期，她在日本，对未来一无所知，心中的不安全感达到了顶点。“我开始想，现在这到底是怎么回事？”她回忆道，“我刚刚博士毕业，处在一个非常没有确定性的人生阶段，我完全不知道接下来该怎么办。”但她思考得越多，越意识到自己的情况并不是个例；这在她所处的高度竞争的学术领域是非常常见的，从统计上看，这个领域的求职者通常需要申请几十个职位，才能得到一个被录用的机会。于是她坐下来，开始记录自己遭遇的种种失败。

她为自己制作了一份新的简历：失败简历。她记录了职业生涯里的每一次挫折。然后，她鼓起勇气，将它公之于众。她在 2015 年《自然》杂志的一篇文章中写到了这个项目。在文章中，她计算出，她花在成功和失败项目上的时间比例是 1∶6。她指出，她的正式简历“不能反映出我大部分的学术成果……我在会议上谈论的是成功的项目，但没有机会谈论那些失败的项目”。她写道：“作为科学家，我们本身就是成功的象征，我们的挫折会被自我和他人所忽略……因此，每当我们经历失败时，我们会感到格外孤独和沮丧。”

文章发表后，很多人都表示感同身受。斯蒂芬揭示出每个科学家都会经历失败，让它不再是一个避而不谈的“秘密”。仅仅是大声承认这一点就打破了她与同事和同行们之间的心墙。“有人愿意谈论失败，这让他们感到非常地如释重负。”斯蒂芬告诉我。她现在偶尔还会与研究生或者其他人谈论失败（她的推特账户个人简介是“失败的代言人”）。每当她在演说屏幕上展示她的失败简历时，学生们都会迫不及待地分享自己的失败经历：

“我申请了9个博士项目，全都被拒了（而且还没有进入候补名单）。”

“我的论文被5家期刊拒绝，到现在已经7年了，还没能发表。”

“我的驾照考试两次都失败了。”

实际上，记录失败还为斯蒂芬带来了一个意想不到的帮助。事实证明，她的失败简历让她明确了下一步的方向。

一份详细记录了所有失败的简历足以让你知道，现在是应该努力打破僵局，还是已经走到了死胡同。当你处在挣扎和停滞阶段时，它可以告诉你应该继续前进还是果断放弃。简单地说，正如斯蒂芬所言，失败简历“也许会给你一些关于自己的新信息。”

她的失败简历为她带来了启发，让她意识到，是时候做出职业生涯的转变了。当她的生物学导师让她远离科学研究时，“那真是一种撕心裂肺的感觉”。她告诉我。但当她回顾自己的失败简历时，她意识到自己一直在一个错误的领域里打转。她在实验室里做的是鱼卵操作实验，但实际上，她的舒适区是计算生物学，她真正感兴趣的是处理数据而不是处理鱼卵。这个认识促使她彻底改变了自己的研究方向。她转向生物医学，开始操作计算机，利用她的计算技能来理解和学习。

“失败是一个反思的机会。”斯蒂芬说。更重要的是，意识到我们都会失败，有助于减轻失败带来的痛苦，并让放弃那些真正无果的追求变得更容易。当她申请大学职位时，她和她的母亲把这变成了一场游戏。“我妈妈说，‘当你第30次被拒绝时，我们就开一瓶香槟。’”这让整个过程更像是一场比赛，而不是一次生存危机，因为每一次拒绝都只是让她们离香槟庆祝时刻更近一步。虽然在到达开香槟的次数之前她就获得了一个职位，但她建议学生们可以将成功来临前的大量失败看作一场游戏。

斯蒂芬鼓励其他科学家也编写自己的失败简历。不过，她很快又补充了一个提示：不是每个人都适合像她那样公开自己的失败记录。“成功者能够公开谈论他们的失败，这会带来很多帮助，但对于很多人来说，公开谈论失败有赖于拥有一定的特权和地位，”她说，“只有当你处在一个安全的位置，并且你的下一份工作不会因此受影响时，才适合这样做。”

有一些人采纳了她的方法。受到斯蒂芬文章的启发，时任普林斯顿大学经济学教授的约翰内斯·豪斯霍费尔在网上发布了自己的失败简历，列出了他没有获得的工作、资金和奖项，以及他的研究论文多次被学术期刊拒绝的记录。“我的大部分尝试都失败了，但这些失败往往是不被人看见的，大家看到的都是我获得的成功。”他写道。他的目标是减轻失败给同事和学生们带来的痛苦。“我注意到，有时候其他人会对我产生这样一种印象：我做的大多数事情都很顺利。因此，他们会更倾向于把自己的失败归咎于自身，而不是偶然性。申请是一件碰运气的事情，委员会和评审员有时也会心情不好。”

他在简历的最后增加了一条新的“失败”：这份失败简历获

得的关注比他的整个学术生涯获得的还要多。

不仅仅是学术工作，几乎所有类型的工作都存在类似的情况。对失败进行总结具有治愈心灵的作用。当我大学毕业时，经济正陷入衰退，我和室友将几十封公司拒信贴满了我们的公共浴室。当时我们并没有意识到，这几乎是温斯顿·丘吉尔格言的现实写照："成功就是一次次地失败，但从不丧失热情。"

承认失败还有一个额外的好处。炫耀成功的人常常会成为"恶意嫉妒"者的目标，心理学家指出，一些人会因此试图破坏或摧毁那些成功。不过，哈佛商学院的研究人员发现，分享失败和成功会激发"良性嫉妒"，从而激励他人提升自我。

承认失败还可以在一定程度上让你免受继续失败带来的影响，让你愿意承担更多的风险，从而获得更大的回报。如果你经历过足够多的失败，你会逐渐意识到失败并不是世界末日。你会变得不再那么害怕失败，更有可能承担更具突破性的风险。商学院教授杰弗里·库迪施要求他的学生设计一些会失败至少 10 次的事项——比如去餐馆索要免费食物或者要求一名警察带他们兜风。他在《华盛顿邮报》发表的文章里写道，这个想法是为了"让他们习惯于'不'，并享受最终获得'是'的快感"。

诺贝尔奖得主山中伸弥是第一个从正常体细胞中制造出干细胞的科学家，在谈论他的研究过程时，他这样描述道："最常见的就是失败。失败，失败，失败……直到成功。"他解释说，他不仅是一名科学家，也是一名马拉松跑者，跑马拉松让他习惯了失败，从而在面对每一个障碍时能够继续前进。事实上，在经历了那么多次失败后，他能够继续坚持干细胞研究，是因为他觉得自己无所畏惧。“现在我把任何一次失败都看作一个机会。失败总能教会我一些新的东西。”

当你停止责备自己的失败后，你会看到还有一些未曾探索的前行道路。历史上最伟大的医学突破之一就是如此。1928 年，苏格兰研究员亚历山大·弗莱明在伦敦圣玛丽医院研究流感病毒时，休假两周回来后，他发现放在窗户边的一个培养皿被霉菌污染，变成一个“迅速增大的白色蓬松状团块”。几天后，霉菌从绿色变成黑色，又变成黄色。

他没有因为自己的粗心而自责，而是研究了这个奇特的现象。他很快意识到，这个他称之为“霉菌汁”的分泌物正在杀死培养皿中的葡萄球菌。这是一个意义非凡的发现。弗莱明的粗心让他发现了能够消灭引起猩红热、肺炎和白喉等致命疾病病原体的物质。他的这次失误造就了青霉素的发现。“有时候，我们不知道自己会发现什么。”他后来说道，“1928 年 9 月 28 日的清晨，当我醒来时，我当然没有想到自己会在那天发现世界上第一种消灭细菌的抗生素，为医学界彻底带来革新。但是，它就是发生了。”

弗莱明将一次可能毁掉他职业生涯的失误转变为成功的关键。他没有将失败看作需要掩盖或者跨越的障碍，而是将其转化为成功的契机。那些在失败中获得成功的人有着同样的信念：绝不浪费任何一次失败。许多人利用职业中的一次失败，推动了另一段职业的发展。失败可能是职业转型的最佳准备，甚至是彻底重塑自我的催化剂。

哈兰·大卫·桑德斯的故事就是一个典型的例子。他的职业生涯充满了坎坷，多次被解雇，开办的餐馆也惨遭倒闭。65 岁时，他身无分文——但他认为正是这些失败帮助他找到了真正的人生目标。桑德斯 1890 年出生于印第安纳州，曾经历了一个不幸的童年，13 岁时离家出走。他在铁路上工作了几年，负责给蒸汽机添煤，但因不服从命令而被解雇。因为与同事打架，他又失去了另一份铁路工作。他通过函授课程学习法律，但在一次与客户在法庭上当场打架后，他的律师职业生涯也随之结束了。其他的失败经历还包括：销售人寿保险（因不服从命令被解雇）、制造乙炔灯（失败）、销售米其林轮胎（被解雇）、经营加油站（在大萧条期间关闭）以及经营北卡罗来纳州的一家汽车旅馆和餐馆（在火灾中被烧毁）。

他到了退休的年龄，却似乎在所有事情上都失败了。他靠着每月 105 美元的社会保障金和积蓄来维持生活。就在那时，他萌生了一个最终被证明极为成功的新点子：出售他那家已经关闭的餐馆里最受欢迎的炸鸡食谱的特许经营权。当然，这个成功之路也并不平坦。为了招募加盟商，他走遍全国，邀请餐馆老板品尝他烹制的炸鸡，希望能够说服他们签约。他晚上有时甚至睡在车里。加盟的餐馆每卖出一份炸鸡餐只需要付给他 4 美分。据说他被拒绝了 1009 次后才签下了第一个加盟商。

后来，他的炸鸡食谱声名鹊起，上百家餐馆老板纷纷与他签约。他的妻子负责调配香料并寄给各个加盟商。桑德斯充分利用多年前在肯塔基州获得的上校荣誉军衔，成为自己品牌的代言人。他穿着标志性的白色西装，留着与之相配的白色山羊胡。1964 年，他卖掉了这个品牌，但仍担任代言人。到他 90 岁去世时，已经有超过 6000 家肯德基炸鸡店，遍布 48 个国家。

回顾过去，桑德斯发现他人生中最大的失败孕育了他最大的成功。6 岁时他的父亲去世，母亲在罐头厂剥番茄，因此他不得不学会做饭。进入餐饮业是因为他在经营加油站时需要额外的收入来维持生计。他偶然发现的炸鸡食谱，是因为用平底锅煎炸对于顾客来说太慢，所以他转而使用当时新兴的压力炸锅。他的致富之路蜿蜒曲折，充满反复的尝试和磕绊。尽管他的草药和香料"秘方"在 1940 年便已诞生，但他花了十多年才签下第一个加盟商，又花了将近 20 年才正式创办公司。桑德斯上校从未想过要成为炸鸡代言人。但他之所以成功，是因为他的一生都专注于旅程，而不是目的地。

所有的这些因素——寻找新职业、专注过程而非结果、全身心投入努力——对玛拉·金斯伯格来说都至关重要。她曾跌入谷底，但决心不沉沦。"如果你被失落感打倒，那简直无法承受。"她说，"你不能去想'我以前坐的是私人飞机，现在却坐着灰狗巴士'。"正如专家所建议的那样，她试图通过专注于每天的努力，而不是看似遥不可及的目标，来重塑自己，成为一名设计师。"不仅不要回头看，也不要看得太远。关键是我今天能做到什么。如果我总是回头看，我会崩溃。如果我看得太远，我会觉得未来太渺茫。”

没有了钱和房子后，玛拉·金斯伯格搬到了加拿大，把所有精力投入打造她的设计品牌MarlaWynne，Wynne是她的中间名。她设计的衣服价格适中，轮廓简洁，专为那些觉得自己“到了40或45岁，就会不再受到关注”“身体发生了变化，还要把手臂露出来吗？别人会不会看到它在颤抖”的女性而设计。她亲自销售这些衣服，在家庭购物电视节目上为自己的品牌代言。

似乎她每前进一步，都会伴随着后退两步，甚至更多。“我记得给我爸爸打过无数个电话，‘不，不行，我做不到。’”她希望自己至少不要后退：“哪怕只是前进一小步。我每天的目标就是不要后退。”玛拉还在挣扎，但她设计的衣服开始在市场上获得认可。她的设计风格适合各类女性——不过于性感也不过于保守，不过于时尚也不过于老旧。衣服的尺码范围很广，既有特小号也有特大号。随着业务量的增长，她的灰狗巴士之旅也有了回报。她在曼哈顿找到了新的制造商，于是搬回了美国。

然而，噩耗突然袭来——她的儿子病倒了。她受到了极大的打击。为了让儿子能够接受治疗，他们一同前往阿姆斯特丹。她的世界缩小到只有带他去化疗和送他上学两件事。她在荷兰没有朋友，也没有可以转移注意力的消遣去处。她的生活只剩下一个焦点——确保儿子活下来。由于无事可做，儿子不在家时，她就绘制衣服草图打发时间。“我努力挖掘自己的创造力。我把自己投入工作中，工作拯救了我。”她说，“我感觉自己就像一条沙滩上的鱼，如果不动一动，我就会死掉。太多的痛苦了。”

虽然她不太清楚原因是什么，但她的创造力得到了极大的发展。现代科学的解释是，她的停滞让她偏离了正常的生活节奏，从而接触发了创造性的突破。讽刺的是，她痛苦的越洋之旅使她轻松地获得了一个新的转变。在 2016 年的一项针对 800 个家庭的研究中，研究人员发现，刚刚经历过搬家的人更容易做出重大的生活改变。仅仅是简单地改变生活环境，就能使他们打破旧习惯，接受新事物。正如伦敦商学院的赫米尼亚·伊巴拉所言：“改变总是从分离开始。”

玛拉不懂科学是如何解释的，但她看到了自己的改变。她拓展了自己的视野，开始更广泛地思考自己的品牌应该是什么样子的以及它的未来走向。“那是一段漫长而孤独的时期，但也是我一生中最有创造力的时期……工作是我唯一可控的事情。”

幸运的是，她的儿子最终康复了。玛拉回到纽约后，重新站稳了脚跟，她通过再次转型，推出了一个面向年轻女性的新系列，这个系列的特色是混搭的分层服装。当她在 2017 年推出 Wynne分层系列时，她终于觉得自己的事业有了坚实的基础。从她开始不得不重塑自我，到现在已经 10 年了。玛拉一路上经历了无数次的尝试和失败。现在，第一次，“我终于感受到我可以重新开始呼吸。10 年来，我都感觉自己喘不上气”。

玛拉深切地意识到，即使在她最糟糕的时期，她也比很多人享有更多的特权。她受过教育，是一个白人，并且有自己的圈子和职业人脉。但同时，像其他重塑自我的人一样——尤其是那些没有太多资源的人——她也同样经历了一个漫长、艰辛、常常感到痛苦、有时甚至感到屈辱的、不断反复的过程。“我认为很多人都可以做到这一点。除了不屈不挠的意志，我没有什么特别之处。我只是在努力工作，”她说，“重塑自我是一场战斗。你必须坚持为自己而战。”

此外，像其他成功转型的人一样，她发现自己在新生活中会用到之前学到的所有技能。“制作服装和制作电视节目其实没什么不同。”玛拉告诉我。一部电视剧是从一个创意故事开始，一个服装系列也是从“一个想法开始。我会先绘制草图，然后讲述这个系列背后的故事”。在电视行业，有了创意故事，下一步是制作和测试试播集，然后再决定是否订购整部剧集；在服装行业，下一步则是制作和售卖小批量服装，然后再决定是否保留整个系列。它们都是“一项团队活动”，涉及很多不同角色和不同专业的人。

她认为自己很幸运，一路获得了许多人的支持，包括她的父母和一些几乎完全陌生的人。她的一个朋友把自己在阿姆斯特丹的公寓借给她住；还有一个朋友，在她乘坐灰狗巴士到纽约后，让她睡在自家的沙发上。为了家庭购物电视节目上的第一次亮相，当时一贫如洗的她去了以前在洛杉矶经常光顾的一家高级化妆品店，并询问店员是否有任何打折的商品。“金斯伯格女士，您来这里购物很久了，从未问过我这个问题。”一名店员说，然后他递给她一个袋子，“店里有任何您想要的东西，都算作我送给您的礼物。”玛拉讲到这里时潸然泪下，她甚至不知道那位店员的名字。

“帮助有时会来自最意想不到的人，而不是你认为的那些人。”她告诉我：“我感受到过全然陌生的人的善意。”

如今，MarlaWynne已经是一个价值数百万美元的全球品牌，在欧洲、亚洲以及美国热销。当你在收看家庭购物电视节目时，你可能会看到玛拉，她的金色短发向后梳着，穿着Wynne分层系列的抽绳背心，轻松地开着玩笑，就像她曾经梦想成为的脱口秀主持人一样。在最近的一次节目中，当主持人试图将镜头转向玛拉，展示她的下一套服装时，她大喊道：“我还在换衣服呢！……我这里一团糟，姐们。这真的是现场直播……我的生活就是这样滑稽啊！”现年66岁的她，善于自嘲，有时还会爆粗口，既幽默又极其坦诚。但正是这些特质，让她在家庭购物电视上销售的服装大受欢迎。她还被《福布斯》杂志评为“50位50岁以上的杰出女性”之一。

尽管如此，她仍会感到这些成就可能在瞬间消失。“我觉得我总是生活在失去一切的边缘。一旦你失去过一切，你就会感觉它可能再次发生。”她告诉我。但她也相信，之前经历的创伤和失败，会让她在下一次面对时，有着更加充分的准备。

“重塑人生让我学会了活在当下。”她说，“我要做的就是每天早上起床，然后把工作做好。”

第一次的失败几乎将她压垮。但以后再也不会了。“我的创业旅程是从逆境中开始的。”她说。与从前不一样的是，如果逆境再次不可避免地来临，她懂得了该如何拥抱它。

3

我知道了！

顿悟时刻的启示

瞬间的顿悟有时比一生的经验更有价值。

——老奥利弗·温德尔·霍姆斯

斯宾塞·西尔弗是明尼阿波利斯的一位年轻化学家，研究生刚毕业时，他遇到了一个难题。他想要发明一种新的黏合剂，梦想着找到一种既有超强黏性，又能轻易溶解在水中的“终极”胶水。他希望可以轻松地在水里撕下创可贴而不会扯掉皮肤上的汗毛，或者轻易地撕掉相框上的贴纸，不留下任何残留物。这个设想充满了无限可能！

西尔弗试着制作出一种混合物，但并不理想。它不仅不溶于水，甚至根本无法溶解。当他在显微镜下用载玻片观察时，他看到这种物质是由直径比头发丝还细的微小球体构成的。“这些微球有着惊人的特性，它们可以反复黏附和移除而不损失丝毫黏附性。”西尔弗回忆道。在一名化学家眼中，这种混合物非常美妙，但它同时也极难控制，这些球体有时粘在一个表面上，有时又会转移到另一个表面上。要想控制它非常困难，他完全不知道该怎么办。

西尔弗向同事展示了他的发明，但谁也想不出这种物质能有什么用途。他们建议他放弃这项研究，着手其他工作。这是一个合理的建议。他所在的3M公司主要从事透明胶带和工业强力胶的业务。这种黏合剂虽然很特别，但看起来没有什么实际的用途。

但西尔弗仍固执地抱有希望。他在公司内部的科学家会议上展示了这种新型黏合剂，还制作了一些涂有这种黏合剂的布告板——看！可以不用图钉就把纸张粘在板上！他把这些布告板送给办公室的秘书们，希望能引起他们老板的注意。但他依然没有成功。“它是我的‘孩子’，是独一无二的，而且我刚刚研究生毕业，我不会就此放弃的。”他说，“我还有其他工作，我的老板告诉我，你不能为了它放弃其他项目……很多人也说，‘别再费劲了!’或者‘还是做点别的吧!’但我基本上都把这些话抛之脑后。”他的同事们给他起了个绰号：坚持先生。

一切本可能就此结束。实际上，几乎已经结束了。然而，斯宾塞·西尔弗在实验室的锥形瓶里混合出这种物质的6年后，3M公司的另一位科学家亚瑟·弗莱在教堂唱诗班上遇到了一个棘手的问题。在每周三的例行练习中，他会用纸片夹在选好的颂歌书页里，作为标记。但是，到周日活动开始时，这些临时书签总会不断地滑落，让他手忙脚乱。他尴尬地翻找着书页，试图跟上其他合唱团成员的节奏。“别人都在唱歌，而我在慌乱地翻着书页。”他回忆起当时的情景，对我说道。

就在那时，亚瑟·弗莱迎来了一个改变他一生轨迹的“顿悟时刻”。那是一个周日，“布道特别地无聊，我的思绪一直在游离”。他忽然想到了西尔弗的黏合剂。虽然他不太了解这位年轻的化学家，但在公司的高尔夫球场上，他曾听一位同事提到过那个“神奇的混合物”，还参加过西尔弗的一次展示会。弗莱想，如果这种黏合剂使用得当，也许可以制作出一种能粘在乐谱上又不会撕破书页的便笺。第二天一早，他冲进西尔弗的实验室，取出一份样品，然后把它涂在纸片上。果然，这样纸片既可以粘在书页上，又可以毫无痕迹地撕下来。弗莱发明了一种完美的便笺。

不久之后，在编写另一个项目的报告时，弗莱对一些数据产生了疑问。于是，他在报告上贴了一张便笺，并在上面画了一个指向问题数据的箭头，然后把报告交给了他的主管，而他的主管也在这张便笺上写了回复。这时，弗莱突然意识到：“天哪，这不仅仅是一个便笺，这是一种全新的沟通方式！”

一场无聊的布道和一项任性的化学实验，造就了历史上最赚钱的再发明之一：失败的黏合剂变成了成功的便利贴。当3M公司在1980年开始销售亚瑟·弗莱的便利贴时，距离斯宾塞·西尔弗历经多次尝试和失败，最终发现这种黏合物已经过去了12年。这种便利贴立刻成了热销品。据报道，3M公司现在每年在150多个国家销售超过500亿张便利贴，种类多达3000种。

弗莱出现“顿悟时刻”的半个多世纪后，当我和90岁的亚瑟·弗莱聊起那一天，他仍兴奋不已，好像一切就发生在昨日。“那是一个‘顿悟时刻’，当你发现了一个新事物，会突然有一种兴奋的感觉。”他告诉我，“你有了一个创造性的想法，看到了未曾见过的新事物。那是一种身体上的感觉，又激动，又兴奋。”

如果你曾在半夜醒来，灵光乍现，或者在淋浴时突然想到一个绝妙的主意，那么你就经历过“顿悟时刻”。也许你一直在苦思冥想某个问题，或者在寻找生活或工作的新方向。突然间，你奇迹般地知道了答案。这是一种无与伦比的快感。一个不知从何而来、伟大而富有启发性的想法，突然出现在你的脑海中。“我知道了!”你一拍脑袋，像一道闪电划过，一个“灵感的火花”“突然降临”。

顿悟时刻有很多种表达方式，但描述的都是同一种情形：你突然有了一个绝对独特的想法，并且你百分之百确信它是正确的。它完整地出现在你的脑海中，完全是你自己的想法，如此显而易见，让你感觉没有人曾想到是多么不可思议。你会迫不及待地想要尝试这个新想法。对于那些在生活或工作中做出重大转变的人来说，“我知道了!”的顿悟时刻往往是改变的催化剂。

在某种程度上，“顿悟”——这种现象的术语——类似于一种直觉。就像艾伦·格林斯潘从音乐转向经济学，或者纳什维尔的两位母亲午餐时第一次见面就决定共同创办一家房屋物品整理公司一样。虽然你无法解释个中原因，但你知道你的决定是正确的。不过，与直觉不同的是，“顿悟”并不意味着要做出决定

（比如在两个工作之间做选择。相反，它是一个新的领悟——一个新想法突然就出现在你的脑海中。

历史上一些非常著名的突破和创作就是从这些时刻中诞生的。电影导演詹姆斯·卡梅隆曾说，《终结者》源自他高烧时的一个梦魇。J.K.罗琳曾谈道，“哈利·波特”是她在1990年的一次火车旅途中，突然“完整地”出现在她的脑海里：这个故事“不知从何而来，突然冒了出来……太神奇了”。诺贝尔文学奖得主诗人路易丝·格吕克在写一本“折磨”了她4年的书时，“突然之间，我知道了该如何创作和完成这部手稿。简直是一个奇迹”。卡罗尔·金在谈到她的热门金曲《你有一个朋友》的创作过程时曾说，有一天，她坐在钢琴前，这首歌的旋律就已经在她的脑海里了，“我只是让它从我的指尖流淌出来”。

几千年来，学者、哲学家和科学家一直在试图弄清楚这种时刻是如何发生的。荷马的《伊利亚特》和维吉尔的《埃涅阿斯纪》都引用了缪斯女神作为灵感的来源。“我知道了！”（Eureka！）这句话的来源可以追溯到公元前3世纪。传说，希腊数学家阿基米德被要求鉴定一顶皇冠是否由纯金制成，还是掺进了其他便宜的金属。他苦思冥想，不得其解，直到有一天，他将自己泡到浴缸里洗澡，浴缸的水位上升时，他突然意识到，他可以利用排水量来计算皇冠的密度。据说，他从浴缸中跳了起来，赤身裸体地跑到街上，大喊着：“我知道了！”这个故事几乎可以肯定是杜撰的，但这句话却流传了下来。

之后的几个世纪里，顿悟时刻被视为神的启示。发明家、艺术家和科学家们认为他们只是更高等力量的传递者，而不是作品的创造者。米开朗琪罗认为他和他的工具皆属于上帝。弥尔顿在他 1674 年版本的《失乐园》中请求上帝“教导我，以你所拥有的智慧”。据说，哈里特·比彻·斯托曾声称是教堂中的一个幻象引导她写出了《汤姆叔叔的小屋》。直到 20 世纪 20 年代，“创造力”这个词——意指大脑所孵化出的原创性想法——才开始流行。

但直到最近几十年，科学家才开始真正理解这个过程是如何运作的。尽管“顿悟时刻”背后的真相并不像过去那些天才让我们所相信的那般浪漫或神秘，但对于我们其他人来说，科学的解释更为实用。功能性磁共振成像（fMRI）可以绘制大脑的血流波动，脑电图（EEG）可以测量大脑的电活动，借助这些技术，科学家们就可以看到我们在经历“顿悟时刻”时大脑中的变化。他们的新发现不仅揭示了这些突如其来的顿悟时刻，也揭示了我们产生全新的想法、发明新的事物、决定新的方向的过程。无论是解决一个棘手的问题，还是重新设想生活的方向，了解这个过程是如何运作的可以让我们变得更有创造力。

当你面对一个挑战时，有很多种方式可以帮助你找到解决方案。你可以通过理性分析的方式来循序渐进地解决问题。如果你在考虑转换职业，你可以先列出自己的优势和劣势，然后研究不同类型的工作内容，与不同行业的人进行沟通。你可以为了追随某人而开始了解其他行业，或者只是自发地想要尝试一个新领域。

不过，对于某些人来说，解决方案似乎总是出现得非常突然。一念之间，几乎没有经过任何努力，它就出现了。他们突然就对自己真正想追求的目标有了清晰的认识。

几年前，奥林商学院的埃里克·丹恩进行了一项500名参与者的调查，询问他们是否经历过"顿悟时刻"，他将其定义为"一种突然而剧烈的领悟和/或想法的变化，改变了个体对自我和身份的认知"，并为"个体的生活赋予了新的意义"。大约一半的参与者报告说他们有过这样的经历。有些人的"顿悟时刻"让他们放弃了不健康的人际关系，有些人则受到激励改掉了坏习惯。但令丹恩惊讶的是，有相当数量的参与者（约20%）受到启发，重新规划了他们的职业生涯。所有这些回答有一个共同点：顿悟不仅仅是产生了一个新想法或者新认知——它促使他们采取行动，做出了有意义的改变。

一名工程师决定辞职重返校园，成为一名管理顾问。一位美国女空军意识到生活看不到未来，于是转换了职业道路。丹恩说："他们困顿的生活状态突然豁然开朗，开始开足马力，全速前进。"

参与者无法预测顿悟可能在何时何地发生，但他们可以确切地指出顿悟发生的时刻。有一名参与者是在上班途中经历的"顿悟时刻"；有人是在学校的集会上；还有人是在养老院里。他说："我的父亲刚刚去世。我突然意识到，我不想再因为害怕而不敢去做自己想做的事情，最后只留下后悔。我决心改变自己的生活，更多地享受生活，并努力找到一份真正热爱的工作，而不是像之前那样，过着百无聊赖的生活。”

传统观念告诉我们，只有经过大量的思考和分析，才能做出这种改变人生的深刻决定。没有人会仅仅因为一个突然闪过的念头，就放弃多年的职业生涯。我们都希望自己做出的任何“草率”的结论，实际上都经过了仔细的权衡，并深入探讨了所有的相关因素。

但丹恩的研究发现不是这样的。相反，参与者报告说，这种突然的清晰感仿佛是有一个外界的声音，在他们的耳边告诉他们的。他们不认为是自己产生了这种顿悟。参与者对这种突然降临的启示表示感激，但他们并不认为自己是这些顿悟的创作者。相反，他们觉得这些启示是“赠予他们的礼物”。一位女士说：“那是一种很奇怪的感觉，因为在某种程度上，它几乎对我的身体也产生了作用。我觉得自己眼中的世界好像都变得更清晰了。”丹恩的研究还表明，经历过顿悟的人，往往对突然冒出的想法持开放的态度——过度思考可能会导致他们的洞察力失灵，容易质疑或者轻视那些潜在的突破性想法。

参与者的报告还揭示了“顿悟时刻”的另一个独特特征。他们声称，他们的大脑仿佛背着他们偷偷把不相关的信息片段拼凑到了一起。不同的想法在一瞬间突然“结合”到一起，完全没有经过他们任何有意识的努力。他们无法解释这是如何发生的。“我认为所有的片段早就在那儿了，并且在我的大脑中游荡了很长时间。”一位女士说。另一位参与者说：“就好像是偶然间发现了某种联系，而不是特意去找到的。”还有一位参与者形容道，她的思绪起初“飘忽不定地游走，然后突然间融合在一起”。她意识到她真正需要的是换一份新的工作，因为她一直以来都在被要求做一些她认为不道德的事情。

实际上，这项研究的参与者无意中描述了创造力和创造性问题解决模式的典型阶段。1939 年，广告业的一位高管詹姆斯·韦伯·杨在一本名为《创意，从无到有》（*A Technique for Producing Ideas*）的小册子中提出了一个循序渐进的公式。韦伯解释说，一个新创意的诞生首先是收集各种信息片段——我们可以认为这就是探索期。接下来，你需要调用所有在你头脑中飘浮着的信息碎片，尝试以某种新的方式把它们结合在一起，“就像拼图游戏”。你努力地想要产生一个新创意，但不可避免地会经历失败；“你会进入一个感到绝望的阶段。大脑中一团糟，没有任何清晰的洞察。”这时，你会停下来：“在第三阶段，完全不要做任何的努力。完全放下这个问题……此时要做的，就是把问题交给你的潜意识，让它在你的睡梦中工作。”他说，在那之后，“创意就会突然冒出来”——问题解决。如果把韦伯的公式整合到一起，我们得到的就是：

探索→挣扎→停滞→解决

19 世纪的数学家亨利·庞加莱是最早注意到“顿悟时刻”的人之一。他在 1908 年发表的论文《数学创造》中，讲述了自己的一个经历：当时他正在思考一个新理论，有一天，在登上一辆巴士的瞬间，他突然想出了答案。“就在我踏进车门的那一刻，答案突然出现在我的脑海中。而且，我之前的所有思考，似乎都没有为这个答案的诞生做出任何铺垫。”虽然他还没有验证这个答案，但他“认为一定是完全正确的”。他推测，要想获得这种突破，必须先寻找正确的要素，并努力把它们拼合在一起，要让自己沉浸在问题中，直到感到“毫无结果且毫无希望”。陷入僵局后，会“或长或短”地停歇一段时间。而在间歇期间，大脑里的潜意识就会进行“大量地组合”，正确的解决方案便浮现出来。那个时刻，就是这位数学家感受到的“突然的启示”，他的“顿悟时刻”。

庞加莱的推测颇有先见之明，因为神经科学家们在实验室中也观察到了类似的情况。韦伯和庞加莱的描述——以及丹恩的研究参与者所说的，起初“飘忽不定、游走”的想法突然变得清晰——不仅仅是一个奇妙的现象，在神经科学里，这是有据可循的，并且那正是“顿悟时刻”的关键。

认知神经科学家约翰·库尼奥斯和马克·毕曼在研究中发现了这一点。他们设置了一些可能触发“顿悟时刻”的单词谜题，并在解谜过程中对参与者的大脑进行了扫描。就在参与者灵光一闪的那个瞬间，大脑中连接不同信息片段的一个区域亮了起来。换句话说，大脑在那一刻将不相关或者关系非常薄弱的信息建立起了联系，产生了一个解决方案。这项研究的参与者以及参与丹恩研究的职业转换者，都感觉“突然之间，一切都拼接在了一起”。通过对大脑的扫描，我们实际上可以真切地看到，正如库尼奥斯和毕曼在他们的书《超级洞察》（*The Eureka Factor*）中所写的那样，顿悟发生的那一刻，“出现了真正的火花。那就是洞察的火花”。

科学家对单词谜题的研究又称为复合远距离联想测验（Compound Remote Associates，CRA）。参与者会被提供三组不相关的单词，要求想出一个与每组其他单词都可以组合在一起的新单词。例如，哪个单词可以与“松树”（pine）、“螃蟹”（crab）和“酱汁”（sauce）组合在一起，造出一个新单词？你可能会通过分析法来寻找答案。也许你会选择“圆锥”（cone），因为它可以与“松树”（pine）组成“松果”（pinecone）；但当你把它与其他单词组合在一起时，你又意识到它与“螃蟹”或者“酱汁”的组合是毫无意义的（没有crabcone或者conesauce这个单词）。你可能会继续尝试其他单词，但几乎肯定会继续失败。

或者，如果你运气足够好，几乎未经思考，答案可能就会一下子出现在你的脑海中，那么你经历了一个“顿悟时刻”：答案就是“苹果”（apple）！因为可以组成“菠萝”（pineapple）、“沙果”（crabapple）和“苹果酱”（applesauce）。

再来尝试几组：

震惊/剃须/味道（shock/shave/taste）

线条/水果/酒鬼（line/fruit/drunk）

碰撞/鸡蛋/台阶（bump/egg/step）

在一系列的研究中，科学家们监测了参与者在试图解决这些谜题时的大脑活动。某些情况下，参与者会戴着一个看起来像浴帽的设备，上面布满了电极，每个电极都连接到一台实时记录他们脑电波的机器上。当参与者在思考每个单词组合时，电极可以探测到他们大脑的电活动变化，功能性磁共振成像扫描仪会测量他们大脑血流的变化。参与者被要求在30秒内给出每组的答案，并且要说出是通过分析还是顿悟得到的答案。

通过分析受试者的大脑活动，库尼奥斯和毕曼发现，当参与者凭借瞬间的领悟解决一个单词谜题时，两种成像技术都清晰地显示出，他们大脑右半球一个区域的活动非常活跃；这个区域位于右颞叶颞上回的前部，与语言理解和连接不同信息片段有关。"它与大脑的许多其他部分都有连接。"库尼奥斯解释道。"它似乎可以将大脑其他部分的不同类型的信息整合在一起"，通过一种奇特的方式，将那些看似无关的小片段汇集在一起，然后突然间，新信息就完整地进入我们的意识中。

更重要的是，在顿悟出现前的几毫秒里，参与者出现了被科学家称为"脑眨"（brain blink）的现象：大脑处理视觉的部分关闭了，就好像大脑在屏蔽所有的干扰一样。这类似于当你思考一个难题时，你可能会凝视远方，甚至闭上眼睛。无意识地，为了想出一个答案，你会去屏蔽眼前过多的刺激。当大脑准备顿悟时，也会做同样的事情。

出于对科学的兴趣，我自己也尝试了这个解谜游戏，使用的是与库尼奥斯的研究参与者相同的单词组。其中一些单词组，我怎么都想不出答案。我在脑海中思考了各种答案，尝试了各种增加和减少的可能性，但都一无所获。我感到沮丧，觉得自己很笨。我能想到的答案都是错的。这些单词彼此间看起来毫无关系。但有的单词组，我几乎还没在心里默念完那三个单词，答案就立刻闪现在我的脑海中。这三个单词似乎是作为一个整体而非孤立出现的，我几乎立刻就想到了答案。没有经过任何有意识的思考，但毫无缘由地，我就是知道了那个答案。答案几乎是不言而喻、显而易见的。

可惜，上面列出的三组单词，我都没能想出答案。如果你的“顿悟时刻”让你知道了答案，那你就赢了我。第一组的答案是“之后”（after），因为可以组成“余震”（aftershock）、“须后水”（aftershave）和“回味”（aftertaste）；第二组是“击打”（punch），可以组成“妙语”（punch line）、“果汁潘趣酒”（fruit punch）和“头昏眼花”（punch-drunk）；第三组是“鹅”（goose），可以组成“鸡皮疙瘩”（goose bump）、“零分”（goose egg）和“正步走”（goose step）。

我怎么就没想到呢！

经历过重大创造性突破的人，即使对科学或者心理学知之甚少，他们所描述的过程却几乎完全相同。广告业传奇高管基思·莱因哈德将其最伟大的再发明归功于一次“顿悟时刻”。1980年，他所供职的公司正在竞争麦当劳公司的广告供应商，他接到一个棘手的任务，要重新塑造麦当劳叔叔的形象。这是一个充满风险的任务。当时，麦当劳叔叔并不受欢迎。竞争对手的一家广告公司建议直接弃用这个形象。在当时看来，麦当劳叔叔似乎确实不值得去挽救。但这个形象的去留是一个微妙的问题，因为麦当劳叔叔的创造者就在这次广告供应商挑选的负责团队中。于是，莱因哈德的团队委婉地提出，他们认为麦当劳叔叔有着“巨大的潜力”，但这个角色需要被“强化”。策略奏效了——他们的公司赢得了麦当劳这位客户。

然而，接下来才是最困难的部分：如何让软弱的麦当劳叔叔成为一个英雄？正如创造力专家所预测的那样，莱因哈德全身心地沉浸在对这个问题的思考中。为了寻找灵感，他飞往洛杉矶拜访了传奇动画师查克·琼斯，威利狼与哔哔鸟的创造者。琼斯仔细倾听了他的需求后，提出了一个建议：麦当劳叔叔真正需要的是一个对手。有了一个敌人，这个相对弱势的卡通角色就会显得更强大。莱因哈德很喜欢这个想法，并立即传达给他的创意团队。他们集思广益，讨论各种可能成为麦当劳叔叔对手的形象：海盗、怪物、外星人……他们提出了各种可能性，但始终没能找到一个合适的反派角色。所有这些想法都不合适，他们陷入了僵局。莱因哈德经过了探索阶段，忍受了挣扎阶段，走入了停滞阶段。

几天后的一个夜晚，莱因哈德在凌晨4点突然惊醒，脑海中只有一个想法：“汉堡”（Burger）的发音听起来很像“小偷”（Burglar）。一瞬间，他知道了答案：“就是它了！汉堡神偷（Hamburglar）！”就这样，莱因哈德解决了一个看似无解的问题，他创造了一个反派角色，一个意图偷窃汉堡的卡通坏蛋，把麦当劳叔叔变成了一个英雄。几小时后，他的艺术总监在火车上勾勒出了在今天为人熟知的，戴着面具、穿着囚服的反派形象。汉堡神偷不仅让客户非常满意，还创造了一个麦当劳宇宙（还记得芝士汉堡市长吗？）和一系列的周边服饰、游戏、玩具和游乐场等。

几年后，莱因哈德因为创作出广告歌《你今天值得休息》与《有个好邻居，日日好安心》一度进入了广告名人堂。但回顾过去，他认为那个“顿悟时刻”——半夜三更突然出现在他脑海中的“汉堡神偷”——是他最自豪的成就之一。他说，这个创意激发了一个“超越广告的营销理念”。

而对于近藤麻理惠来说，一次“顿悟时刻”对她个人产生了深远的影响。她在日本长大，曾做过5年的“神社巫女”，协助神职人员举行仪式，出售小饰品，并帮忙清理神社场地。她有一头乌黑的直发，穿着剪裁合身的衣服，家里一尘不染，是一个非常有条理的人。但她不知道自己真正想做的事情是什么。当人们问起她的职业抱负时，“我总是很犹豫，然后绝望地回答，‘看书吧’，同时心里想着，‘我到底喜欢做什么？’”

直到有一次，她在整理房间时，忽然回忆起自己小时候特别喜欢当教室清洁工，她突然意识到，自己的天命工作是整理。她说，有一次她晕倒了。“当我醒来时，我听到一个神秘的声音，就像是某个整理之神在告诉我，要更仔细地看护好自己的东西。我意识到我犯了一个错误：从前，我总是在寻找要扔掉的东西，而我真正应该做的，是找到想保留的东西。”不到10年，以只保留“激发喜悦”的物品为理念的“麻理惠法”整理技巧诞生了，并衍生出四本畅销书（包括《怦然心动的人生整理魔法》）、一部奈飞系列节目和一家全球咨询公司。

如果我们能够将变革性的“顿悟时刻”转化为现实，那将是一件非常美好的事情。可惜，那很难。事实上，过于努力地想要产生一个突破性的想法会抑制大脑的创造力。有些人天生对灵光一闪的时刻更敏感，似乎更容易想出很多有创意的点子。但这对我们大多数人来说并不那么容易。不过，好消息是，我们可以为这样的时刻创造更利于其发生的条件。科学家们给出了三个非常关键的因素：分散注意力、放松心情和保持积极的情绪。

分散注意力

我们大多数人习惯于在遇到问题时咬紧牙关，拼命寻找解决方案，不停地努力，直到精疲力尽。但研究表明，这种方法恰恰是错误的。这会让你的大脑疲惫不堪，承受大量的压力，变得越来越焦躁不安，这种情感上的消耗，会让人不自觉地蜷缩起来，进入紧张的防御姿态；这时，任何随心所欲的想法都被禁止了。相反，停下来，让自己分散注意力往往是解决问题的真正方式。此时，你的潜意识会让一些看似疯狂、不相关的想法融合在一起，形成一个新的想法。几乎任何可以分散注意力的活动——无论是睡觉、吃饭、看电视，还是在教堂唱歌——都能起到作用，让你的大脑放松下来。这非常重要。

想想基思·莱因哈德和近藤麻理惠是如何获得他们的“顿悟

时刻”的。他们把自己全身心地沉浸在一个问题中，寻找解决办法，然后经过一段时间的挣扎后，陷入僵局，并几近放弃。莱因哈德为如何将麦当劳叔叔变成一个英雄而苦恼不已。近藤麻理惠在被问及想要从事什么职业时感到非常迷茫。两个人都遇到了一个类似于阿基米德在寻找如何鉴别皇冠成分的方法时所遇到的困境。对于他们每个人来说，只有在停歇、转移注意力之后——无论是睡觉、昏倒还是洗澡——解决方案才突然显现出来。

同样，当亚瑟·弗莱想出便利贴的点子时，他的思绪正在无聊的布道声里飘荡。事实证明，这正是创意突破的一种理想状态。加利福尼亚大学圣巴巴拉分校心理与脑科学教授乔纳森·斯古勒将其称为“思绪漫游”。在好奇的状态下做着白日梦，去思考一个有趣的创意或者其他创造性的研究，而不是在焦虑的状态下进行大量的思索。

在斯古勒大约10年前领导的一项研究中，参与者被要求想出一些日常物品的新用途，这些物品包括砖块、水桶和鞋。这项测试旨在衡量参与者是通过分析性的思考，给出一个明确的答案，还是会进行创造性的思考，开放性地给出一些新鲜的答案。所有的参与者在测试中途都有12分钟的休息时间。在这段休息时间里，一些参与者会进行一项具有挑战性的记忆任务，而另一些参与者则会进行一项促使思绪漫游的轻松任务。当这些参与者再次开始之前的测试时，经过思绪漫游的参与者的创造力水平飙升了40%，而另一组参与者几乎没有变化；他们给出的答案更加寻常（例如用砖块盖房子），经过思绪漫游的人则给出了更疯狂而有创意的想法（例如用砖块制作芭比娃娃的墓盒）。

“飘忽不定的思绪会在偶然间找到真知灼见。如果你总是像赛马一样戴着眼罩，你就只能看得到前面。而正是外围的那些思绪触发了顿悟。”库尼奥斯说。

这就是为什么艾伦·索金曾说，当他遇到写作障碍时，他就会去洗个澡——甚至一天8次！艾伦·索金是一名多产的编剧，曾创作出《白宫风云》和《社交网络》等热门电影和电视剧。他的这个习惯在他创造的一个角色身上体现得淋漓尽致：亚历克·鲍德温在《我为喜剧狂》中饰演的爱吹牛的老板杰克·唐纳吉。在2012年名为“淋浴原理”的一集中，唐纳吉正在办公室里打室内高尔夫球，蒂娜·菲饰演的丽兹·莱蒙打断了他，他对她吼道：“莱蒙！我没时间听你胡扯！我在工作！我知道这看起来不像在工作，但你听说过‘淋浴原理’吗？”

他接着解释道：

“淋浴原理是科学家用来描述大脑在被分散注意力后灵感迸发的一种现象。比如，当你在洗澡时，你的大脑皮层会被流水分散注意力；当我在挥杆时，我的大脑皮层也会被分散注意力；那么大脑中的另一部分，颞上回的前部，就会被激活。那就是灵感突然诞生的部位。”

他说得完全正确。

放松心情

还有一个原因可以解释为什么灵感更容易在洗澡的时候——或者是打高尔夫、睡觉等大脑放松的时候——突然冒出来。当你的大脑感到轻松，尤其是负责执行决策的部分处于离线状态时，“顿悟时刻”最有可能出现。

我们的大脑有一种不良的倾向，就是喜欢控制一切。它就像专横的家长一样，总是告诉我们，不要做白日梦了，快去做作业。前额叶皮层本质上是大脑的控制中心，它使我们保持在正常的轨道上，但它也会抑制那些自由流动的、可能产生新想法的思绪。有时候，我们需要告诉内在的“家长”退后一步，移除掉大脑中的围栏，让那些无关的想法畅通无阻地流淌在一起，从而合成新的创意。

对于金融高管萨莉·克劳切克来说，关键就在于“思考，思考，再思考；然后放松”。她是华尔街最著名的女性之一，也是少数管理过大型银行的人之一。她曾两次被公开解雇——职位分别是花旗集团财富管理部门的首席执行官和美国银行某部门的总裁。她说，她最重要的、最棒的想法往往是在休息时想到的，有时是在她两份工作的间隙，有时是“我发呆或放松的时候，突然间，事情就理顺了”。其中一个顿悟时刻促使她创立了Ellevest，一个为女性设计的投资平台。她现在是这家公司的首席执行官，该公司拥有超过10亿美元的投资组合——而这一切都源自她“某天早晨涂睫毛膏时”突然冒出来的想法。

克劳切克发现，灵感常常在“放松，些许疲惫，放任自己思绪翩飞”的状态下出现。神经科学家通过实时观测爵士吉他手的大脑活动，记录下了这一过程。2020年，研究人员要求包括初学者和专业音乐家在内的参与者在连接脑电图仪器的情况下进行即兴演奏，然后请爵士乐专家对他们的作品进行评估。果然，当有经验的演奏者创作出高度原创的即兴作品时，大脑中与自我审查和抑制相关的部分处于不活跃的状态；相比之下，初学者则需要强化分析性思维才能创作出即兴作品。科学家发现，有经验的音乐家的前额叶皮层——内在的“家长”——没有占主导地位；同时，大脑中与动机、语言和情感相关的部分非常活跃。这意味着，音乐家的思绪正在没有围栏的情形下无拘无束地融合和流动着。

研究人员使用脑成像技术研究了诗人创作诗句、插画家设计书籍封面和说唱歌手即兴创作歌曲的过程，得出了类似的结果。例如，有经验的诗人在创作过程中可以更好地“暂停认知控制”，说唱歌手的大脑比一般人更能“摆脱传统约束”。著名的爵士乐小号手迈尔士·戴维斯曾用更通俗的语言描述了这个过程，他说:“我会先演奏，然后再去想它从何而来。”

这些音乐家和艺术家阐释了另一个重要的观点。我们也许会认为这些“顿悟时刻”是自然而然钻进我们的大脑的，是天才的杰作。但实际上，它们更有可能是我们头脑中已有知识的产物。在这项研究中，最富有经验的爵士吉他手已经有多达1500次现场演出的经验。他们的大脑中储存了无数个组合和大量的模式信息。他们已经经过了探索阶段。当他们让内在的“家长”放松下来，这些信息就可以以新的方式汇聚在一起。

这些实验让我想起了另一位音乐家的经历。1964年，就在披头士乐队登上国际舞台前不久，保罗·麦卡尼住在伦敦他女友父母家的阁楼里。那是一个很小的房间，几乎只能容纳一张床和一架紧挨着的钢琴。他后来回忆道，一天早上：

“我醒来时，脑海中就有一段美妙的旋律。我心想，‘这太动听了，这是哪里的旋律？’”

“我非常喜欢这段旋律，但因为那是我在梦中听到的，所以我不敢相信这是我自己的创作。我想，‘不，我没写过类似的旋律。’但我确实拥有了这段旋律，这是最神奇的。我不得不问自己，‘它从哪里来？’”

过去的几个月里，麦卡尼一直在作曲，所以他确信这段旋律一定是别人的创作。他甚至没有为它填词。他和他的乐队成员给这段旋律取名为《炒蛋》，还为它编了搞笑的歌词：“炒蛋啊，噢我的宝贝，好爱你的双腿……”

没错，它就是今天的经典歌曲《昨日》。但麦卡尼花了相当长的时间才确信这是他自己的创作。“它来得太容易了，”他说，“我不敢相信。我不相信这是我写出来的。我以为是从前在哪里听过的别人的曲子。我花了好几个星期给别人演奏这首歌，然后问他们：‘你觉得它像哪首歌吗？我之前写过的。’但别人都说：‘不，我从没听过。它真好听。’”

那时的麦卡尼已经有了多年的作曲和演奏经验。各种音符和调式都已经在他的大脑中。对他来说，这似乎是个奇迹，但科学家们会认为，这并不奇怪，是他在睡觉时，他的大脑重新排列了这些音符和调式，于是诞生了世界上最著名的歌曲之一。

理查德·布兰森的座右铭是A-B-C-D法则：永远把点连接起来（Always Be Connecting the Dots）。这位维珍集团的创始人在旅行、太空、音乐和文化等领域都掀起过浪潮，但他从不认为他的想法是凭空而来的。他认为，你需要先有这些知识的“点”，才能将它们连接成新的东西。同样，史蒂夫·乔布斯也曾说过：“创造力就是把事物连接起来。”在这方面，这些企业家与毕加索拥有共同之处。在一个著名的但可能是杜撰的故事中，一位女士在咖啡馆里走到这位画家身边，请他在餐巾纸上随便画点什么。他照做了，并在把餐巾纸递还给她时，要价 1 万美元。“但你只花了 30 秒！”她抗议道。

“不，夫人，”毕加索回答说，“这花费了我一生的时间。”

保持积极的情绪

还有一种方法更容易产生“顿悟时刻”：如果你始终保持积极的情绪，这样的时刻就更有可能出现。2009 年的一项研究中，库尼奥斯和毕曼以及他们的同事对 79 名参与者进行了远程联想测试，同时扫描了他们的大脑活动。他们发现，情绪较好的参与者更可能通过灵感找到答案，而焦虑会导致参与者更倾向于采用分析性的思维来解决问题。库尼奥斯表示，积极、放松的情绪可以“扩展思维的范围”，让你能够看到更远距离的联系、更多的可能性和不同的视角。但当你处于消极情绪中，尤其是焦虑时，你的大脑就会像戴上了眼罩一样，看不到其他的可能性。

消极的情绪会让大脑处于防御状态，拒绝可能出现的新想法，而不是欢迎它们的到来。多项研究表明，“欢迎”新想法的心态会营造一种良性循环——越保持开放的态度，越有可能获得顿悟。回想一下埃里克·丹恩的研究，那些经历了改变人生的“顿悟时刻”的参与者，都表示对这种体验持开放态度。丹恩称之为“准备状态”，是决定人们能否经历这种变革性时刻的关键因素。

32 岁的科技企业家希娜·艾伦的情况正是如此。她告诉我，当她放任自己的思绪去调和生活中两个看似不相关的部分时，一个新的商业想法“一下子”就出现了。她在密西西比州的特里长大，那是一个黑人聚居的小镇，位于杰克逊市外。从小她就有着创新和好奇的个性，但“当时我对创业的概念就是叔叔经营的花店，或者堂兄们的理发、美发店”。直到上了大学，了解到马克·扎克伯格创办了Facebook，她才意识到还有其他方法可以满足她的创业欲望。

“我读大一的时候，一心想要创建一个能与Facebook竞争的公司。我待在宿舍里，在打印纸上勾画着我的构思。所有的大一新生都去参加各种派对，而我却想着‘不，我要做出这样一个网站’。”等到希娜从南密西西比大学毕业时，她已经开发了两个移动应用程序。不久后，她去了圣何塞（“我选择去硅谷，是因为我在谷歌上搜索，‘去哪里能创立一家科技公司?’”），但“当我到了那里以后，我非常震惊，因为我没有看到一个黑人。真的，一个都没有”。几个月后，她搬到了奥斯汀，加入了一个技术加速器项目，并在一名导师的指导下工作。

当她回家探亲时，她的大脑里满是新世界的各种细节——演示文稿、代码、营销、筹资——突然间，她开始用一种新的眼光看待自己的家乡，并震惊于自己发现了一个在成长过程中从未注意到的、巨大的而未被满足的需求。在奥斯汀，没有人使用现金；而在她的家乡，每个人都在使用现金。她的家乡是一个银行服务匮乏的地区，她的许多朋友和邻居都没有银行账户或信用卡。她的曾祖母把积蓄放在躺椅的垫子里。在杂货店，人们排着队等着收银员找钱。电子转账和无现金支付的世界对她所在的社区来说并不存在。他们的世界里没有发薪日贷款和支票兑现。“我们这里远远落后了，而且应该还不只有我们。”她意识到。

“最终让我‘灵光一闪’的是，无现金经济将会影响到所有像密西西比州的杰克逊和阿拉巴马州的伯明翰这样的地方，”希娜告诉我，“（科技界的）其他人不会明白在银行服务匮乏的地方长大是一种什么样的感觉。他们也许拥有哈佛和斯坦福最好的学位，但他们没法把低收入、银行服务不足的社区与科技界联系起来。”

结合她对这两个世界的深入了解，希娜想出了一个新项目：面向银行服务不足社区的移动银行平台。当她有了这个想法，她回忆道，“我不得不问自己，‘我是不是疯了？怎么可能有这样一个巨大的机会，但从来没人发现？'" 如今，她是CapWay公司的创始人兼首席执行官，这是一家提供手机银行和金融知识教育的金融科技公司。它有一款用户友好的应用程序，采用柔和的青绿色调，使用直观的语言（"转移资金""汇款"），并提供关于学生贷款申请、投资和报税等主题的文章。正如她在大学里所梦想的那样，它还借鉴了社交媒体平台的做法，允许用户向社区请求帮助。

"这个想法的产生，一定是源于我回家后，看到和我一起长大的人拿出的一沓沓现金。然后，在奥斯汀，那里根本不允许使用现金。"希娜解释道，"是所有这些小细节累积起来的。"

希娜发现了"顿悟时刻"的另一个重要特征，就是它让人感觉非常正确。当她讲述自己是如何想出这个主意时，她提到一切是那么显而易见，就像霓虹灯一样。为什么其他人没有想到这一点呢？

"顿悟时刻"之所以让人感觉很对，显然是因为它们常常就是正确的。在2016年的一项研究中，得克萨斯大学奥斯汀分校的研究员卡罗拉·萨尔维和同事们测试了这些顿悟的准确性。他们让参与者解决四种类型的问题：第一种是远程联想测试，要求参与者找到一个与每组三个单词可以组合的新单词。第二种是单词谜题，参与者需要猜出由四个或五个字母组成的单词。第三种是图形谜题，单词会以符号和字母混合的形式呈现。第四种是视觉谜题，参与者需要辨认出局部图像所描绘的内容。参与者有15

秒的时间回答每个问题，同时需要报告他们是通过突然的“顿悟”得到的答案，还是通过有意识的分析来解决的问题。

结果显示，通过“顿悟时刻”解决的问题占了极大的比例。惊人的是，在单词谜题中，通过“顿悟”得到的答案有94%是正确的，而通过分析给出的答案只有78%是正确的。在视觉谜题中，参与者在辨认局部图像时，他们“灵光一闪”的答案更有可能是正确的。感觉正确的答案往往就是正确的。正如萨尔维所说：“这就像是造物主的一个把戏，将一大堆情绪和感觉附加在‘顿悟’之上——来向我们表明，‘这是一个高质量的想法’。”

不过，这其中也有一个陷阱。解谜者在倒计时的最后5秒钟内，他们的大脑会紧张起来并停止思考。为了寻找正确的答案，他们会迅速尝试使用分析来解决问题，但同时也会因为用力过猛而适得其反，得出错误的答案。萨尔维发现：“为了获得顿悟，你必须更加放松，保持一种有利于其发生的心态。”

那种确信无疑的感觉，以及伴随而来的快感，可能会令人困惑。我们很容易选择忽视它，或者把它当作无稽之谈。然而，这么做可能并不明智。历史上许多伟大的科学突破，都是由这些连创造者自己都感到困惑的“顿悟”所激发的。

“有时候，我确信自己是对的，但我说不出具体的原因。”阿尔伯特·爱因斯坦在1931年写道。他最著名的一次“顿悟时刻”，发生在他年轻时在瑞士伯尔尼专利局当办事员的时候。业余时间里，他一直在苦苦思索一个看似不可能解决的物理难题：

如何调和空间和时间这两个看似互不相容的理论。他反复地琢磨着这个问题。但不管如何努力，他都无法找到答案。几个月过去了，他一遍遍地思索，但毫无进展。

“我浪费了将近一年的时间在毫无结果的思考上。”爱因斯坦后来回忆道。最终，他几乎已经准备放弃，他向与他一起在专利局工作的朋友米给雷·贝索倾诉了他的烦恼。那是1905年5月的一天，他向贝索详细地讲述了他分析的每一步、每一个细节。到了下班的时候，他依然一无所获。在他面前的就是一条死胡同。他已经经历了探索期，忍受了挣扎期，现在陷入了停滞。爱因斯坦被彻底打败了。他告诉他的朋友，他彻底绝望了。

在回家的电车上，他把所有的烦恼都抛置脑后，漫无目的地望着高耸入云的钟楼。就在那时，答案突然出现在他的脑海中。“一场风暴在我的大脑里爆发了。”他这样形容道。所有的碎片都拼到了一起。他找到了想要的答案，而这个答案最终引导他提出了狭义相对论。第二天，他出现在贝索的家门口。“谢谢你，”他连招呼都没打就说道，“我成功解决了那个问题。”

多年后，爱因斯坦回忆起，他在骑自行车或者拉小提琴时，也曾有过类似的顿悟。据说，他最著名的方程式$E=mc^2$就是“在骑自行车时想到的”。需要特别指出的是，他的大多数理论都经过了多年的反复思考和努力。和其他获得突破性成就的人一样，爱因斯坦的发现是长期探索和奋斗的结果，是一个反复试验、不停犯错的迭代过程。“每一步都极其困难。”他在1912年给贝索的信中这样写道。然而，这些突破往往是他在停下来喘口气之后才得以出现的。“音乐能够帮助他思考他的理论，”爱因斯坦的第二任妻子及表姐，埃尔莎·爱因斯坦曾说过，“他走进他的书房，然后出来，在钢琴上弹几下，记下一些东西，然后又回到书房。”

爱因斯坦曾说过，他最伟大的思想来自“一次极为大胆的推测”——然后再通过后续的研究来验证它为什么是正确的。

我们大多数人不是爱因斯坦，也很少有人需要像他一样，解决具有挑战性的理论物理学难题。但幸运的是，“顿悟时刻”的另一个关键特征，就是它不只出现在苦苦挣扎的阶段。你可能突然就迎来了一个“顿悟时刻”。在这种情况下，你就可以跳过停滞阶段——那种痛苦的僵局——直接获得解决方案，甚至在你意识到自己在寻找答案之前。

库尼奥斯和毕曼讲述了一个第二次世界大战期间海军工程师理查德·詹姆斯的有趣故事。一天，詹姆斯正在试图固定船上的仪器，让它们在船只摇晃时更容易读取。他用弹簧作为减震器，结果，有一个弹簧突然“弹了出来，在房间里跳来跳去，仿佛有了生命一样”。詹姆斯惊奇地看着它，并把它带回家给他的妻子看……几年后，这对夫妇把它作为一种儿童玩具推出，命名为“妙妙圈”。2012 年，这个产业的估值为 30 亿美元。库尼奥斯和毕曼总结道，有时候，一次顿悟可能会“引发一个你自己都不知道的问题的解决方案”。

这些故事揭示了亚瑟·弗莱和斯宾塞·西尔弗是如何将一种无用的黏合剂变成今天极为流行的便利贴。科学家发现，一些人更倾向于使用分析的方法解决问题，而另一些人则更容易经历“顿悟时刻”，他们被称为“具有洞察力的人”。亚瑟就是后者。他在艾奥瓦州的小镇和密苏里州的堪萨斯城长大，上的是一所只有一间教室的校舍，他会旁听年龄较大的孩子们的课，把从垃圾堆里捡到的东西带回家，拆开看看它们是如何工作的，然后再改造成新的东西，以此自娱自乐。“好奇心一直是我性格的重要组成部分。事物是如何工作的？我会去寻找问题，并尝试用意想不到的方式解决它们。我不喜欢使用老套的拼图，拼成既定的样子；我喜欢寻找新的拼图。”

从明尼苏达大学化学工程专业毕业后，弗莱加入了3M公司。他选择这家公司的主要原因是，这里的科学家可以有15%的时间用于自己选择的项目。如今，保留放飞思绪的创意时段在谷歌这类科技公司中非常流行，而3M公司已经推行了70多年。

在3M公司，弗莱专注于创新产品，从任何他能找到的途径汲取信息。他会阅读同事们提交的专利，并了解他们正在进行的项目。他每周参加两到三次科学家们举办的技术展示会，并在公司的27洞高尔夫球场上与工程师们闲聊。3M公司保留了这个球场，直到2016年。正是在这个高尔夫球场上，他第一次听说了“坚持先生”和他的神奇黏合剂。“在红色九洞区的第二个洞旁，我向一名同事询问中心研究部有什么新动向，他说：‘有个家伙，叫斯宾塞·西尔弗，他发现了一种黏合剂，很有趣，但没人知道它有什么用。’”

弗莱把这些消息和他一直以来收集到的所有信息都记在大脑

里，直到那一天在教堂，新的创意从他的潜意识中冒了出来。然而，即使在那时，便利贴的成功也并非一帆风顺。在经典的创造力理论中，“顿悟时刻”之后还有最后一步：验证顿悟所揭示的解决方案。也就是说，要确定新的想法是否真的行得通。在便利贴这个案例中，这个过程耗费了数年。

首先是技术上的挑战，比如配制合适的黏合剂涂层混合物，这是一个烦琐的过程，需要反复地试验。然后是制作的问题，没有合适的机器可以给每张便笺涂粘条。“我们和世界各地的人讨论过如何制作成便笺的形式，但谁也不知道该怎么做。”弗莱最终在他的地下室里造了一台贴纸制造机。然后，当这些贴纸以“易除贴纸”（Press ‘n’ Peel）这个名字在一些市场上进行销售测试时，结果却失败了。“所有人都认为这是一个愚蠢的想法，”他说，“有些人试图在市场上扼杀这个项目，他们说，‘谁会需要带粘条的便笺？它的成本是普通便笺的10倍’。这就是他们的理由。”

这个项目几近夭折，但弗莱不肯放弃。他用自己的15%时间来进行这项工作，并依靠其他愿意花费创意时间的同事一起来做这件事。“如果这是一个常规项目，它早就被取消了。但因为那是15%时间的项目，所以它存活了下来。”

3M公司在博伊西又进行了一次尝试：他们向整个城市免费发放样品，让人们自己摸索如何使用这些贴纸。结果，贴纸大受欢迎。这个产品最终在1980年正式推出，品牌名改为人们熟悉的“Post-its”便利贴；尽管弗莱表示反对（“我觉得‘弗莱纸’

这个名字很不错。”他笑着说）。从 1968 年斯宾塞 · 西尔弗第一次在锥形瓶里混合出他的神秘黏合剂，到便利贴大获成功，已经过去了 12 年。亚瑟 · 弗莱在教堂里感到无比正确的顿悟，最终也得到了验证。便利贴风靡一时。

在今天，以“Post-its”品牌为首的便利贴已经成为一项数十亿美元的全球业务，在世界各地销售，有各种形状、大小以及几十种颜色。它们还成为一种文化符号，因为《欲望都市》中“分手便利贴”的剧集而更加深入人心。Post-its便利贴被纳入现代艺术博物馆的艺术品收藏和高端服装设计中，还在喜剧《阿珠与阿花》中作为关键情节出现。

在斯宾塞 · 西尔弗发现黏合剂的半个多世纪后，我在圣保罗见到了他，那时他 80 岁，沉浸在他的新事业中——绘画。我很欣赏他的画作，他采用了类似点画派的技法，绿色、蓝色、棕色……以及鲜活的便利贴黄色的抽象画，给人一种梦幻的视觉效果。当我更仔细地观察那些画时，我看到它们是由很多的小圆点组成的，让我联想到他多年前在显微镜下看到的黏性微球，当时他还是一个刚毕业的年轻化学家。

这种相似绝非偶然。“这两个职业是有关联的，”西尔弗告诉我，“我尝试将一些化学的东西转化为艺术……我是一个视觉敏感的人。这也是便利贴发展中最酷的地方。它是依靠视觉感知诞生的。我在显微镜下看到了一些东西，然后觉得‘这一定有些用处’。”他高兴地补充道，“我正在重新塑造自己，成为一名画家。”遗憾的是，就在我们谈话的几周后，西尔弗去世了。

至于亚瑟·弗莱，90岁的他仍在研究新发明。他的普锐斯车牌上的字母是“POSTIT”。他最伟大的顿悟出现在几十年前，那时神经科学家们还没有用成像机器解开人类大脑创造力和再发明的秘密。然而，当我请他讲述顿悟发生的过程——他是如何在教堂里对一个失败的黏合剂产生新顿悟，并将其变成一个价值数十亿美元的产品——他的描述几乎与神经科学家们在实验室中的发现，以及心理学家们的经典创造力理论一字不差。

“我们的生活受模式支配，”他告诉我，“大多数优秀的创新者在探索新发明时，同时也在处理着其他一大堆项目。”所以这个过程变得很艰难：“你开始探索一个新事物，感到很疲惫，找不到正确的答案，不知道如何解决那些问题。”你会感到沮丧，陷入僵局，然后停下来。用别的事情分散注意力：“你开始做另一个项目，然后又是另一个项目，你的大脑在不同的模式间切换——突然之间，‘我知道了！’”“很多时候，你会在项目C里找到项目A的答案。”

亚瑟·弗莱不需要任何科学家告诉他“顿悟时刻”是如何运作的。他将近一个世纪的人生就是最好的证明。

4

跃向前方

创伤后成长

> 世界会击碎每一个人，但在那之后，人们在痛里变得更加坚强。
>
> ——欧内斯特·海明威《永别了，武器》

那是一个美好的周六下午，非常适合在耶路撒冷附近的树林中徒步。风和日丽，阳光明媚，人们在小径入口附近的松树荫下野餐。男人们在忙着烤肉，孩子们在热火朝天地玩闹着，蓝白相间的气球飘在空中。

当导游凯·威尔逊把车开进玛塔森林的停车场之前，她就已经开始讲述这个地方的历史。凯是一位出生于英国的爵士钢琴家和画家，留着蓬乱的棕色头发，笑容可掬。她年轻时移居以色列，经过两年严格的培训成了一名导游。她非常热爱这份工作。今天，她打算带克里斯汀·卢肯参观她最喜欢的景点。克里斯汀是一名美国基督徒，两人在之前的一次波兰之旅中结识，并成为朋友。

她们带上足够的水、苹果和一把削皮的小刀，准备出发前往恺撒之路。凯的小狗“花生”在她们脚边欢快地叫着。恺撒之路曾经是一条罗马的道路，现在是以色列国家路线的一部分，相当于以色列的阿帕拉契小径（美国东部著名的徒步路径）。她们在一座拜占庭时代的教堂遗址前停下来，惊叹于那里的马赛克地板在一层蒙沙下仍然完好无损。她们继续沿着这条远离附近大路的安静小径，在树林中蜿蜒前行。然后，她们在一个观景点停下，坐在一块突出的岩石上，一边分食葵花子，一边欣赏风景。

就在这时，两名拿着砍刀的男子袭击了她们。

在接下来可怕的袭击中，凯被捆了起来，堵住了嘴巴，被砍刀刺了 13 次，肺和横膈膜全部撕裂。一名袭击者打断了她的胸骨和六根肋骨，致使她一只肩膀脱臼，一块肩胛骨断裂，由于殴打极为用力，致使她的肋骨碎片刺入了肺中。在旁边几英尺远的地方，另一名袭击者残忍地砍向克里斯汀，当她在地上痛苦地挣扎时，反复地刺她。为了让这场屠杀停下，凯开始装死。她强迫自己眼睛一眨不眨地睁着，看着自己的朋友咽下最后一口气，这让本就痛苦不堪的过程变得更加难以忍受。随后，袭击者离开了——但没过一会儿，他们又返回来确认她们是否真的死了。其中一个袭击者再一次将砍刀插进凯的胸膛，确保她彻底死掉。然后，这两个人逃走了。

凯几乎失去了知觉，无法呼吸，虽然仍然被捆绑着，但她还是设法站了起来。她一步一步拼命挪向小径的起点。她的一个肺已经塌陷，嘴巴仍然被堵着，每一次痛苦的呼吸都像是通过一根吸管拼命地吸取氧气。她确信自己一定会死掉。她只希望尽可能地靠近停车场，这样就会有人发现她们的尸体。她光着脚——袭击者抢走了她的鞋子，并用鞋带绑住了她的手腕——在树林中跌跌撞撞地走了一英里。为了保持清醒，她想象自己正在钢琴上弹奏《飞越彩虹》。那是她最喜欢的电影《绿野仙踪》里的一首歌曲，也是她在开车来的路上听到的最后一首歌曲，当时播放的是奥斯卡·彼得森的爵士乐版。“我当时让自己去想和弦的和声，‘C调应该不错，但降九度会更好’。”她后来回忆道：“我从未想过我能活下去。”生命逐渐从她的身体中流逝，断裂的骨头穿过她的皮肤刺出，她继续向前走着，每一步都将意识专注在音符上。最后，当她看到一户正在野餐的家庭时，她倒下了。

凯能幸存下来，是一个奇迹。医生们后来断定，如果砍刀刺入她胸部的位置再深4毫米，就会伤到她的主动脉；4毫米的宽度仅相当于一根线。凯用了3年的时间才恢复到生活可以自理的程度，而心理上的创伤还要持续更久。她无法入睡，总是想起那天的画面。她整日整夜都能听到克里斯汀最后的哭喊声，对凯来说，那声音真实得就像屠杀正发生在她面前一样。她把手指深深地插到耳朵里，甚至手上都是血，她想要堵住耳朵，阻挡这些声音，但无济于事。她无法集中注意力，即使说话也会走神，甚至连最熟悉的面孔也很难辨认出来。她无法忍受对那场袭击的不断回想，却又无法控制自己不去想。她痛恨自己，并且确信她的朋友们也痛恨她。

随着身上的伤口慢慢愈合，她开始接受心理治疗。她害怕一个人待着，但更害怕离开家。她发誓永远不再到树林里去。她的治疗师建议她先尝试观察一棵树 5 秒钟，在接下来的几周里逐渐增加时间，最终去观察一片小树林。作为治疗的一部分，她必须详细写下袭击那天发生的一切，包括看到、听到和闻到的每一个细节。这是一个痛苦而漫长的过程。她被困在记忆的地狱里，一遍又一遍。

袭击刚发生时，凯曾试图用她口袋里的水果刀与袭击者搏斗，并刺伤了他的腿，但小刀很快被袭击者夺走了。幸运的是，警察从她袖子上的几滴血中提取出了袭击者的DNA。最终，就是这几滴血帮助他们抓住了那两名袭击者，而这两个巴勒斯坦人之前就曾杀害过一名妇女。在以色列关于此案的纪录片中，警方的一段录像记录了警官将其中一名袭击者带回犯罪现场的场景。他留着很短的胡子，戴着手铐，穿着橙色的囚服，面对警察的问话时仍然冷漠无情，就像在背诵购物清单一样：

警官：为什么选择这个地点？

袭击者：因为想杀人。

警官：想杀谁？

袭击者：犹太人。

警官：为什么？

袭击者：没有为什么，就是想杀。

警官：没有什么特别的原因？

袭击者：没有。

当凯在法庭上指控凶手时，她被迫再次经历她的创伤。袭击者被判处终身监禁。审判结束后，凯逃进了沙漠里。她独自在那里生活了整整 3 年，不和任何人说话，一言不发，甚至连收音机都不听。她仍然无法入睡，不能忍受一点噪声，甚至连她自己的呼吸声都难以忍受，她希望自己能完全停止呼吸。她将自己的经历和痛苦倾注到治疗性写作中，最终写出了一本美好而动人的书——《少有人知的愤怒》(*The Rage Less Traveled*)。

10 多年后的今天，凯仍然被那次袭击困扰。她的症状没有减轻。她仍然夜不能寐，无法忍受噪声。她始终非常警惕，带着幸存者的罪恶感，责怪那天是自己把克里斯汀带进了森林里。她的“战或逃”本能似乎永远处于高度戒备状态。焦虑和担忧始终伴随着她。她曾经热爱的导游生涯也早已结束。

她对袭击者的愤怒丝毫没有减弱。然而，不同寻常的是，她并没有执着于向巴勒斯坦袭击者寻求报复，而是将精力倾注在帮助巴勒斯坦儿童身上。凯和一个年轻的巴勒斯坦朋友一起为难民营的孩子们创办了一个课后项目，并以那首救了她的歌曲命名：黄砖路项目（Yellow Brick Road Project）。她还向包括阿拉伯裔以色列人和巴勒斯坦人在内的那些长期以来被视为对立的群体伸出援手。几年前，她因藏匿一名阿拉伯少年而引起轰动，该少年因批评巴勒斯坦激进组织哈马斯绑架以色列儿童的行为而收到了死亡威胁。

在我们的一次视频通话中，她穿着运动衫，戴着颜色艳丽的围巾，坐在明亮的厨房里，她的狗狗施芭和芒奇金在她身后欢快地叫着。她告诉我，她又开始画画了。她向我展示了一幅为一位朋友的小孩创作的最新作品，画面里色彩缤纷的动物游行队伍欢快地行进着。“我喜欢彩色，喜欢卡通，喜欢让人们感到开心。这种感觉又回来了。”她对我说。她还重新弹起了钢琴，虽然大多是自娱自乐，但几年前在华盛顿特区的一次演出中，她弹奏了一曲自己改编的深情的爵士乐版《飞越彩虹》，灵感就源自那次可怕的经历。她的幽默感依然存在，她笑着告诉我，她想到了一个可以将她的慢性失眠利用起来的好方法：“我喜欢观鸟，但我不喜欢嘈杂。有一天我突然想到，我可以带大家去观鸟。鸟儿很早就起床了——我可以对他们说，别说话，安静地听。”

我试着去理解她个性中的两面，看似矛盾，却又同时存在于她身上：一个是每天仍在遭受谋杀未遂创伤折磨的幸存者；一个是与仇敌的孩子们交朋友的快乐的绘画者。

“在过去的10年里，我想我已经经历了足够多的黑暗，”她解释道，“在我们生活的黑暗而混乱的社会背后，还是有很多美好的。我们只需要去发现它。”

有史以来，一直有很多关于创伤带来可怕后果的记载。像凯一样，昔日身经百战的英雄，也同样饱受焦虑、失眠和抑郁之苦。追溯到公元前3200年，出土于现今伊拉克的美索不达米亚楔形文字泥板，描述了战争后被可怕的幻象和噩梦折磨得不堪重负的战士们。他们因恐惧而麻痹，无法集中注意力。美索不达米亚人认为，这些症状是由他们杀死的敌人的灵魂施加的。一名士兵仿佛中了诅咒，“他的嘴像是被腐臭的油堵住了，无法向睡在身旁的人呼救”。在古希腊，从战场归来的战士们会被幻象击倒，因恐惧而动弹不得。公元前440年，希罗多德记载了马拉松战役中一个名为埃皮泽洛斯的士兵，他的身体没有任何问题却看不到东西。他“没有受到过刀剑或箭矢的攻击”，但在一次幻象后——他看到“一个幽灵般长着大胡子的巨型战士”杀死了他旁边的人——他失明了。

古代的抄写员似乎对那些在战役中被强奸和掠夺的女性的心理创伤漠不关心。在他们的文字记录中，这些女人只是“发疯”了。与男性不同的是，受到创伤的女性往往认为是她们自己做错了，要么是她们触怒了神明，要么是因为她们有一个“游荡的子宫”，在体内到处乱跑，使她们做出疯癫的举动。值得一提的是，这个烦人的“子宫”（希腊语为hystera）也是后来“歇斯底里症”（hysteria）的起源。然而，这些女人的疯狂和男人战斗后的创伤看起来非常相似。莎士比亚在他的《麦克白夫人》中很好地描述了这一点，麦克白夫人在神志恍惚地梦游时，会不停地去搓洗手上并不存在的血迹。

几个世纪以来，这种相同的病症有过许多不同的名字。南北战争后，士兵们带着“士兵心理症”从前线归来。第一次世界大战之后，归来的战士们被恐惧、噩梦和侵入性思维折磨，据说他们被轰炸“震得魂飞魄散”。第二次世界大战的士兵们患上了“战斗应激症”，超过100万名“最伟大的一代”的士兵因为这种病症接受了治疗，这也是40%的士兵离开军队的原因。

直到1980年，精神病学家在研究了从越南战争归来的士兵身上出现的同样症状之后，这种综合征才正式在医学上确定下来，并被赋予了一个现今大家都很熟悉的名字：创伤后应激障碍（Post-Traumatic Stress Disorder，PTSD）。这让患者们松了一口气，他们了解到自己并不是真的疯了，他们的症状也不是凭空想象出来的。心理学家指出，大脑不具备理解这种极为可怕事件的能力，无法处理这些事件。未经过滤的创伤记忆会在任何时候、不可预测地浮现出来。我们的大脑会通过自我欺骗来避免处理这些无法理解的信息——于是出现了与亲人疏远、抑郁、失眠和愤怒的症状。临床上的创伤后应激障碍症状还包括记忆闪回、无法集中注意力，以及自我毁灭、自我麻醉行为，如药物或酒精成瘾。自我厌恶和暴怒也始终存在。

创伤后应激障碍的医学定义最初涉及的是那些亲身经历过死亡压力的人，主要是从战场上回来的男性士兵。事实上，美国退伍军人事务部估计，11%到20%的退伍士兵患有创伤后应激障碍。在首次发现该病症后的几十年里，创伤后应激障碍的定义已经扩大到经历暴力、疾病和自然灾害的受害者，以及那些受到失去亲人这类冲击的人，甚至包括目睹他人经历创伤性事件的人。

按照这种标准，90%的人一生中会经历创伤——疫情暴发后，这个比例可能会更高。根据某些统计，超过三分之一的一线医护人员患有创伤后应激障碍，而超过三分之一的新冠重症感染幸存者也是如此。患有创伤后应激障碍的医护人员考虑自杀的可能性比其他同事要高出5倍。还有数百万人因为家人和朋友的死亡、疫情封锁、经济破坏以及所有由此产生的不确定性而饱受创伤。疫情引发了一场大规模的心理健康危机：抑郁症和焦虑症的发病率飙升，倦怠感也达到了前所未有的水平。

创伤后应激障碍的症状不一定会自行消失。近几十年来，神经科学家们依靠成像技术，如功能性磁共振成像，窥探我们的大脑内部，来确定哪些大脑区域会被记忆和情绪激活。他们发现创伤后应激障碍不仅仅是一种心理状态，极端创伤甚至可能重塑我们的脑部结构。对于创伤后应激障碍患者来说，任何关于创伤的提示——哪怕是声音或气味这样轻微的因素——都会让他们的大脑和身体迅速恢复高度警惕，就像可怕的事情正在再次发生一样。他们的身体会分泌肾上腺素，心率和血压会急剧上升，大脑中名为杏仁核的原始部分会触发“战或逃”本能，就像在原始事件发生时那样。他们的高度警戒系统就像被卡住了一样，变成一个无法关闭的报警器。患者无法仅靠意志力关闭他们的内部警报系统。这导致了持续的高水平压力，进而表现为各种症状，比如失眠、记忆力和注意力的问题。

凯·威尔逊几乎是创伤后应激障碍的一个标准案例：失眠、暴怒、侵入性思维、对噪声的极度敏感，以及身体的高度警觉。袭击发生后，她无法进行一段完整的对话而不丢失思路。她记不起老朋友的名字，当她看着他们时，会看到被杀害的克里斯汀的脸。她对世界感到麻木，却又自我憎恨而麻痹。出院后不久，她曾梦见这场袭击完全只是一场梦。当她醒来面对现实时，她受到了巨大的精神创伤，以至于她再也不愿意入睡——在接下来的10

年里，她的身体在她开始做梦之前就会醒来。

然而，当我见到凯时，我总是有一种挥之不去的感觉：她的身上还有一些创伤后应激障碍无法解释的东西。这种病症可以解释她在经历袭击后的这些年里所经历的困境，但它无法解释发生在她身上其他根本性的并且非常真实的变化。它无法解释为什么凯致力于帮助巴勒斯坦儿童，并与其他历史上对立的群体建立友谊。她喜欢画色彩明亮的画，享受观鸟的乐趣，欣赏混乱生活中的美，这些又该如何解释？

几千里之外，心理学家们正在深入地探究这个问题的答案。

20 世纪 80 年代初，北卡罗来纳大学夏洛特分校的心理学家理查德·特德斯奇试图探究智慧的本质。具体而言，他想知道人类究竟是如何获得智慧的。很多人都可以变得博学，他们的大脑在怎样积累和处理智慧，也就是《韦氏词典》中所定义的“通过生活中的许多经历获得的知识”或者“能够理解大多数人无法理解的事物的自然能力”。心理学家几乎探究了思维的各个方面，神经科学家则使用价值数百万美元的成像设备探测了大脑的每一个角落。然而，智慧的起源——我们如何获得智慧，智慧从何而来——仍然像人类灵魂的本质一样，是一个谜。

特德斯奇和他的同事劳伦斯·卡尔霍恩设计了一项研究，试图寻找答案。他们的首要任务是找到有智慧的人。他们猜想，老年人在获得智慧上可能有一些感悟，尤其是经历过人生最艰难时刻的人，比如失去亲人。这个想法让他们开始思考：也许不仅仅是老年人，其他经历过痛苦的人，或许也可以揭示智慧的奥秘。于是，他们开始寻找经历过苦难的人。他们对老年群体进行研究，又采访了有严重残疾或者遭遇过灾难性事故的人。他们想知道，这些苦难教会了他们什么？

令他们失望的是，他们没有探究到丝毫智慧的起源。但他们惊奇地发现了一种意料之外的情况：许多参与者报告说，他们的生活发生了积极的变化。他们感到比以前更强大。他们谈到自己对新生活持有更开放的态度，并且获得了发展新技能的能力。有些人甚至彻底重塑了自己的生活。这些人并没有仅仅“反弹”回到创伤前的生活。相反，他们实际上“跃向了前方”，很多时候转向了全新且更有意义的追求。

特德斯奇尤其被一位名叫杰瑞的参与者打动。他是一位摇滚音乐家，在一场车祸中瘫痪。事故发生的 8 年后，这位 34 岁的截瘫患者告诉他们：“表面看来，这一定令人难以接受。但在我心里，我觉得这可能是我注定要经历的事情，也是我经历过的最棒的事情。我就是这样看待它的。如果没有发生这一切，我可能都不会有今天；因为我之前的生活方式糟透了——可以说，我当时走在一条自毁的道路上。”

这听起来令人费解。这些参与者经历了生活中极为糟糕的事件：年长的人目睹了孩子和配偶的自杀或因病去世；像杰瑞这样的事故受害者，在生命的黄金时期被击倒。“我对杰瑞说的话感到很震惊。”特德斯奇告诉我。更令他惊讶的是，“我们发现他并不是唯一一个这样说的人”。当他和卡尔霍恩采访其他事故的残疾受害者时，他们所说的话令他们肃然起敬。其中包括：

我开辟了一条新的人生道路。

我能够更好地继续我的人生了。

这是一个新的机会，否则就不会有今天。

我改变了对生活中重要事情的看法。

杰瑞说，事故发生前，他是一个热衷于派对的瘾君子。事故发生后，他不再玩摇滚乐，回到了学校。最终，他获得了硕士学位，并在一家援助残疾人的非营利性组织工作。他接受了生活中发生的最糟糕的经历，并将其转化为一件积极的事情。

特德斯奇和卡尔霍恩对创伤后应激障碍非常了解，但他们越来越意识到，仅仅专注于创伤后应激障碍负面症状的研究视野太过于有局限性，会掩盖创伤带来的其他影响，也无法解释在扩大幸存者研究范围时，研究人员所观察到的现象。在他们的研究中，许多经历过创伤后应激障碍的人也同时经历了成长。

为了了解这一现象，他们开始寻找其他在创伤中幸存下来的人。在接下来的几年里，他们和其他研究人员对经历过飓风、战争、家庭暴力和亲人去世的人进行了一系列研究。这些幸存者无一例外都遭受了精神创伤，许多人患有创伤后应激障碍。然而，在每项研究中，都有相当一部分人感受到了重生。他们改变了生活的重点，感受到新的可能性，并变得更加愿意走上一条新的人生道路。1995 年，这两位研究者为这一现象创造了一个新术语：“创伤后成长”（Post-Traumatic Growth，PTG）。他们创建了一份

21 项清单，记录了灾难导致的残疾受害者在生活上的改善情况。这些清单完全来自幸存者的口述，例如“我培养了新的爱好”和“我发现自己比想象中更强大”。清单涵盖了五个领域的成长：对生活的感激、与他人的关系、精神上的变化、个人力量，以及尤为显著的“生活中新的可能性”。宾夕法尼亚大学的玛丽·J.C.福尔吉德进行了一项有 373 名参与者的研究，结果发现，大多数参与者在经历创伤后创造力都得到了提升。

自那时起，这一新兴领域逐渐扩展到各种情况下的创伤受害者。新西兰地震、智利国家恐怖主义和马德里火车爆炸案的幸存者都报告了积极的个人变化。数百项研究发现，在童年性虐待受害者、性侵犯和家庭暴力幸存者、军事战争退伍士兵、骨髓移植患者以及心脏病患者和心脏病发作幸存者等各类群体中，都存在类似的成长轨迹。2019 年对 26 项研究进行的元分析得出的结论是，几乎一半的创伤幸存者最终都经历了“创伤后成长”。而在战争或者大流行病造成群体创伤之后，“创伤后成长”可能对整个社会产生影响。

最早记录“创伤后成长”的案例之一发生在 1987 年欧洲一场可怕的渡轮事故之后，当时“自由企业先驱号”渡轮在从比利时前往英国的途中由于船头门未关闭而突然倾覆。渡轮在几秒钟内就沉没了，男女老幼都被抛入漆黑冰冷的海水中，最终导致 193 人丧生。心理学家斯蒂芬·约瑟夫在灾难发生后不久对幸存者进行了采访，他们毫不意外地报告说，正在经历噩梦和焦虑的困扰。然而，3 年后，当约瑟夫再次对他们进行采访时，43%的人说他们的生活和对生活的态度都发生了积极的变化。

此外，对乳腺癌的元分析研究表明，“创伤后成长”可能会随着时间的推移而增强。在一项针对653名乳腺癌患者的研究中，研究人员在四个不同的时间点询问了她们对衡量“创伤后成长”的21项清单的看法，包括“我培养了新的爱好”“我改变了对生活中重要事项的看法”和“我开辟了一条新的人生道路”等。第一次问卷调查在她们确诊后不久进行。此后，分别在6个月、12个月和18个月后再次进行。有趣的是，研究人员发现，女性对积极感受的报告每次都在增强：她们需要面对和适应新现实的时间越长，越能强烈地感受到，尽管面临着可能致命的疾病，她们的生活在某些方面确实得到了改善。

一些知名成功人士将他们的成功直接归因于自己的创伤经历。亿万富翁企业家萨姆纳·雷德斯通是CBS和维亚康姆的掌门人，他曾经只是一名默默无闻的律师和电影院老板，55岁那一年，他差点在一场可怕的酒店火灾中丧命。烈火灼烧了他一半的身体（后来被诊断为三度烧伤），他从楼上的窗户爬了出来，用指尖勾住窗沿悬在半空，才得以存活下来。身体恢复后，他的雄心壮志得以激发，开启了他疯狂的媒体帝国大业。他曾说：“虽然我以前也有动力，但正是因为那场大火，我才做出了那些最激动人心的事情。”

虽然特德斯奇和卡尔霍恩率先提出了“创伤后成长”的概念，但这种情形在文学、历史和宗教中并不罕见。从荷马的《奥德赛》、托尔金的《指环王》、托尼·莫里森的《宠儿》、玛格丽特·阿特伍德的《使女的故事》，到斯坦·李的《蜘蛛侠》，文学世界中充斥着大量的英雄故事，他们克服了极大的逆境，不仅获得了新生，还得到了改变。

“创伤后成长”的概念也许在维克多·弗兰克身上得到最广为人知的具象化。这位大屠杀的幸存者在其经典著作《活出生命的意义》（*Man's Search for Meaning*）中提出，即便在最苦不堪言的情况下，人们也可以通过寻找意义而获得成长。在叙述纳粹集中营的可怕经历时，弗兰克得出这样的结论：“无论在哪里，人类都面临着命运的挑战，面临着经由痛苦获得成就的机会。”他称之为“悲观的乐观主义”，即“人类创造性地将生活中的消极转化为积极或建设性的能力”。

令人惊讶的是，迄今为止的研究表明，创伤幸存者可能比创伤后应激障碍临床研究经历了更多的成长。当然，并不是每个幸存者都是如此。一些人成功地改变了他们的生活，而另一些人却依然深陷压力和痛苦之中。是什么使那些成功者与其他人不同？他们是否有着其他人可以借鉴的策略？

事实证明，确实有一些方法可以促进和鼓励“创伤后成长”。正如我们所了解的，重塑通常遵循探索、挣扎、停滞和解决的过程。对于那些经历了创伤的人来说，这一过程是曲折的：创伤通常会使顺序发生颠倒，而创伤本身——挣扎的过程——成为催化剂。它反过来促使人们进行探索——试图弄清究竟发生了什么。

创伤动摇了我们核心的信念体系和对世界的理解。突然之间，我们对未来，对公正性、可控性的所有理所当然的想法都被打破了。对于幸存者来说，要在这一阶段找到方向，需要了解到自己并不孤单，也没有发疯，他们正在经历的只是异常情况下的正常反应。在这个阶段（探索），幸存者开始重构他们对生活和未来的信念。这个过程类似于寻找未来的“可能的自我”。

接下来是另一个挣扎期，特德斯奇称其为“挣扎阶段”。这是其他类型的转变中常见的一段令人困惑并且感到痛苦的艰难过程。这是一个不可避免的过渡阶段，幸存者抛开了他们的旧身份和世界观，但还没有弄清楚接下来该做什么。他们无法按照标准的韧性或恢复的定义来简单地“反弹”回他们之前的状态。这是不可能的。相反，他们正在努力向前航行，朝着新的方向前进。“这需要时间，”特德斯奇告诉我，“他们需要一段时间来调整自己，弄清楚自己要往哪个方向走。”

心理学家发现，为了度过挣扎阶段，幸存者需要找到调节自己情绪的方法——锻炼、冥想或其他有效的方法。他们需要向他人敞开心扉，把自己的经历形成一种新的叙述——一种将过去、现在和未来连接起来的叙述。换句话说，获得成长的幸存者学会了重构自己的经历来形成一个完整且一致的自我叙述。新的叙述方式为他们指明了前进的道路，使他们能够不仅仅是恢复已经破碎的生活。

值得一提的是，度过这一阶段的幸存者们常常提到同样一个关键要素——特德斯奇称之为“专家伙伴”。专家伙伴可以是专业人士，比如治疗师，但更多时候，是幸存者的朋友、家人，甚至只是帮助他们理解当下的一个熟人。借助局外人的视角，专家伙伴可能会看到幸存者自己未曾意识到的优势，或者从未想象过的路径。专家伙伴可能会拓展幸存者的思维角度，帮助他们找到前进的道路。只有到那时，幸存者的成长——或者说转变——才会真正实现。

迈克尔·墨菲就是一个例子。2007 年的时候，他是弗吉尼亚州兰道夫-梅肯学院的一名大三学生，主修历史，他还是一名棒球和足球运动员。但他的世界突然之间崩塌了。那是在一个醉酒的聚会上，他和一个朋友决定爬上屋顶俯瞰校园。他滑倒了，从 25 英尺高的地方摔了下去，背部着地，摔断了脊柱。

他花了 3 年的时间挣扎于接纳他的新生活。10 多年后的今天，他说："那是命运的一个奇妙转折，是我人生中发生的最好的一件事。它为我带来了许多新的机会。"他开始重新定义自己，朝着新的目标努力：完成"强悍泥人"障碍赛（他现在已经完成了两项）；参加马拉松比赛（已经参加了 12 次，未来还会继续）；学会单板滑雪。他在一篇博客中回顾了这种转变是如何发生的，以及转折点在哪里。他意识到，关键是要接纳自己的"脆弱"，并且不要陷入"孤军奋战"的心态中。他在体育上的追求得到了朋友甚至陌生人的支持，他们在他面对看似无法克服的困难时，帮助他坚持了下去。他的物理治疗让他遇到了他的妻子。"我得到了帮助，我请求帮助，我接受帮助。"他写道。

凯·威尔逊的情况也是如此。"我很幸运有这么多了不起的朋友，"她告诉我，"似乎他们每个人都在我需要的不同方面提供着帮助。”她的朋友汉娜在袭击发生后一直照顾着她。她的旅游巴士司机，一个名叫卡里尔的魁梧的阿拉伯裔以色列人，“会一瘸一拐地走进我的房间，带来一些我从来不吃的食物，然后坐在一旁喝着威士忌。他会对我说：‘我就坐在这里，让我教你一些骂人的阿拉伯语。’”她的其他朋友轮流开车带她去看医生，招待她，为她在英国的家人做翻译；在她康复后，开始慢慢处理发生在自己身上的事情时，作为她的倾听者。这些人是她可以倾诉自己经历的人，也是可以陪她一起重构新的叙述的人。“每个人都在用不同的方式帮助我，我很感激。”她说。

挣扎阶段可能会持续很多年，但最后，即使是经历了最可怕的灾难的幸存者也终将走出来。1993 年，研究人员采访了 94 位经历过同一种人生悲剧的人：他们的孩子或配偶丧生于一场车祸。令人惊讶的是，在 4 至 7 年后的再次采访中，大多数人报告称他们至少发生了一种积极的变化，比如更高的自信心或者更加专注于享受当下。近四分之一的人表示他们变得更加珍惜生活。研究人员还惊讶地发现，他们获得的积极变化“显著”多于消极变化。

没有人会认为失去孩子或者其他一些可怕的悲剧是积极的。特德斯奇强调，不是糟糕的事件本身给人带来了成长，而是幸存者对事件的应对带来了积极的变化：他们重新评估了自己的人生、目标和生活重点，并寻找到新的方式来理解创伤。

幸存者常常会发现，帮助他人是一种很好的应对方式。研究人员发现，利他主义可以促进和增强“创伤后成长”。我们经常会听闻悲痛的夫妇设立非营利基金会来纪念他们的孩子，例如为防止枪支暴力成立的桑迪·胡克承诺基金会。2012年，康涅狄格州的一所小学发生了可怕的校园枪击事件，造成26人死亡，其中大多数是一年级的学生。一项针对苏格兰癌症幸存者的研究发现，有一半的幸存者选择了参与慈善事业，而这个比例比用休长假奖励自己的幸存者还要高。

这一发现也在我采访的幸存者凯·威尔逊身上得到了证实，她在差点被巴勒斯坦袭击者杀害后创办了一个为巴勒斯坦孩子设立的课后项目。她希望“消除对阿拉伯人或犹太人的仇恨”，她这样告诉我。她的慈善工作“帮助我从毫无意义的事件中找到意义”。当我们进一步交谈时，她停顿了一下，然后重申：这不是在寻找意义，而是在创造意义。这可能看似只是细微的差别，但对于像凯这样的创伤幸存者来说，却至关重要：我们无法从随机谋杀中找到意义，只能在事后创造出一些更积极的意义。

在新冠疫情的影响下，我们会看到大规模的“创伤后成长”吗？对以往大规模事件——特别是最近针对2001年9月11日恐怖袭击——的研究表明，社会可能会经历整体性的“创伤后成长”。基地组织的袭击是美国历史上最致命的恐怖袭击，造成近3000人死亡，使整个国家陷入震惊和难以置信的境地。尽管大多数美国人没有亲身经历袭击，但几乎每个人都感受到了创伤。数百万人在电视上目睹了飞机撞向世贸中心的场面，亲眼看到双子大厦的倒塌。他们看到另外两架冒着烟的飞机，一架撞向了五角大楼，另一架坠毁在宾夕法尼亚州的一个田野上。20 多年后，身体和心灵上的伤口仍未愈合。2000 多人死于吸入有毒烟尘所导致的疾病。

当第一架飞机撞击世贸中心时，我和我的同事乔就在那里。几分钟后，我们走到外面，迎面而来的是难以置信的景象。在我们的头顶上方，浓烟从大楼上层一个巨大、丑陋的缺口中滚滚冒出。在我们面前，车辆凌乱地被抛停在人行道上。有一辆车被一大块混凝土压扁了。石膏粉像雪花一样从刺眼的蓝天上飘落下来，打在我们头顶的太阳镜上，发出金属碰撞的叮当声。飘下来的还有空白的财务表格。我们仰着脖子目瞪口呆地看了几分钟，然后匆匆赶往街对面的《华尔街日报》社，以为这是一场可怕的飞机事故，会立刻成为一个重大新闻——然而，我们眼前的道路被堵住了，街道上是一排排燃烧着的飞机座椅和残骸，然后，当我们绕道走上另一条街时，情况更为糟糕。路面和人行道上躺着尸体，到处都是飞溅的血迹。

我们在这片地狱般的景象中穿行，小心翼翼地避开一个用餐巾纸草草盖住的无头尸体。就在这时，第二架飞机从我们头顶飞过，伴随着一声震耳欲聋的巨响坠毁了。街上的每个人都四散逃跑，头都不敢抬，我们被一种原始的本能驱使着，每个人都紧紧贴到了离自己最近的建筑物墙壁上。我们这才意识到，这并不是一场意外，我们遭到袭击了。

和其他数百人一起，我们最终步行到了上城区。我们的一位同事在撤离时带上了相机，他拍下了那段路程中的一些照片。后来，当我们回看一张拍摄于第一座大楼倒塌前几分钟的照片时，我们震惊于照片中没有一个人在回头看。他们没有在奔跑，只是缓慢地向前走着，脸上毫无表情。除了身着西装，他们看起来和战乱国家里那些眼窝凹陷、拖着疲惫身躯向边境行进的难民没有差别。这个事件太让人难以接受。在其他照片里，那些没有亲历袭击的人，从上城区赶到事发现场，目睹到一切时，惊恐地睁大了眼睛。

毫不意外，我和乔也都经历了典型的创伤后应激症状——噩梦、闪回、神经紧张。即使是20多年后的现在，我也会避免去看每年电视上的追悼仪式和大量的回忆文字，许多我认识的当时在场的人也是如此。这是创伤后应激障碍的典型症状之一：回避。对我和当时的许多人来说，世界分裂成了“袭击之前”和“袭击之后”。

然而，在随后的几年里，我们中的许多人都以全新的方式重构了自己的生活。我和乔都离开了报社，开始尝试新的事业。几年后，我挺过了与乳腺癌的较量后，勇敢地做出了一个从未想过的职业转变：我放弃了稳定的工作，去创办一本新杂志。这即便在最好的时候也是一个冒险的决定，但这也是一个让我感到非常兴奋的机会，我不想错过。我们在不知不觉中践行了“创伤后成长”，包括“我培养了新的爱好”和“我开辟了一条新的人生道路”。

我们并非特例。“9·11”恐怖袭击为心理学家和神经科学家们提供了一个前所未有的研究机会，他们能够实时跟踪创伤幸存者的生活轨迹。其中一项研究分别进行于袭击刚发生和袭击发生6个月后，样本为1505人，其中11%的人亲历了袭击现场或者与在袭击中伤亡的人关系密切。这项研究发现，创伤后应激障碍与获得“创伤后成长”之间存在相关性。另一项研究从2001年11月开始，对1382名成年人进行了为期3年的跟踪调查，超过一半（58%）的人报告称在袭击发生后经历了某种积极的变化。

袭击发生前不久，心理学家克里斯·彼得森和马丁·赛里格曼进行了一项4000多名参与者的研究，旨在评估仁慈、领导力和感恩等性格的优势。他们并没有关注创伤后的成长，显然他们也不知道即将发生的事件。但在袭击发生的2个月和10个月后，当他们再次对这些参与者进行调查时，他们发现，参与者在感恩、希望、领导力、团队合作和仁慈等方面的得分一直在提高。

新冠疫情是否会激发类似的积极成长仍是一种未知。我们今天所处的世界与2001年的世界截然不同。那时，恐怖主义威胁让美国全国许多地方都团结起来；但今天，疫情却进一步分裂了它。不过，我们至少可以微弱地希望，如果我们能够自我教育，并最终从这段挣扎期中走出来，重新讲述一个关于我们自己的新叙事，我们就能够实现创伤后的成长。

某些类型的人，比如乐观主义者、性格外向者和那些乐于接受新体验的人，似乎容易在创伤后获得成长。特德斯奇和他的同事希望所有的创伤幸存者都能实现积极的改变。他们希望能通过纳入“希望”和“成长”等概念，重新构建关于创伤的对话，摒弃创伤后应激障碍必然会主导患者生活的假设，即他们只能学会去与创伤后应激障碍共存。约什·戈德伯格是一家致力于“创伤后成长”的非营利组织巨石雄冠基金会的联合创始人，他说：“我最不喜欢的词就是‘应对’。那感觉就像是让人们去接受一种被削弱的生活状态。我们可以做得更好。”

特德斯奇担任巨石雄冠基金会的主席。这家基金会为战争老兵和现场急救员提供免费的课程，帮助他们克服创伤（其非官方的座右铭是：“不浪费这段痛苦的经历”）。参与者会在弗吉尼亚州布鲁蒙特校区度过一周，之后是为期 18 个月的定期跟踪检查。课程会先帮助他们理解愤怒和麻木等反应是“面对异常情况的正常反应”，然后教会他们一些情绪调节的技巧，包括冥想、呼吸法和沉浸于自然。下一步是尝试公开表达——谈论事件带给他们的影响——然后分享他们自己的故事，并在其中找到成长的契机。最后是专注于服务——回馈他人。

巨石雄冠基金会最近扩大了其业务范围，为包括警察、医护人员和消防员在内的急救人员提供培训课程。戈德伯格认为，这类培训对更广泛的受众群体来说也是有意义的。“当我们在经历挣扎时，我们常常会觉得，‘我一定是有什么问题。我可能再也不会好起来了，没有人懂我的感受’。”他说，“但实际上，这个世界上的每一个人都可能经历同样的挣扎。我们所培训的内容具有普适性，即便你不是一名现场急救员，也能给你带来帮助。”

尽管有大量证据表明，创伤可能带来积极的变化，但医学界仍然更多关注创伤的消极影响——比如特德斯奇所说的“失序和破碎”——而不是潜在的积极影响。这种对消极的关注导致创伤的治疗方法以减轻痛苦症状为主，而这会“让人们感到自身被削弱”。特德斯奇认为，这会让人们过上“不尽如人意的生活”。更糟糕的是，关注消极的治疗方法常常要求患者反复回顾和谈论创伤，认为反复暴露伤痛最终会使得痛苦麻木，但“许多人会因此逃避这类治疗，因为它们不令人愉快”。

特德斯奇希望颠覆这种疗法，更多关注创伤可能带来的积极结果，而不是增加对消极影响的关注。“我们试图改变人们对创伤的看法。我们认为心理健康系统在这方面做得不够好。”

这种观点正在逐渐被接受。牛津大学赛德商学院的组织行为与领导力教授莎莉·麦特莉斯将目光聚焦于因伤病导致职业生涯中断的职业舞者和音乐家身上。对于这些人来说，职业生涯的结束是一个难以接受的打击；他们的职业是自我身份认知的核心。“如果我不再能表演，我还能做什么？我存在的意义是什么?”一位受伤的舞者问她。然而，在对这类群体进行了 10 多年的研究后，麦特莉斯发现，大多数人“设法创造了有意义的未来，甚至比之前更加有成就感……通常，他们会发现自己身上存在一些他们以前未曾了解的新特质。而这些发现让他们可以重新理解自己是一个什么样的人，以及可以从事什么样的新职业”。

麦特莉斯告诉我，这个过程不能操之过急。她的描述与巨石雄冠基金会对退伍军人的培训非常相似。艺术家们必须先学会面对情感上的挣扎，通常会有一名专家在一旁陪伴和指导。“他们在采访中分享他们的痛苦，泪流满面……其中一些人曾想到自杀，感觉自己无法再生活下去。”麦特莉斯说，“治疗的一部分就包括调节这些情绪，让他们有可以倾诉的人。之后，当他们可以承受谈论所发生的事情时——这不是几个星期或者几个月就能做到的，人们通常会花费数年时间企图回归他们之前的职业——也就是承认失去的时候，他们才真正从否认现实中走出来。他们可能会说，‘好吧，这就是现实。那现在我该怎么办？’”

之后的过程在很大程度上与非创伤情况下进行的职业转变一样。从搜索信息开始：“不仅仅是停留在思考，或者询问‘我该做什么？’，而是真正去行动的过程：我失去了什么？有什么是我曾想过但从未尝试过的？”探索之后是一段时间的尝试——已经抛开了旧身份，但还没有完全接受新身份的过渡期。“先尝试做一些简单的小事。”麦特莉斯建议。如果你喜欢烹饪，不要一开始就去开餐馆，你可以先和业内人士一起工作，或者为专业人士做志愿服务。

通过这些步骤，麦特莉斯所跟踪研究的艺术家们最终进入了各种不同的新领域，有的舞蹈家成为健康水疗连锁店的老板，有的巴松管演奏家获得了认知科学的博士学位并开始专攻表演神经科学。“你会发现自己拥有一些之前从未意识到的特质，”麦特莉斯说，“你会明白，很多时候，你不仅可以克服困难，还能超越它。”

需要明确一点，“创伤后成长”并不会让悲伤、焦虑和痛苦消失，它可能会与创伤反应共存，而且常常如此。研究人员对

103 名前以色列战俘进行了长达 30 年的跟踪调查，他们发现，尽管这些士兵表现出显著的“创伤后成长”，但这并没有减轻他们与创伤后应激障碍的斗争。这两者都来自他们在囚禁时感受到的失控感。研究人员得出的结论是，“创伤后成长”与创伤后应激障碍是“重叠的，而不是对立的”。

不过，在鼓励个人成长的同时学会控制创伤后应激障碍能够带来更好的转变。凯·威尔逊的经历正是如此。有些时候她会感觉良好，但有些时候，某些景象或气味会让她在一瞬间陷入恐慌。她的旅程始终是曲折的。“我一直都没能做到一往无前。这非常复杂……创伤后应激障碍往往会让你前进一步，又后退两步。”创伤仍然在她的生活中存在。

凯再也不能做导游了，她仍然无法入睡，也依然有身体上的疼痛。不过，这些挥之不去的创伤后应激障碍症状并没有阻止她成为一名观鸟向导、画家和钢琴家，并让她意识到自己喜欢回馈他人。她表示，把愤怒聚焦于具体的袭击者身上，让她能够在其他方面敞开心扉，“我不再一概而论地把所有巴勒斯坦人都视为邪恶的象征”。帮助巴勒斯坦儿童“在某种程度上给了我意义感。恐怖主义是如此毫无意义。他们甚至不知道被他们杀害的人的名字。但你必须找到某种心理上的平衡，才能从泥沼中站起来”。

她拒绝接受“受害者”的身份。“无助感促使我重塑自我。我再也不想感到无助了。我不想再乞求活着。我想要自尊与独立。”她告诉我，“成长的关键在于，我意识到我并不一定比他人更痛苦。大家的经历不同。我们这里有人死于恐怖袭击，别的地方有人死于疫情。我不会说，‘为什么死的是他们？’那么，我又凭什么要问，‘为什么遇到袭击的是我呢？’”

她走到明亮的餐桌旁，点燃了一支烟。“我有过糟糕的日子，但我也获得了成长。”她说，“我重塑了我自己。”

5

“必须创业者”

弱势群体的挑战与隐藏的优势

需要乃发明之母。

——马克·吐温

简·贝隆从未想过要离开职场。她拥有哈佛大学MBA学位，曾供职于贝恩咨询和美国运通公司。她热爱自己的职业，但也梦想有自己的家庭。和许多女性一样，这两者对她都有着巨大的吸引力——但她也因为无法全身心投入这两者中的任何一个而感到挫败。就这样，在生下第二个女儿后，她不得不离开职场。

在接下来的12年里，简一直待在纽约州斯卡斯代尔的家里抚养孩子。她对这样的生活感到幸运和感激。但她也因为失去了辛苦打拼的职业身份而感到痛苦。“这12年来，我一直感觉自己是隐形的。”她回忆道，“我感觉自己在快速地后退。当代人的身份往往依附于工作。”当她和丈夫一起参加活动时，不可避免地会被问到“你是做什么工作的”这类问题，她常常不知道该如何回答。通常，她得到的回应就是一副空洞、漠不关心的表情。

“几乎在一瞬间，我就被忽略了。他们会移开目光，继续与下一个人交谈。”这样的经历让她感到特别沮丧，因为简一直希望能够兼顾家庭和事业。“我有很大的动力和决心。如果我能找到一种合适的工作方式，我会非常地有价值。我本应该留在职场，”她说，“但在当时那是不现实的。”

她将自己多余的精力和大量的商业技能投入社区项目中。她游说建造了一个游乐场，重振了社区协会，并被推举为负责人。她与地方政府、公共工程部门、学校和警局合作，在当地的高中附近设置了一个四向停车牌。在商学院的同学聚会上，她的同学们会夸耀自己升任了投资银行的总经理或者咨询公司的合伙人。“我很为自己感到自豪。我会在那些同学会上说，‘嗨！我在一所高中附近设置了一个四向停车牌。那不是件容易的事。’我觉得这让我有了目标感。”

尽管如此，简依然梦想着重回职场。她甚至在怀上第三个女儿时，试着找到了一份咨询工作，但频繁的出差要求，对她的家庭生活来说并不现实。于是，随着孩子们的长大，她更多地投入社区事务中：她担任了规划委员会主席、妇女选民联盟主席和乡村受托人。

当她的大女儿离家上大学后，她意识到，“我需要开启一个新的人生篇章”。那时，她已经离开职场至少 10 年了，家里还有两个孩子。她没有选择去追赶之前的事业，而是决定转型。她将自己对社区和妈妈这个角色的了解整合在一起，创办了一个名为“加速项目”的非营利组织，来支持当地的企业家，特别是女性和有色人种企业家。她召集了一群和她情况类似的志愿者——有着商业和金融背景，为了抚养孩子而离开职场的女性——为企业家提供建议，指导他们如何管理财务、进行市场营销和运营。

这个非营利组织不仅帮助企业家，还希望帮助那些想要重返职场的妈妈开启新的职业生涯。“我想为女性提供一个能够发挥她们技能的机会，”简说，“来证明她们不仅没有过时，还有很多可以贡献的价值。”

许多在生活中做出重大转变的人，通常是为了追求一个特定的梦想，比如吉姆·帕特森，他在广告公司工作的同时也在写小说。但对一些人来说，重塑自我并不是一种选择，而是一件“必须”做的事。像简这样无法适应传统职场的人，可能不是天生的企业家。但当这个社会没有为她们提供其他选择时，这可能是她们唯一的出路。

数百万女性像简一样在孩子年幼时选择离开职场。孩子们成长得很快，用不了多久，许多这样的女性开始满怀能量、雄心和智慧，想要重新投入职场。然而，她们却被之前的行业拒之门外，被潜在的雇主忽视。这些“隐形的女性”是世界上未被充分利用的重要资源之一。她们无法回到原来的职场，简历上那段空白也使她们难以在其他领域找到工作。有时，简历筛选软件会直接将她们的求职申请筛掉。这些女性不得不另寻出路，接受培训，学习新的技能，或者创办自己的企业。

女性、有色人种、残疾人、年长员工等弱势群体面临着巨大的职场困境。他们通常无法获得同等的指导和机会，薪酬普遍较低，晋升的可能性也较小。例如，麦肯锡的一项分析发现，黑人员工在总人口中占比 14%，但在初级职位中仅占 12%，而到了高级副总裁层级，这一比例更是下降至 4%。西班牙裔员工占总人口的 19%，但他们在初级职位中的占比仅为 11%，而在高级副总裁及高管层级，这一比例则进一步下降至 6%。

这些群体中的高管如果想要晋升到最高职位，通常只有在公司陷入危机时才会得到机会。在一项针对女性高管的研究中，埃克塞特大学的米歇尔·瑞安和亚历克斯·哈斯拉姆发现，女性领导者若想获得最高职位，一般是在这个职位几乎注定会失败，且男性领导者不愿接受的情况下才有可能发生。而当女性领导者不能解决问题时，她们就会受到指责并被开除——教授们将这种情况描述为被从“玻璃悬崖”上赶下去。

尽管“玻璃悬崖”通常指的是女性领导者面临的情况，但被边缘化的男性领导者也会有类似的遭遇。在一项针对国家大学体育协会第一级别篮球教练的研究中，犹他州立大学的研究人员发现，有色人种教练更有可能在一支球队战绩不佳时被聘用。这些教练的任期通常较短——平均比白人教练少近一年——他们如果失败，几乎总是会立刻被白人教练代替。

而且，在各行各业中，黑人领导者都会比白人领导者受到更为严厉的处罚，而黑人女性领导者受到的惩罚则更甚。对于这些人来说，重塑自我常常不是一种选择，而是一件必须做的事。

随着“婴儿潮一代”到了退休或更高的年龄，他们同样发现职场有时对他们并不友好。最新一项针对 57 岁至 75 岁人群的调查显示，79%的人表示不想退休，原因可能是他们没有足够的积蓄或者只是不想停止工作。在另一项调查中，约 78%的受访者表示，他们曾经历或目睹过职场中的年龄歧视。年龄歧视是尚未被消除的几种歧视之一，而且奇怪的是，有时它会被大众接受，并被认为是难以避免的。与此同时，有多项研究表明，拥有年长员工的团队更具生产力和创新性，而且满意度也更高。

因此，许多年长的人也开始转向创业，重新定义自我，定义自己的职业生涯，而不是勉强融入那些不欢迎他们的地方。保罗·特斯纳的情况便是如此。保罗是旧金山消费品公司的一名高管，64 岁那一年，在圣诞节前一周的星期五晚上，他被新老板叫进办公室，得知自己被解雇了。保罗非常震惊。他从未失去过工作。他拥有工程学背景和数学博士学位，是供应链和制造领域的专家。他一直在稳定地工作。那次解雇完全在意料之外，因此当他按计划与妻子和朋友共进晚餐，并宣布他被解雇时，“他们都笑了”，大家都以为那是个笑话。

突然失业后，保罗开始寻找发挥自己技能的其他途径。“我们的文化告诉我们，到了某个年龄，你就会开始打高尔夫球，或者和孙子孙女们一起玩耍。”他说，“我非常爱我的孙子和孙女，但我也想有份有意义的工作。”他找到了一些咨询类的项目，帮助企业解决供应链问题，但他觉得自己的能力没有得到充分的发挥。他有精力，有技能，有职业关系，应该可以做更多的事情。

“我有40多年的经验！”他说，“我不想从咨询师的位置上离开。”在传统职场几乎没有什么选择的情况下，他开始“尝试通过创业的方式做一些事情，也许可以充分利用自己的经验”。

最终，在他66岁时，保罗和其他人一起创办了自己的公司PulpWorks，将废弃物转化为可生物降解的包装，取代有毒塑料。“我之前的工作很好，但现在这份工作，比我做过的任何工作都要好。”9年后，他这样告诉我，那时他75岁了，仍是公司的首席执行官。他的收入不如从前，但“我的孩子们很佩服我在做的事情，我的孙子和孙女也很喜欢我在做的事情。仅此一点就会让你感觉很棒。对我来说，成功的定义改变了。我不再从金钱的角度来衡量成功与否。我仍然在支付房贷，但我感觉自己非常成功。为什么不这样做呢？我在做一件很棒的事情。我在为防止塑料污染尽一份微薄之力”。

他的成就促成了一次TED演讲，在这次演讲中，他强调有很多像他这样的人，并且未来可能会有更多。他指出，根据人口普查数据，到2050年，美国将有8400万老年人。“你能想象这8400万人中，会有多少人开始他们人生中的第一次创业吗？”他对观众说：“一个70岁的创业者所获得的成就，与一个30岁的创业者相比，难道不是同样有意义，同样值得报道吗？当然是这样的。这就是为什么我希望‘70位70岁以上精英（70 over 70）’这个说法能像‘30位30岁以下精英（30 under 30）’一样普遍。”

尽管所有的边缘化群体都面临着困难，但女性更有可能需要重塑她们的职业生涯，尤其是有色人种女性。这在一定程度上是因为，职场在承认需要更多已育女性方面的进展极其缓慢。多项研究发现，已育女性经常被认为能力更低，对工作的投入度不足。一项劳动力数据的分析显示，总体上，女性比男性更容易被解雇，而已育女性则是最容易被解雇的群体，有孩子的男性被解雇的可能性最低。此外，尽管年龄歧视不分男女，但年龄歧视对女性的影响开始得更早（女性为40岁，男性为45岁），而且影响更大，高龄女性更高的失业率就可以说明这一点。

女性总体上几乎占劳动力的一半，并且几十年来获得了绝大多数的大学学位，但在组织的各个层级上，女性晋升的可能性都低于男性。这个问题很早就出现了：麦肯锡和“向前一步”组织的研究发现，每100名男性被提拔到管理层的第一梯队，只有85名女性获得相同的晋升机会。而对于有色人种女性来说，这个数字更低——黑人女性只有58名。这种不平衡在每个梯队上都呈指数级增长，绝大多数女性被排除在高层职位之外，因为她们在晋升的过程中没有得到相同的机会和指导。在《财富》世界500强的企业中，女性CEO的占比只有8.8%——尽管如此，这已经是一个历史新高。

另一个复杂的因素是，男性更愿意主动竞选领导职位，展示自己的资历，而女性则会等待别人发现她们的才能。迪克体育用品公司的首席执行官劳伦·霍巴特回忆说，尽管公司董事会在她上任的几年前就已经做出了决策，但“这并不是我一直在追求的目标。我过去是一名首席营销官，我获得了成长的机会，开始负责电子商务。不知为何，女性似乎往往不会认为自己能够成为首席执行官”。

2021年成为CEO以后，霍巴特说：“我与几位女性CEO交流过，她们几乎都与我有着相似的经历——在我们自己意识到之前，别人已经看到了我们身上的潜力。”这种现象在女性中非常普遍，甚至有一个专门的术语：王冠综合征（Crown Syndrome）。这个词由卡罗尔·弗罗林格和德博拉·科尔布创造，用来描述女性往往会等待他人来认可她们的成就，而不是主动争取。

当女性成为领导者时，她们的表现通常优于男性领导者：公司财务业绩上升，债务水平下降，风险降低。研究显示，领导层中女性比例更高的公司，其利润率更高，股票价格表现更佳。这些公司也更具有社会责任感，并能提供更优质的客户体验。然而，女性领导者面对的评判也更加严苛。洛克菲勒基金会的一项研究发现，当一家公司陷入危机时，如果CEO是女性，80%的新闻报道会将责任归咎于她个人，而男性领导则较少受到指责。女性的错误往往被记住的时间更长，而且一旦犯错，所面临的惩罚也更加严厉。

在一项颇具启发性的实验中，研究人员要求200名成年人阅读一篇关于抗议集会失控的新闻报道，并对一名警察局长进行评分。唯一的差异在于，有些文章中的局长是男性，有些则是女性。如果导致25名平民受伤的是一名男性局长，参与者认为他的能力下降了10%。但如果是一名女性，参与者认为她的能力下降了30%，并且认为她应当被降职。维多利亚·布雷斯科尔和她的同事发现了类似的情况，当他们向参与者提供关于一个州最高法院首席法官和一家工程公司CEO犯错的虚构案例时，女性领导者受到的评判比男性领导者要严厉得多。

不仅是学术研究，现实生活中也有同样的情况。一项对政府数据的分析显示，女性外科医生在失去一名病人后，转诊率会下降 54%，而男性外科医生在同样的情况下，转诊率几乎没有任何变化。更糟糕的是，如果一名女性外科医生失去了一名病人，其他女性外科医生的转诊率也会随之下降：所有女性都要为一名女性的错误付出代价。

不仅男性对女性更加苛刻，女性对自己也更加严苛。因为很多女孩从小就被灌输不如男孩的观念。女性企业家的薪酬通常比男性更低，自由职业女性的收入比男性少近三分之一。有一部分原因是女性企业家获得的资金支持远远少于男性，但不仅如此。研究表明，很多女性在成长的过程中就在内化自身价值较低的观念。

这些研究中最令人震惊的是一项关于孩子与好时巧克力的研究。研究人员让一组一年级的学生完成一个简单的任务，用巧克力作为奖励，并让他们自己决定获得巧克力的数量。结果显示，6 岁组的男孩认为自己应得的巧克力数量比同组的女孩要多！而当这个实验在初中和高中组进行时，奖励从巧克力换成现金，男孩们认为应支付给自己的奖金每次都要比女孩多。而且，年龄越大，这一差距就越大；十年级组的男孩认为应支付给自己的报酬是同组女孩的5倍。

因此，在新冠疫情最严重的时候，初创公司中女性CEO会减薪30%——而男性CEO会为自己加薪，这也就不足为奇了。

女性领导者在犯错后受到的惩罚通常更加严厉，使她们更难以东山再起。然而，这也迫使她们更加依赖自己的力量重整旗鼓，因为在困境中，她们往往得不到他人的帮助。女性CEO被解雇的概率比男性高出45%。《财富》杂志的一项调查发现，从“最具影响力女性”榜单（主要由首席执行官组成）中消失的女性，只有13%能够在其他地方找到同等职位的工作。

但同时，这些障碍也迫使女性成为重塑人生的专家。尽管有着各种困难——或者说可能正是因为有着这些困难——女性在职业转换和自主创业方面展现出更为出色的能力，尤其是有色人种女性，她们的创业精神在近年来显著增长。美国运通公司的一份报告显示，2014年至2019年，由女性领导的企业数量激增，增长率超过20%——黑人、拉丁裔和太平洋岛原住民女性领导者的增长率还要高出两倍或更多。研究发现，有色人种女性占女性总人口的39%，但她们在女性企业家中的比例高达89%。

报告指出，这些女性中的很多人别无选择。她们是“找不到工作或失业”的“必须创业者”。还有一些女性是“适应型创业者”，因为被“不支持她们育儿的职场环境”限制。女性创办自己的企业，是因为她们在其他地方找不到合适的工作。她们也更为好斗——因为只有这样才能生存下来。女性领导的企业常常资金严重不足。在全球范围内，三分之一的企业由女性所有，但整体上，她们面临着 1.5 万亿美元的融资缺口。

这些企业家为“需要乃发明之母”这句古老的谚语赋予了新的含义。没有人会说“发明之父”，我想这是有原因的。

男性的职业生涯通常呈现出一种可预测性较强的发展模式，他们沿着一条直线上升，最终到达顶峰，然后以退休告终。但女性的职业生涯并不是这样。组织心理学家黛博拉·奥尼尔对职业女性进行研究时发现，女性的职业发展经历了三个可识别的阶段，这些阶段与我们在其他职业转换中看到的模式相同：开始→挣扎→停滞→解决。在她的分类中，最后一个阶段——解决，被称为“再创造”。她发现，几乎不可避免地，女性需要在职业生涯中进行转变，重新规划她们的整个人生轨迹。

在第一个阶段——也就是我们所说的探索阶段——奥尼尔发现，女性对自己的职业充满理想；她们积极地追求机会，想象着无限的未来，专注于成功与成就。在第二个阶段，职业生涯的中期，现实的重重打击接踵而来，她们开始了全面的斗争。随后，女性的职业生涯往往会出现停滞：她们已经在职场工作了 10 年或更久，可能已经进入了管理中层，但下一步前进的道路却被堵死了。在奥尼尔的研究中，几乎所有处于这一阶段的女性都报告称经历过骚扰、歧视或其他令她们不愉快的场景。她说，她所研究的女性都在寻找成就感，但却感到空虚。她们会觉得：“我希望我的职业生涯是我生命的延伸，可以给我带来意义。但我却感受不到这一点。”

传统观念将这一令人沮丧的阶段归因于工作和家庭责任的冲突。但我们知道，传统观念有时候是错误的：职业停滞对女性来说很常见，无论她们是否结婚或有孩子。例如，非营利组织Catalyst对三个大洲雄心勃勃的商学院毕业生进行了一项调查，调查结果发现，职业生涯没有中断的女性仍然得不到与男性相同的机会。一项针对千禧一代女性的全球研究发现，与普遍看法相反，30多岁的女性转换职业并不都是为了家庭。她们跳槽的首要原因是更高的薪酬，其次是更有吸引力的职业机会。“照顾孩子”远远排在第五位。然而，不应抱有雄心壮志，应该退出职场去抚养孩子的有害言论仍然顽固地存在着——并继续支撑了数十年的薪酬和晋升不平等。

鲍灵格林州立大学的奥尼尔教授在她的学术论文中，将这个中间的挣扎阶段描述为“务实忍耐”的阶段，因为女性在处理工作和家庭事务上都会遇到挫折。不过，当我们交谈时，她给出了一个更通俗，或许更准确的描述：“对这些女性来说，这就是一堆烂摊子。”

奥尼尔发现，这个艰难的阶段通常也会像其他转型一样，进入下一个停滞阶段。也许是因为被辞退了，或者不得不离职，或者只是感到厌倦，想要辞职。也许发生了某个催化事件，比如离婚、配偶去世或孩子上大学。无论是什么原因，女性在这个阶段感到走入了死胡同，陷入了僵局。这就像一记警钟，将她们从安于现状中惊醒，让她们开始想要改变。

但这种整体性的冲击也有其积极的一面。当女性被迫开始重新评估并重新设定对未来生活的期望时，这可以促使她们以意想不到和更有成就感的方式重塑自己。不管是什么让她们偏离了轨道，“虽然在当时是毁灭性的，但也变成了一个真正的机会。”奥尼尔说。她在研究中发现，正是这些时刻“促使女性开始思考，‘嗯，好吧，是时候重塑自我了’”。她们进入了解决问题的阶段，准备彻底重构自己的未来。奥尼尔解释道：“我们发现，女性的自信和自我效能感在第二个阶段的挣扎中被击垮了。”用她们自己的方式重塑职业和未来，是“找回”自己，“重新出发”的一种方式。正如我们在其他类型的转变中所看到的，奥尼尔描述的阶段也并非固定不变。这个过程是动态的；可能进入了一个阶段，随后又回到了之前的阶段。尽管许多人确实是随着年龄的增长，遵循一个 10 年到下一个 10 年的常见顺序，但不是每个人都按照相同的顺序经历这些阶段。对于中年女性或更年长的女性来说，“再创造”阶段通常是被迫出现的，无论她们愿意与否。她们更容易受到排挤——从男性同事仍在攀登的职业阶梯上被踢了下来。

不过，当这些女性重新设想她们的职业生涯时，她们常常会步入富有潜力且尚未开发的领域。奥尼尔发现，许多女性转向了更有意义和更有成就感的工作，而且通常是与之前完全不同的新领域。令人惊讶的是，她们的新职业往往倾向于帮助他人，尤其是其他女性。她们会“去往一个接纳她们的地方”，在那里，她们可以“做自己，做出想要的贡献”。

华尔街资深人士萨莉·克劳切克将此称为女性职业生涯的

“第三人生”。在男性主导的华尔街工作了很长一段时间后，她创立了女性投资平台Ellevest。和奥尼尔一样，她发现女性的“第三人生”通常根植于“一种真正的使命感”。年轻的职场女性常常会听到这样的言论：“做母亲的头几年会很难。你想要努力打拼事业……努力让你的孩子有一个好的起点，但你会严重睡眠不足……这可不是一件容易的事。”但在孩子们上大学之后，“却没有人会告诉你：这个时候可能是你重回职场的黄金时期”。

尽管职场对女性来说可能并不公平，但这也让她们变得更加坚韧。虽然这很难称为积极的一面，但事实上，当女性失去工作时，她们比男性更有韧性。无论是被解雇、裁员、排挤，还是被忽视，她们都能更坚强地面对。女性有着顽强的毅力。当她们被击倒时，她们会立刻站起来，继续前行。

部分原因在于女性拥有一种内在的情感缓冲。研究发现，一般来说，女性不会像男性那样将自尊完全与职业联系在一起。对于女性面对的额外障碍来说，这也许是一种补偿。女性在工作之外也有着坚定的自我认同感。因此，即使失去了工作，她们也不会像男性那样沉溺于自我厌恶。

心理学家对200名失业者进行了调查，发现失去社会地位对男性的影响更加深刻。“我感觉自己是个失败者。”一位37岁的男人说。“我觉得超市里所有的女人都在盯着我看，知道我失业了。对于男人来说，没有工作是可耻的。”另一位36岁的男人说。相比之下，女性更多地谈论她们在工作之外的身份，无论是作为运动爱好者、学生、母亲、女儿还是朋友。她们也得到了更多的社会支持——男性则更少。一位29岁的失业女性说：“我的朋友和家人都很支持我……每个人对待这件事情的态度都很积极，所以我也没有因此而消沉。”

我创办的商业杂志在经历了2008年的金融危机后，于2009年停刊，当时我深刻地体会到了这种差异。当焦虑的员工们在收拾东西时，我在一张公用的桌子上摆了几瓶酒。收拾的间隙，我们喝着塑料杯装的温热葡萄酒和苏格兰威士忌来安慰彼此。男人和女人之间谈话内容的巨大差异给我留下了深刻的印象。男性会因为突然失去了身份认同而感到恐慌，并且急于找到一份新的工作。这不仅仅是钱的问题，许多女性也是家庭的主要经济来源。但她们会立刻转向探索新的身份，认为自己与孩子或父母有了共度时光的机会，或者有了可以好好照顾自己的时间。

这种强烈的自我认同感可以帮助人们正确地看待工作，无论是顺境还是逆境。CNBC记者朱莉亚·布尔斯廷称其为一种职业的“超能力”。在她的书《女性领导者》(*When Women Lead*)中，她讲述了自己产假结束，准备重返工作岗位时的担忧。然而，当她回到工作岗位后，她感觉自己比之前更专注、更有活力和创造力。“我知道，无论工作中的‘朱莉亚·布尔斯廷’遇到什么挫折，她都可以退回家庭的另一个身份。这让我感到安慰。家庭现在是我生活中最重要的部分，所以我不再害怕我的老板或采访对象。相比之下，他们显得不那么重要了。”她写道，“女性的身份不再为我带来需要克服的障碍，它反而成为一种超能力。在最具挑战性的情况下，它给予了我洞察力，并给了我支持。”

这种坚韧对于身处多个边缘群体的人来说尤为重要。在我采访曾被称为“最会过日子的时尚达人”时，我深刻体会到这一点。大约 10 年前，她是电视上的常客，一个有趣、随和的年轻博主，经常出现在《今日秀》节目里。她性格开朗，喜欢在马歇尔百货和塔吉特百货的货架间闲逛，等待惊喜的出现。我很喜欢看她的节目，因为她让我对自己秉持的节俭理念充满成就感。她会告诉观众：“我要让你们变得时尚起来。不要让‘时尚警察’到你家去！”看她的节目就和在清仓货架上找到一件过季的普拉达连衣裙一样有趣。

我有一段时间没有在电视上看到她了，所以后来当我联系上她时，我很惊讶。原来，这位“最会过日子的时尚达人”的名字叫作凯瑟琳·芬尼，如今是美国最有影响力的黑人科技投资者和企业家之一。她最近的新业务“天才公会”（Genius Guild），是一个 2000 万美元资金支持的混合型风险基金和科技孵化器，旨在支持和投资由黑人创办的企业。在白人男性主导的科技界，她正在努力改变这个行业的面貌。

对于一位友善、亲切的节俭购物博主来说，这似乎是一个巨大的身份转变。然而，当我向芬尼询问她是如何成功转型时，她似乎有些困惑。“我不认为这是一种转变，我更愿意称其为延续。我一直以来都是这个样子的。”她说。在我交谈过的人中，也有相当多的人分享了类似的感受。这很有趣，外界看来变化很大的人，往往自己并不这样认为。

凯瑟琳·芬尼的不同之处在于，尽管她从未对自我产生过质疑，但几乎所有人都曾质疑过她。一些风险投资人拒绝了她，科技领袖会忽视她，甚至有的潜在投资者会直接说：“我不投资黑人女性。”即使是赞扬她成功的正面新闻报道，也常常带有居高临下的语气，比如《精粹》杂志将她称为“科技初创公司的仙女教母”。

像芬尼这样的黑人女性面临着双重偏见，既因为种族又因为性别而受到歧视。更具挑战性的是，她发现自己选择了科技和金融两个行业的交汇点，而这两个行业在纠正种族和性别不平等方面一直进展缓慢。总体而言，绝大多数女性创业者都会被风险投资人拒之门外，在 2021 年筹集的数十亿美元中，她们仅获得了 2%——而黑人女性创业者的情况则更糟，仅获得了 0.27%。甚至在女性创业者开口之前，风险投资人就已经不以为意：他们花在研究男性创始人的商业计划书上的时间比女性要多 18%。女性企业家整体上获得的贷款比男性要少，而有色人种的小型企业家更有可能完全被拒绝信贷支持。

对于芬尼来说，她不得不在多条战线上冲破障碍。她的职业生涯并非始于时尚业，而是作为一名全球卫生领域的流行病学家，在加纳开展工作。但当她深爱的父亲被诊断出结肠癌时，她赶回了明尼阿波利斯，放弃了自己的国际事业，陪在父亲身边。她突然陷入了一个艰难的挣扎阶段。“那段时间很难。像大多数人一样，我原本对未来生活有着自己的规划。”但她不得不重新规划人生道路。

3个月后，她的父亲把她赶走了，并告诉她："你的生活不在这里。"凯瑟琳去了费城，在那里，她很快与她的丈夫相识并结婚，成为一个专注于黑人女性健康的非营利组织的首席执行官——当她的父亲去世时，她感到悲痛欲绝。她突然陷入了停滞阶段，那是她人生的低谷。"我真的感觉压力很大。我的父亲去世了。我刚刚结婚。我的朋友们都在纽约，我的家人都在明尼苏达。后来我回想那段时间，我当时真的很沮丧，我买了好多东西。"

就在那时，她的丈夫——"我的专家伙伴"——建议她可以在网上写一些和她的购物爱好相关的文章。于是她开始写博客，写一些划算的购物经历，比如她在诺德斯特龙折扣店买到的便宜好货。"那是2002年，在网上写博客是赚不到钱的。"她说，"互联网的泡沫破裂了。但我不是为了赚钱才那样做的。我是因为无聊。"但几个月后，美联社的一篇文章引用了她写的内容，她的博客因此获得了大量的流量，甚至导致网站崩溃。随后是更多的媒体报道，然后她出了一本书，最后她上了电视。她的博客非常受欢迎，芬尼因此可以辞掉她的日常工作。这位流行病学家变成了"最会过日子的时尚达人"。

然而，她很快又回到了探索阶段。随着像Rent the Runway这样的时尚初创公司崭露头角，芬尼开始思考如何将她的博客转变为在线业务。她想出了一个自认为绝对不会失败的主意：专为黑人女性提供的美容服务，每个月为顾客赠送特制的美发产品，而这类顾客在当地商店里常常找不到她们想要的产品。她对这个计划感到很兴奋，于是报名参加了一个所谓的加速器项目，加入了一个由大约 45 名有志创业者组成的团队，接受培训和指导，并有机会向潜在客户展示他们的创意。然而，她的雄心壮志与现实发生了碰撞。项目组里只有 4 名女性，其余都是男性，而她是唯一的黑人女性。第一次，“人们对我没有任何期待。不是期待值很低，而是压根没有期待。大家都认为我不会成功”。

她至今仍记得在小组内展示她的想法时的情景。那天她表现得非常出色。“我刚刚在《今日秀》上做了一个节目，我来自明尼苏达，我知道该如何表达自己。”她回忆道，“那真是太棒了，每个人都在全神贯注地听我说话。”她充满自信地完成了展示，确信自己一定会成功。然后她等待着反馈。

结果却让她大吃一惊。“我觉得你可能无法真正理解其他黑人女性。”一位男同事这样评价她。他的意思是，她太成功了，无法与“真正的”黑人女性产生共鸣。她非常震惊和愤怒。“作为一名黑人女性，我当时面临的处境是，要不要反驳他？如果我反驳他，就会被贴上‘愤怒的黑人女性’的标签。这让我感到尴尬和被轻视。我后来意识到，这是一种贬低我的方式。当时真是太艰难了。”

芬尼再次陷入了低谷。“有段时间，我真的很想放弃，太难了。”她回忆道。然而，讽刺的是，正是这次失败帮她重新确定了未来的方向。2012 年，她卖掉了“最会过日子的时尚达人”网站，开始与一家生活方式博客公司合作。她经常在科技大会上发言，通常是那里唯一的有色人种女性。她开始思考，“我不应该是唯一一个在科技领域取得成就的黑人女性”。

这个想法促使她再次转型：她创办了一个非营利组织——Digital Undivided，致力于支持由有色人种女性领导的初创企业。由于没有人会去跟踪这类创始人的数量，于是她又创办了“黛安娜计划”（Project Diane），一个以民权活动家黛安娜·纳什命名的少数族裔女性创始人数据库。“我们需要数据来证明我们的存在。”她解释说，“我一次又一次听到别人说，这个群体的人数太少了，不值得关注。如果你不对她们进行量化，就很容易忽视她们。”

Digital Undivided后来促进了“天才公会”的创立，这个组织专门投资由黑人领导的初创公司，并与创始人合作，扩大他们的业务规模。它的投资范围很广，包括一个面向有色人种女性的健康护理网站和一个面向“黑人极客”动漫爱好者的社交媒体应用。

乍看之下，芬尼今天的角色似乎与那位乐此不疲地谈论着打折鞋品的博主相去甚远。但对她来说，这一切都是顺理成章的。每一个阶段，“都不能称之为转型，而是合乎常理的下一步。”她告诉我，“我天生就不走寻常路。”

尽管女性和其他边缘群体的处境一直布满荆棘，但有迹象表明，情况可能正在逐渐好转。还记得斯卡斯代尔的那位母亲简·贝隆吗？她在非营利组织和社区服务中极大地提升了自己的知名度，以至于2021年她被选为斯卡斯代尔的市长。她现在仍然是非营利组织“加速项目”的首席执行官，而这个组织已经扩展到全国多个城市。她旅程中的每一步——离开职场，参与社区服务，创办非营利组织——都对她目前的角色发挥了关键作用。

当她向大众讲述从家长教师联谊会的一名母亲到成为市长以及非营利组织首席执行官的经历时，贝隆说，这听起来“好像全都是我规划好的，并且每一步都走得非常完美……但我想分享的是，当我身处其中，我根本不知道事情会怎样发展。真的，那时我感觉自己被撕成了碎片”。她希望自己的经历能够帮助到其他人。在自己的非营利组织中，贝隆正在尝试创造一个灵活的工作环境，让那些母亲不必像她一样，不得不在家庭和事业之间做出艰难的选择。

“社区的资源不足。职业女性需要花时间照顾孩子。”她说，“我觉得自己应该将精力投入到解决这些社会问题上，我想善用自己的才能和技能，做一些有益的事情。”

《早安，乔》的共同主持人米卡·布热津斯基发起了一场名为“了解你的价值”的运动，来支持女性的职业发展。她乐观地认为，像简这样的女性领导者，以及她们推行的新工作场所政策——尤其是可以远程工作和灵活安排工作时间——将会改变游戏原有的规则。令她特别受到鼓舞的是，福布斯的“50位50岁以上杰出女性”榜单（大部分是女性企业家）收到了多达1万份的提名，这些女性几乎都在职业生涯里经历了转型。有些人甚至直到中年或者更晚才开启了她们的事业。

“有这么多50岁、60岁、70岁甚至80多岁的女性，真是太不可思议了——她们都80多岁了还在大展拳脚！”布热津斯基告诉我。许多女性作为老板，给自己的公司创造了更加包容的工作环境。“我不指望男性来实现这种转变。”她说，“我更看好这些有力量的女性，她们有些人还在坚持，有些人正在重塑自己。”

她指出，这些年长的女性也在展示一种新的职业道路，这条道路可以延续数十年，可能经历多次转型，并且能够兼顾生活的其他方面，比如组建家庭。“我们发现，我们的职业生涯可以比我们想象中要长得多。”她说，“我们不仅有更多的时间去实现一个梦想，还有机会去实现更多的梦想。”

在年龄谱的另一端，有迹象表明，年轻一代面临的障碍可能在变少。根据皮尤研究中心的数据，千禧一代和Z世代在种族和民族上更加多元化，因此也比之前的几代人更加包容。几乎一半的Z世代，即1997年至2012年出生的人，不是白人。这表明，无论他们的长辈是否做好了准备，变化是一定会发生的。年轻女性正在无畏地重塑自我，转型或从零开始创造新的角色和身份，让自己对生活拥有更大的掌控权。她们为年轻女性树立了新的标准。

其中就包括科技企业家鲁兹瓦纳·巴希尔。她是巴基斯坦移民的女儿，在英格兰北部一个保守的巴基斯坦社区长大。她的父母都不识字，父亲是一名蔬果商贩，母亲因为不会说英语，就待在家中照顾家庭。在这个关系紧密的社区里，男人大多开出租车或去工厂工作，女人则待在家中。鲁兹瓦纳在上学前只会说乌尔都语，她说，她对未来唯一的期待就是接受安排的婚姻。在她所在的社区，妇女和女孩遭受虐待的情况很普遍，但由于担心给家庭带来耻辱，这些问题从未有人提及。鲁兹瓦纳从10岁起就受到邻居的性侵，她说自己“因为感到羞耻而无法开口”，所以多年来只字未提。直到成年后，她才冒着被社区排挤的风险，勇敢地站出来控诉施暴者。最终，施暴者被判入狱。

对鲁兹瓦纳来说，学校成了她的避风港。“学习让我很快乐。”她说。鲁兹瓦纳在学业上表现出色，成功考入了一所专门招收有天赋的女孩的学校。她是那里唯一一个巴基斯坦人，她身上的纱丽克米兹长衫和传统头巾让她显得格格不入。尽管如此，她优异的成绩为她赢得了牛津大学的奖学金。走进校园，她仿佛进入了一个新世界。她告诉我：“我走出了那个不起眼的小地方，突然之间，世界变得宽广了。”

在牛津，鲁兹瓦纳脱下了传统服饰，换上牛仔裤，全身心投入校园生活和学业中。作为一个外来者，她说：“我努力去证明自己和其他人一样有才能。”她不断地超越自我，最终成为牛津辩论社的主席，也是第二位担任此职的穆斯林（第一位是前巴基斯坦总理贝娜齐尔·布托）；之前的主席里还包括4位英国首相。她还沉浸于学习不同文化的乐趣中。她和同学们一起去坦桑尼亚援建了一所学校，还攀登了乞力马扎罗山（“我以为我还没有准备好，但是我居然做到了！”）。鲁兹瓦纳从封闭隔绝的童年生活中走了出来，她爱上了旅行和其他新的体验，曾去过秘鲁、玻利维亚、阿联酋、巴西和伊朗。

如同她的许多牛津同学一样，鲁兹瓦纳也被金融行业吸引。她在高盛集团和黑石集团获得了令人羡慕的职位。“我跟随了前人的道路……似乎大家都走在这条路上。”她这样说道。尽管她对其中一些工作内容感兴趣，比如黑石集团对酒店业的大规模投资，但她最终发现，这份工作并不能激发她的热情。她说：“我知道这会让我获得成功，但这可能不是我真正热爱的。”

和许多最终重塑了职业和生活的人一样，鲁兹瓦纳一直在不知不觉中朝着一个新的未来前进。她生活中那些看似偶然和无关紧要的经历突然变得重要起来，汇聚成一种新的可能。她在不同的文化中长大。她渴望学习和了解别人的生活方式。她的工作经验让她对酒店业有着深入的了解。最关键的是，从大学开始，她对旅行和新体验一直怀有无尽的渴望。

这些经历碎片在一次计划与朋友们去伊斯坦布尔的生日旅行时拼合到了一起。当时，她既沮丧又崩溃，发现自己为了安排旅行和观光活动，花费了将近 20 个小时的时间（大部分时间都用在打电话上）。她想，一定有更简便的方法。就在那时，灵感来了。能不能只是点击一下鼠标，就可以安排好整个旅程，无论是参观博物馆、热气球飞行，还是租赁皮划艇？“我觉得建立一个很棒的一站式服务是有可能的，但我没有找到任何这类服务。”

在新想法的驱动下，鲁兹瓦纳做出了转变。她辞去黑石集团的工作，凭借富布赖特奖学金进入了哈佛商学院。毕业后，她去了硅谷，希望将梦想变为现实。她与麻省理工学院毕业的工程师奥斯卡·布鲁宁成了志同道合的合作伙伴，2012 年，他们共同创办了线上服务平台Peek，消费者可以在上面预订骑马或品酒之类的旅行体验活动。

可想而知，斗争并不会就这样结束。鲁兹瓦纳的一些男性同事在风险投资人中间游走一番，就能带回大笔投资。而那些投资者却根本不把她当回事，对她的其他女同学也远不及对男性创始人那么信任。其中一位风险投资人甚至没有询问鲁兹瓦纳的经历或背景，只是轻蔑地对她说：“我们不确定你是否有勇气去做这样的业务。”

她没有勇气？鲁兹瓦纳已经克服了我们大多数人一生中都难以遇到的巨大困难。她还不够坚强吗？“还有很长的路要走。”她委婉地说。

尽管一些风险投资人发表了愚蠢的言论，但鲁兹瓦纳最终还是获得了资金支持。虽然她获得的资金比其中一位男性竞争对手要少，但那位男性创始人很快就烧光了更多的投资并创业失败。之后，她还应对了其他挑战。疫情来袭时，她不得不裁掉Peek公司近200名员工的三分之一。公司的业务从旅游体验迅速转向了本土娱乐——比如芝加哥的划皮艇项目或者欧扎克山脉的高空滑索。这些当地的活动非常受欢迎。2021年限制放松后，公司恢复了增长，并筹集到了更多的资金。

我在曼哈顿一家高端社交俱乐部参加国际妇女节活动时，见到了鲁兹瓦纳，她在那群显赫的人群中显得格外时尚和健谈。周围的人举起香槟杯碰杯时，她抿了一口茶，开始热情地讨论起筹资策略。你完全想不到她走到今天经历了什么。但她把挣扎转化为一种力量。“我已经习惯了做个局外人。”她说，“我习惯了只走自己的路。”

像鲁兹瓦纳那样，越来越多的年轻女性创业者在20多岁或者30岁出头就开始了第二甚至第三职业，并取得了成功。在这个过程中，她们会发现那些男性常常视而不见却极具商业潜力的新领域。2021年，有83家由女性创办的初创企业成为“独角兽”，即市值达10亿美元或以上的企业。最近的面向女性的初创企业涵盖了女性健康、化妆品和社区关系等多个领域。

这些年轻女性正在开辟一条新的道路，并让其他人更容易跟随。她们不仅为女性群体，还为其他边缘群体创造了一个更有希望的未来。也许有一天，“少数”将不再是一种障碍，而是可以带来新机会的优势。这些开拓者为那些目前感到困顿的人提供了新的灵感。

正如奥尼尔在女性职业道路的研究中发现的那样，鲁兹瓦纳在她的第二职业里找到了更多的意义。在她的第一份职业中，“我喜欢商业世界，但我意识到我对金融工程不感兴趣”。而在Peek公司，“无论是租船还是上课……都是非常愉快的体验。这对我来说意义重大”。

另外，Peek公司每个月都会收到数千份工作申请——其中很多申请人的背景与鲁兹瓦纳相似。她们是第一代或第二代移民，或者来自不同的小社区。“创始人的多元化有助于实现这一点。”鲁兹瓦纳说，“我希望自己是一个可以产生积极影响的人。”

Ⅱ

成功的行动指南

6

转变前的准备

（惊喜吧！其实你早就在为下一步做准备了）

真正的生活是在微小的变化中度过的。

——列夫·托尔斯泰

威尔·布朗的大型草饲牛农场位于纽约沃里克，距离东南方的曼哈顿不过50英里，却仿佛与城市分属两个不同的世界。他的家是一座重建后的大萧条时期的农舍，四周环绕着广袤的牧场，羊群和牛群悠闲地嚼食着青草。远处，山峦连绵起伏。

一个春日的午后，71岁的威尔穿着破旧的Polo衫和结实的牛仔裤，带我四处参观。他指向地界线的尽头，视线之外的地方，波查克溪——“波查克”在莱纳佩原住民的印第安语中意为“偏僻之地”——将最终汇入沃尔基尔河。他打开一扇金属的牛栏，领着我沿着泥泞的小径穿过一片奶牛牧场。气氛安静至极，唯一能听到的只有鸟儿的啁啾声和茂盛牧草北风吹动的沙沙声。

我停下脚步，欣赏着远处牧场的羊群。突然，我猛地跳了起来——一条又大又粗的黑蛇正从我的脚边爬过。

“蛇！”我尖叫起来。

走在前面的威尔只是回头看了一眼，语气平静。“什么颜色的？”

“黑色的！一条巨大的黑蛇！这是什么蛇？”我尖声喊道。

“黑蛇。”他简单地答道，“它的名字就是黑蛇。”我在泥泞中拼命加快脚步，想要跟上他的步伐。

我们来到威尔那辆破旧的铃木车前，他载着我，继续参观他的低地农场。这片农场绵延1000英亩，横跨新泽西州的边界。我们沿着乡间小路行驶，两旁是威尔和邻居们的农田——大多是世代务农的沃里克老农户传承下来的土地——偶尔能看到一些新建的豪华住宅矗立在曾经的农田上。当我们经过一片牧场时，威尔放慢了车速，他的“育肥”牛群正在那里悠闲地吃着草——这些牛将在几周后被宰杀，送到附近的直供餐馆和他自己的农场商店。

“宰杀这些牛时，你会难过吗？会对它们产生感情吗？”我一边问，一边欣赏着眼前完美的田园风光和壮硕的牛群。威尔摇了摇头，他解释道，培育这些牛就是为了取用牛肉。每年都会有新生的小牛，到了春天，这些小牛长到两三岁时，它们就会被制成优质的牛腩和牛肋排。

威尔停顿了一下，随后又说，他确实会对母牛产生感情。只要母牛还能生小牛，他就会悉心照顾它们，甚至长达十几年。与小牛不同的是，母牛都有自己的名字。

“有哪头母牛是你最喜欢的吗？”我问道。

他点了点头:“她叫波道夫。”

与曼哈顿的波道夫·古德曼高级百货商店同名。

也许,这是唯一能够窥见他过往职业经历的线索:如今的农民威尔·布朗,曾是一名哈佛大学毕业的经济学家,并且在伦敦和纽约的摩根大通公司工作了 30 年。

当我第一次听说威尔·布朗时,我以为他是那种为了追求田园生活,或是想要经营一家小旅馆而辞去工作的人。我脑海中浮现的是一个现代版的《快乐农夫》场景,伴随那首“再见了,城市生活!”的歌谣。然而,随着我对他了解的深入,我发现他的转变完全不是我想象的那样。他甚至从未打算要转变。

“我们从来没有真正决定‘去买个农场’,这不是一个理智的决定。”他告诉我。威尔和他的妻子芭芭拉在 20 世纪 80 年代中期买下这座农舍时,他们只是希望周末度假时有个便宜的去处,能带孩子们远离纽约的城市喧嚣。他们并没有打算真正经营一个农场。这在当时也几乎是不可能的,威尔每周工作 60 个小时,还经常出差。芭芭拉曾是纽约大学的心理学研究员,她同意买下这片农场,但有一个条件:“她要我保证我们永远都不会饲养动物。”

几十年过去了,经过无数次渐进的微小改变,那个最初的周末度假地逐渐变成了威尔的全职事业。这个过程缓慢到威尔几乎都没有察觉到它的发生。“转变是一点一点发生的。”他说,“我花了 20 年才学会如何经营农场。”

在人们的想象中，转变往往是在一瞬间，不需要任何准备。就像童话故事里，青蛙一下子变成了王子，灰姑娘一下子从打扫壁炉的继女变成了公主。而威尔·布朗脱下西装，换上农场工作服，从此便过上了幸福的生活。然而，在现实中，幻想一场魔法般的转变只会让你走向失败。它更像是卡夫卡的《变形记》：可怜的推销员格雷戈·萨姆萨某天早上醒来时，突然发现自己变成了一只巨大的虫子，没有人能告诉他该如何适应新的生活。昆虫世界的规则是什么？陷入困境时，该怎么走出来？

事实上，几乎所有的重大转变都不是一蹴而就的，尽管在外人看来，转变似乎就是一瞬间发生的。我将其称为“转变前的准备”。大多数人在完全实现一场重大转变之前，往往已经在不知不觉中向它靠近。他们处于转型的第一阶段——探索阶段，却没有意识到这一点。在我为写作本书所做的研究中，几乎每一种成功的转变都具备这一特征——而且是至关重要的。毫无准备的转变非常罕见，也很容易失败。相反，那些成功完成重大转变的人，往往在探索阶段就开始准备，即便他们自己却常常对此毫无察觉。

有时，这些无心的早期准备看似毫无目的，仿佛你只是在原地打转，但后来却证明，它们具有深远的启示意义。史蒂夫·乔布斯从大学退学后，出于兴趣旁听了一门书法课——这成为日后他在苹果电脑系统中引入多种字体的灵感来源。谷歌联合创始人拉里·佩奇在高中时曾是一名专业的萨克斯管演奏者，他曾说，正是音乐让他更加关注搜索引擎的检索速度：“在音乐的世界里，你会对时间非常敏感。时间是一切的关键。”

如果你正在考虑一次重大的转变，了解这一过程的行进方式可能会让你更有信心。“转变前的准备”意味着即使在潜意识中，你也在为未来做准备。这表明，你可以安心地相信自己正在打基础，为即将到来的变化做好准备。或许，你的准备比自己意识到的还要充分。

“转变前的准备”的美妙之处在于，即使你现在觉得自己正迷失在荒野中，但实际上，你几乎一定是在向前迈进的。将来你会发现，现在所做的一切都没有白费，都会派上用场。在“探索→挣扎→停滞→解决”这个模式中，你可能正处于探索阶段，但不知道自己在寻找什么。你不确定最终会去向何处，甚至常常没有明确的计划。你可能会经历一段黑暗的挣扎期，不知道这条路通向何方。这可能让你感到不安，但关键是要接纳这些挣扎和混乱。尤其当你身处其中时，眼前的一切或许看起来毫无意义。有时，你的前方看起来似乎是一片黑暗；但当你走过这段路再回头看时，一切就变得清晰起来。

更重要的是，这个过程并不一定需要如此漫长，像威尔·布朗那样，在转变前“准备”了几十年。它可能在几年，甚至几个月内迅速完成——无论是什么类型的转变，或者处在哪个年龄段。“转变前的准备”既适用于那些重新审视自我身份的 20 多岁的年轻人，也适用于像威尔那样处于职业生涯“第三人生”转型期的人。

例如，惠特尼·沃尔夫·赫德在25岁时，不得不从头开始，重新规划自己的职业生涯。两年前，她与人共同创立了社交应用Tinder，并顺利度过了探索阶段。她通过在大学校园里发放传单，联合兄弟会和姐妹会举办比萨派对和定制T恤等方式进行宣传，成功地使Tinder在年轻人中迅速流行开来。

然而，后知后觉地，她陷入了挣扎阶段。在一场诉讼中，沃尔夫·赫德声称在工作中遭遇了性骚扰，并指控其中一位共同创始人给她发送了侮辱性短信，并在一次商务会议上称她为“妓女”。诉讼最终以和解告终。在创立这个大获成功的网站两年后，她失业了。更糟糕的是，媒体对这场诉讼的报道引发了一大批网络暴民用残忍恶毒的语言在网络上谩骂她。

沃尔夫·赫德迎来了她的“停滞”阶段。“我陷入了深深的沮丧。”她说。她无法入睡，无法集中注意力，开始酗酒。“在我人生最糟糕的时刻，我甚至产生了轻生的念头。我才24岁，却已经觉得自己这辈子都完了。网络上的骚扰和谩骂是一种恶毒的力量——尤其是当它每天早上都出现在你的手机里，而且无处不在。”

然而，正是在那场挣扎的深渊中，一个新的想法浮现了，她称之为“顿悟”。她将过去的不同经历融合在一起，不仅包括创办Tinder的经历，还包括一些看似偶然的经历，比如她高中时的一个男友对她进行了“严重的情感虐待”（尽管他否认了这一点）。她说：“这些经历让我看到了两性关系中的阴暗面，也帮助我理解了性别动态中的问题。”

这些经历碎片在她绝望的深渊中汇成了一个“顿悟”时刻：她决定创建一个数字平台，让女性之间可以互相鼓励和赞美。这成了她与生活中的精神虐待作斗争的方式，帮助她恢复自己的尊严和自尊心，同时也鼓励其他女性更加爱自己。女性互赞的概念最终造就了Bumble的诞生，一个女性主导的社交平台，类似于现代版的女性择伴舞会。

她不仅找到了解决方案，还收获了更多。2019 年，她被任命为Bumble控股公司的首席执行官，负责全球最大的交友网站Bumble和Badoo。2021 年，31 岁的她成为美国历史上最年轻的上市公司女性CEO。那天，沃尔夫·赫德抱着 1 岁的儿子，在纳斯达克交易所敲响了开市钟。股价几乎立刻飙升，当天收盘时，她成了全球最年轻的白手起家的女性亿万富翁。

沃尔夫·赫德的巨大成功虽然罕见，但在她这个年龄段中，像她一样快速完成职业转型的例子有很多。年轻人比年长者更有可能重新思考工作、职业道路和自我身份，并在前进的过程中不断重塑自我。他们更善于“转变前的准备”，敢于重新设想未来。对于他们而言，“探索→挣扎→停滞→解决”的模式更像是一个不断重复的循环，而不是从一个阶段到另一个阶段的单一路径。

招聘网站凯业必达（CareerBuilder）的一项研究显示，千禧一代在一份工作上的平均停留时间仅为 2 年 9 个月。而Z世代比千禧一代还要少 6 个月，成为有史以来跳槽最频繁的一代。一项研究发现，Z世代在 18 岁至 34 岁平均会更换 10 份工作。此外，虽然经济保障是他们最为关心的问题，但在这一代年轻人中，有

84%的人也在寻求工作的意义。一项调查的结果显示，为了找到一家与自己价值观一致的公司，他们甚至愿意接受高达21%的减薪幅度。

在职业发展方面，62%的Z世代表示，他们已经开始或正在计划创办自己的公司，这使他们成为史上最具创业精神的一代。约80%的年轻Z世代——那些还在上小学和中学的孩子们——梦想成为老板。即使是那些没有创业的人，频繁地跳槽也反映出，他们比年长者更积极地在寻找自己的终极职业道路和自我身份，也更渴望转变。

这与前几代人的情况截然不同。我在中学时就已经确立了未来的职业方向，并一直坚定不移地向之迈进。六年级时，我还很确信自己长大后会成为第二个玛塔·哈里，并加入了刚成立的校报社。我写的第一篇文章是关于游乐场新设备的报道，被当地的一份周报引用。这是我经历过的最激动人心的事情。就是那一刻，让我找到了自己的未来。从那时起，我知道了我想做的是什么，想成为什么样的人。我如饥似渴地阅读像娜丽·布莱那样的女记者的传记，我的人生使命感油然而生。

到了高中，我成了校报和文学杂志的编辑，还经常出现在附近罗格斯大学的广播电台，以至于他们忘了我不是那里的学生，任命我为新闻总监。在大学里，我所有的暑期实习都围绕着进入媒体行业展开。有一年夏天，我在新泽西郊区的一家地方日报社做“助理”，一听到印刷机开始运转，我就得立刻冲到印刷机旁，从传送带上抓起前四份报纸，送给“刊头编辑”们——这些编辑部领导的办公室就环绕在四周。

还有一年的夏天，我在一家濒临倒闭的杂志社做无薪实习生，这家杂志社的优势在于，它位于纽约市。在那些漫长的巴士通勤旅途中，出于纯粹的无聊，我第一次开始阅读我父亲的《华尔街日报》，并深深地爱上了它。那是我读过的最好的新闻写作：头版上的故事将商业世界描绘得栩栩如生——斗争、虚荣心、董事会的闹剧——像跌宕起伏的小说或电视节目一样引人入胜。从那一刻起，我唯一的目标就是大三结束后能获得《华尔街日报》的实习机会。我全身心地投入为大学报社撰稿的写作中。最终，毕业后，我如愿以偿地被《华尔街日报》雇用，成为一名见习记者，实现了我的梦想。

我在那里一直工作了 22 年。

这也是 28 岁的劳伦·斯特雷霍恩为自己设想的那种坚定的职业道路。她的目标是找到一份体面而稳定的市场营销工作。她的父亲在通用汽车公司工作了近 40 年。她希望自己也是这样——加入一家公司，在那里度过整个职业生涯，然后退休。“创业从来没有在我的脑海中出现过。”

劳伦认为，市场营销专业的研究生学位有助于她进入梦寐以求的公司工作。于是，她去了乔治敦大学的研究生院学习，同时继续从事公关工作。她是个新闻迷，但每天的时间都被工作塞得满满的，几乎没有时间看电视。为了紧跟时事，她开始订阅新闻简报邮件。那是一种当时很流行的方式，读者可以快速浏览邮件中简短易读的新闻标题。

但问题是，作为一个年轻的黑人职业女性，这些新闻简报中没有一条“看起来与我有关”。很快，她订阅了20份新闻简报——有些是主流媒体，有些面向千禧一代，还有一些是针对多元文化受众——每天，她要花费数小时的时间浏览这些简报，“就像玩俄罗斯方块一样”，从中寻找与自己的工作和生活相关的新闻。

劳伦开始思考，其他人是否也有类似的困扰。她借助自己的研究生营销课程，采访了100名年轻的黑人女性，结果，这些受访者也表示，很难找到适合她们看的新闻简报。劳伦将这项研究转化为一个学校项目，创办了一份名为“Notedd”的新闻简报，专为她们这类群体量身打造，精选适合她们的新闻、文化和娱乐内容。她认为这个项目让她“充满激情”。在业余时间，她非常享受这个过程。虽然毕业后她找到了一份新的全职工作，但她仍然抽时间继续着这个项目，因为它带给了她很多乐趣。

几个月后，疫情暴发，劳伦和其他数百万人一样，开始居家工作。没有了通勤和其他干扰，她意外地发现了这个不确定时期带来的一个好处：“我现在起床后就可以开始工作，我可以投入更多的时间和精力在Notedd上了。”劳伦说。她开始定期发布新闻简报，并加大了在社交媒体上的宣传力度。她还扩大了活动范围，举办了一场线上的虚拟健身活动，并创建了一个新冠主题的讨论区，让读者可以分享自己的经历和担忧：“疫情对我的健康、黑人社区、黑人女性有什么影响？”

她很快意识到，这项有趣的业余爱好比她的日常工作更令她感到满足。每天，她都急着完成“真正的”工作，然后腾出时间在她的业余爱好上。“那是我的转折点。”劳伦并没有意识到，自己已经在朝着不同的未来前进。她将创办新闻简报作为一个学业项目进行尝试，并不断改进；她全身心地沉浸在探索阶段。“这是一种渐进的转变。”她说。但这个转变只用了几个月，而不是几十年。很快，劳伦开始考虑，她的“业余爱好”是否能够变得更有规模。她开始与一位导师合作，制订一个商业计划。

2021年，在导师的帮助下，她辞去了工作，专注于Notedd。这位偶然的企业家现在每天都在通过订阅模式和活动来发展她的事业。她仍然会做一些自由职业的工作来获取收入，但她的目光已经投向未来，希望Notedd能够让她自给自足并盈利。劳伦正处在过渡阶段，这是一段艰难的时期：她没有完全摆脱旧的生活和工作，也尚未完全进入自己设想的未来。但她坚信，这一切的努力最终都会有所回报。

“挣扎是真实的，”她说，“但作为一名黑人女性创始人……我想给其他人树立一个榜样。每个人都可以进行转变，或许可以选择另一种工作方式，比如自由职业，但同时仍然能够把时间、精力和热情投入自己真正感兴趣的事情中。”劳伦还发现了一个额外的好处：“对我来说，这就是我想做的事，是能让我充满热情并真正带给我快乐的事。”

劳伦的经历——逐步向新的事业迈进，同时保持一份更为稳定的工作——对许多成功的创新者和企业家来说并不陌生。沃顿商学院的心理学家亚当·格兰特在他的书《离经叛道：不按常理出牌的人如何改变世界》（*Originals: How Non-Conformists Move the World*）中指出，导演艾娃·杜威纳的前三部电影都是在她做电影公关的时候拍摄的；《呆伯特》漫画的创作者史考特·亚当斯在漫画连载了7年后，才辞去了太平洋贝尔电话公司的工作；耐克联合创始人菲尔·奈特在辞去会计工作、全身心投入他的运动服饰公司之前，曾花了5年的时间卖汽车后备厢里的跑鞋。这些人都是小心翼翼地向着新身份迈进，同时又牢牢地守着自己的旧身份以及一份有稳定报酬的工作。

“在一个领域中拥有安全感，可以让我们在另一个领域，更加自由地去‘离经叛道’。”格兰特写道。

艾娃·杜威纳知道自己想要的是成为一名电影导演，菲尔·奈特知道自己想要的是创立一家运动装备公司，他们都在为实现这一目标进行着必要的规划。按照传统的管理理论，这是正确的路线图。在我们的认知里，我们应该先设定一个目标，然后细致地规划好每一步，最终到达理想的彼岸。1937年出版（至今仍然畅销）的关于“实现自我”的经典著作《思考致富》（*Think and Grow Rich*）中，管理大师奥利弗·拿破仑·希尔列出了成功的六个步骤，其中的第四步是：“为实现你的愿望制订明确的计划，并立即付诸行动。”他写道：“明智的计划是一切成功的关键。”

的确，如果你想要成为一名外科医生，提前规划好大学的课程、医学院申请的时间和方式、进行住院医师培训以及选择好研究项目是非常有必要的。如果你计划去华尔街工作，你可以制定一份从大学专业到暑期实习，再到研究生入学的详细路线图。当我还是一名年轻记者时，我有一位22岁的同事曾明确表示，他的目标是将来成为一家媒体公司的CEO，并且他为实现这一目标已经规划好了职业生涯的每一步。（他确实做到了！）

然而，在我撰写本书的时候，我发现有很多人并不符合这种传统的成功路径。他们起初沿着一条道路前行，但生活却将他们引向了另一条截然不同的道路。他们并没有计划转变，但他们的行动却使他们意外地走向了全新的方向。通常，他们甚至在抵达目的地之前都不知道自己会去向何处。正如史蒂夫·乔布斯在斯坦福大学的毕业典礼演讲中所说："向前看时，你无法将这些点联系起来。只有当你回头看，才能看清它们是如何连成一条线的。"

这正是43岁的芝加哥律师乔安妮·李·莫利纳罗的故事，她在没有任何计划的情况下，成了TikTok上最意想不到的超级明星。

乔安妮的父母是韩国移民，她成功地开创了自己的法律事业，并成为一家大型律师事务所的合伙人。她为自己是一个韩国人而感到骄傲，尤其喜欢小时候吃过的韩国菜。因此，2016年初，当她的男友（现在的丈夫）成为一名素食者时，她感到很恼火。起初，她拒绝和他一起吃素食。"出于很多原因，我没有和他一起变成素食者。"她说，"我觉得作为一个韩国人，我不能是一个素食者。这个白人家伙想让我和他一起吃素，真是太不为我考虑了。”

但后来，她决定尝试一下植物性饮食，并开始“素食化”她丈夫的意大利食谱和她自己的韩国食谱。她用腌蘑菇代替牛肉，用豆腐代替鸡肉，还想出了素食泡菜炒饭、干烹豆腐、素食拉面，以及她丈夫很喜欢的素食烩饭。她丈夫对她的厨艺赞不绝口，鼓励她在YouTube上开一个专栏，名字就叫“韩国素食者”。

这个名字成了他们两人之间的昵称。闲暇时，她开设了Instagram账号和YouTube账号，并开始以“韩国素食者”的名字发布她的菜肴。这对她来说很有趣，让她可以在有限的空闲时间里放松心情。凭借着这个有趣的昵称、吸引人眼球的烹饪照片和大受欢迎的食谱，她的账号迅速走红。不到4年，乔安妮就拥有了7万名Instagram粉丝，并接到了食谱的出版合同。然而，发布素食烹饪的节目仍然只是她的副业。“那就是一个爱好。”她说，“我那时根本没想过把它做成一份职业。”她的本职工作已经让她非常忙碌，此外，她还参加马拉松比赛，并兼职撰写法律评论，还与人合写了两篇发表在《大西洋月刊》上的文章，剖析了特朗普对2020年大选提出的法律挑战。

新冠疫情暴发后，她开始在TikTok上发布视频，“主要是为了缓解疫情隔离在家的孤独感”。她显然不是TikTok上主流的创作群体。TikTok上最受欢迎的明星是查莉·达梅利奥这样的青少年，或者是爱蒂森·芮这样的20多岁的年轻人，她们会使用热门歌曲作为背景音乐，对口型并跳舞。而乔安妮的视频是一段60秒的烹饪剪辑，她会讲述她在生活和感情中的故事，背景音乐是她的钢琴演奏家丈夫弹奏的古典钢琴曲。在一段视频中，她一边制作素食鸡蛋和豆腐夹心三明治，一边回忆起她与大学初恋男友的失败的第一次婚姻。“那是内心对失败的恐惧。”她柔声说着，“如果我能回到过去，给自己一些建议，我会告诉她，多想想什么能带给你快乐，别总是去想怎么安抚你的恐惧。”

出人意料地，这些视频在TikTok上一炮而红。她吸引了数百万名粉丝，其中许多人还不到她年龄的一半。“我猜只是因为我的视频和其他人的不太一样。”她说，“TikTok上的人们渴望安全感。他们渴望内心的力量和母性的能量。”

这些关注同样让乔安妮感到兴奋。“收到那些点赞、评论的反馈，给了我极大的动力。我会想做得更多。”她说。到2021年秋天，她的“韩国素食者”角色已经占据了她的大部分时间，以至于她无法再继续律师的工作。于是她离开了律所，但仍然以“顾问”的身份参与一些项目。今天，这位“韩国素食者”在TikTok上拥有300万粉丝，其他社交网络上也有大量追随者，她还运营着一个订阅制的饮食计划App和一个播客节目。乔安妮的烹饪食谱成了畅销书，于是她又签订了两本新书的合同。这位中年律师已经成为名副其实的TikTok明星。

“我做梦都想不到我会过上这样一种生活。”乔安妮说。这个转变并非事先计划好的，也不是一蹴而就的。她总共花了大约5年的时间，一步一步地向着新身份迈进，进行着转变前的准备。她的旅程并非预先注定，也没有在途中设定最终目标。人们可能会认为她是一夜之间在TikTok上走红的，但事实上，这是她多年来逐步努力的结果。她告诉我，“理解这一点很重要”。否则，“它会引起你的焦虑”，并且制造出一种错误的期望，认为“如果我不能一夜成名，我就永远不会成功”。

沃顿商学院的格兰特认为，像乔安妮·李·莫利纳罗这样的转变是“反直觉的”。“无论是《秘密》还是《思考致富》，或是你喜欢的任何一位导师都会告诉你，如果你想要达到某种目的，你必须明确自己的意愿，并为之努力。”然而，“对有些人来说，他们几乎是意料之外地偶然得到了这个机会。”他说，“这种方式之所以能够奏效，原因之一是它不会带来什么压力。只是把它当作一个爱好或者一份副业，你就可以完全随心地去对待它。这可以释放你的创造力，让你不必非要遵循线性的发展思维。我们可以自由地畅想，不需要急于求成，也不需要一有想法就立刻付诸行动。而这些反复的尝试，反而会带来新的结果。”

当然，在你处于非线性的发展路径和反复尝试的过程中时，回报并不一定显而易见。有时你会觉得自己只是在无所事事，是在拖延时间，而不是在做一些有意义的事情。那些尝试可能看起来不会为你带来任何新的生活。

我儿子年轻时对运动的痴迷，起初带给我的就是这样一种感受。他不只是参与体育运动——他痴迷于观看体育比赛，谈论体育，阅读体育类的书籍，尤其是棒球。他可以背出每年的棒球年鉴，知道谁赢得了1926年世界棒球大赛的第三场比赛（是红雀队战胜了洋基队——我刚问了他），或者1904年纽约高地人队的投手杰克·切斯伯完成的比赛数量（是48场，也是我儿子告诉我的）。他甚至可以逐字背诵棒球历史学家比尔·詹姆斯的名言。他卧室的墙上贴着卢·格里格《最幸运的人》的演讲稿。

我希望他能把对棒球一半的精力投入学业上。每天晚上我都要不断催促他完成作业，而当我们坐下来吃晚饭时，他却坚持要打开电视，收看他口中所谓的“今年最重要的比赛”（显然，每场比赛对他来说都是如此）。我感到很沮丧：什么时候他才能不再浪费时间？

但事实证明，是我错了。他在业余时间里出于兴趣积累的丰富体育知识，让他在大学毕业后顺利进入了ESPN体育网，成了一名初级制片人。之后，他在20多岁时就获得了两项体育艾美奖。

格兰特也许可以预料到这一点。在一篇关于拖延的研究中，他发现，拖延者其实并没有在浪费时间，虽然他们看起来无所事事，但潜移默化地，他们在为未来的突破性时刻积累素材。他与申智海通过一项实验验证了这一理论：他们让参与者撰写一份商业提案，同时为参与者提供观看《吉米·坎摩尔直播秀》“刻薄推文”视频片段的机会，诱使参与者适度地拖延。研究发现，那些适度拖延的参与者，比那些不拖延或将任务拖延到最后一刻的参与者，提出了更具创意的提案。最终，他们得出结论：“拖延有时会带来意想不到的回报。好点子往往青睐那些适度拖延的人。”

我在为写作本书做研究时，遇到过许多像“韩国素食者”一样的人，他们沿着一条蜿蜒曲折的道路向前，最终走向了新生活，尽管在这个过程中，他们并不知道自己的旅程通向何处。然而，有另一些人，他们必须在现有的生活里，就开始思考并规划未来的转变。他们不得不提前为未来做好准备，因为他们选择了一个有着生命周期的职业。

运动员、舞蹈演员，以及那些对体力要求较高的职业，比如消防员和军人，通常会在较早的年纪退休。到了某个阶段，他们的身体可能无法胜任这份工作，或者在一个大多是年轻面孔的环境中，他们会显得“过于年长”。这些人必须有意识地对自己进行重塑。他们在第一职业生涯里，就要花时间思考下一步的职业选择。他们比任何人都更清楚“转变前准备”的重要性。我们可以从他们身上学到很多东西。

以NBA球员为例，他们的职业生涯平均只有4年半。篮球巨星莱恩·埃尔莫尔的职业生涯持续了10年，包括为印第安纳步行者队和纽约尼克斯队效力。即便如此，在他活跃于赛场的岁月里，他也始终关注着球场之外的生活。他知道自己需要一份谋生的工作。在他打球的20世纪七八十年代，NBA球员的收入尚可，但还不足以让他们过上终身无忧的生活。用他的话来说，那时的最高薪酬“不过是现在球员的零花钱”。他的一些队友最终都面临破产、染上毒瘾，甚至无家可归。2009年《体育画报》的一篇文章报道称，在退役后的5年内，60%的NBA球员遭遇破产。很多人没有其他可供谋生的技能，而埃尔莫尔并不想成为他们中的一员。

对他来说，最重要的是坚持童年的梦想，那时候他还没意识到自己会在生活和篮球场上取得如此大的成就。他在纽约布鲁克林东部的贫民区长大，他的父母非常重视教育。他的母亲是佃农的女儿，因为家里负担不起读大学的费用而放弃了奖学金。他的父亲是一名城市环卫工人，高中二年级就辍学了。“我错过了我的机会，但你不会。”他的父亲曾对他这样说。莱恩是家里四个孩子中的老大。当他的父母攒够钱，在皇后区买下一栋小房子后，他们在地下室设立了一个“图书馆”：放有一排圣经故事书和一套借钱购买的百科全书。

那是动荡的 20 世纪 60 年代，民权运动、越南战争和反战抗议风起云涌的 10 年。年轻的莱恩在电视机前度过了无数个日子，被这一切深深吸引。他对马丁·路德·金和马尔科姆·利特尔着迷；他的榜样是保罗·罗伯逊，这位橄榄球冠军后来转型成了律师、歌手、演员和民权活动家。“那时候我觉得我也可以成为改变的一部分。我想加入游行，而不是当一个旁观者。”他回忆道，“我想成为‘佩里·梅森’，为辩护者发声。”

但随着莱恩的身高不断增长——他最终长到了 2.07 米——体育逐渐占据了他的生活。他从小就是个强壮的运动员，擅长打棒球和橄榄球。然而，直到高中时，一位体育老师看到他和朋友们在篮球场上打闹后，鼓励他加入篮球队。“当时我对篮球的规则一无所知。我的体育老师看到我在场上乱跑，就像《飞越疯人院》里的酋长一样。”莱恩很快掌握了这项运动，不到一年，他就被著名的权力纪念学院录取。这所天主教学校以高超的篮球训练技巧闻名，传奇人物卡里姆·阿卜杜勒-贾巴尔几年前也曾在这里进修过。

篮球成为莱恩进入大学的敲门砖。他在高中时带领校队赢得了全国冠军，由此各大高校纷纷向他抛出橄榄枝，提供薪酬和工作机会，并派出有影响力的校友与他沟通。对于当时的他和他的父母来说，这段时间充满了困惑和不安。“我们曾经被买卖过一次，这样的事情绝不可以再发生。”他母亲坚决地说。最终，莱恩选择了马里兰大学。大四时，他被评为全美最佳球员，并且在 50 年后的今天，仍然保持着该校篮板得分最高球员的纪录。

虽然莱恩一直是一个勤奋的学生，但在离毕业还剩一个学期的时候，他选择了退学并与印第安纳步行者队签约。这个决定开启了他的职业生涯，他先后效力于堪萨斯城国王队、密尔沃基雄鹿队和新泽西（现为布鲁克林）篮网队，最后在 1983 年夏天加入了纽约尼克斯队。到那时，莱恩已经 31 岁，他知道自己的“篮球生涯即将走到尽头，随着膝盖的伤病加重和年龄的增长，在场上的持久性再不如从前。我预感到我不会再打太久球了”。

不过，在莱恩的整个职业篮球生涯中，他的父母始终对教育很重视，他的大学女友盖尔（他们已经结婚 35 年了）也一直十分支持他，这让莱恩始终没有放弃成为法律人的梦想。即使是在打职业篮球的时候，莱恩每年夏天都会回到马里兰大学参加暑期课程，并最终完成了学业。他在球队里与队友和体育记者探讨集体谈判的问题，逐渐成了“更衣室里的律师”。因此，在与尼克斯队签下两年合同后，他决定同时挑战一个全然不同的领域：参加法学院入学考试的预备课程。他说：“那一年，人人都在转变，我也是!”在合同还有一年到期的时候，莱恩离开了职业篮球队，离开了奢华的酒店和狂热的球迷，投入了相对简朴的哈佛法学院学生的生活。

在那之后不久，我第一次见到了莱恩和盖尔，我们成了邻居和亲密的朋友。他们有两个优秀的儿子，他们的孩子和我的孩子一起长大。在这个过程中，我一直为莱恩在职业生涯中的多次转型感到钦佩。在布鲁克林担任了几年助理检察官之后，他重返体育界，先是在哥伦比亚广播电视台（CBS）担任大学篮球赛的评论员，然后成了一名体育经纪人，随后又回到ESPN和CBS工作。在此期间，他还做过一段时间的企业律师，经营过一家教育科技公司。

2017年，他的人生遭遇了可怕的停摆，三重打击袭击了他：一次致命的葡萄球菌感染差点导致他截肢；心脏病发作；被ESPN解雇（简直是奇耻大辱）。65岁时，他意识到自己必须再次重塑自我。

那是一段艰难的时期——“那是我经历过的最艰难的转型期。”他坦言。他再次陷入了困境，处在一个必须放下过去，但不确定未来在哪里的阶段。他甚至怀疑自己是否还能有未来。“我有没有质疑自己的能力？毫无疑问，我质疑过。”他说，“但我只能选择继续努力。我必须做出选择：我的身体能不能恢复到继续工作的状态，并仍具有竞争力？……面对这些，需要有积极的心态。”

为了帮助自己度过那段黑暗的时期，莱恩列出了一份自己具备的技能和经验的清单，包括公众演讲、体育行业知识和法律经验。和以前一样，他对将这些技能如何重新整合成一份新事业持开放态度。就在那时，哥伦比亚大学发布的一则体育管理学院教师的招聘启事引起了他的注意。虽然他没有正式的学历，但他丰富的经历——儿时对马尔科姆·利特尔和保罗·罗伯逊的崇拜，职业篮球生涯，法律和商业工作经历——此刻汇聚到了一起。这些经历仿佛是一场长久的探索，最终不可避免地指引他走向了这个职业生涯的新阶段。

如今，莱恩在哥伦比亚大学教授“运动员积极行动与社会正义”和“体育领导力”课程。他将早期对社会正义的渴望与他的篮球生涯、媒体专业和运动员积极行动结合在一起。在职业生涯中经历多次转型后，他成了自我重塑的专家。他具备足够的自我认知能力，能够将过往的经验整合起来，从而重新构想出一种不同的未来。

“你必须主动寻找机会，将它们与你的专业技能匹配，看看是否合适。这就像拼图中的两块。”他告诉我，“如果固守着一个视角，你就无法意识到，存在新的方式组合不同的技能，实现转型……我就是通过不同视角，找到了机会。”

沃顿商学院的格兰特对此有一个生动的比喻：“这就像是在收集各种食材，虽然你还没有找到具体的食谱——但这些食材会在未来以一种意想不到的方式组合在一起，成为一道美味佳肴。”

莱恩所说的——在重新塑造未来时，将过去的经验整合起来——正是新生活或新职业转变的关键。这需要良好的心态，并对新挑战保持开放态度。莱恩的职业生涯从篮球运动员跨越到地方检察官、电视台解说员，最终成为大学老师，他始终保持着开放的心态，关注生活中的曲折与转折，有些经历看似毫无意义，却最终引导他走上了一条全新而充满惊喜的道路。

威尔·布朗当然从未想过要成为一名农民。他的父亲是斯沃斯莫尔大学的经济学教授，他在进入哈佛大学之前接受的是私立学校教育，毕业后就加入了摩根大通公司。他与他的妻子原本只是想要寻找一个经济实惠的周末度假住所。在一天漫长的看房行程结束时，房产经纪人说服他们去看一个老旧、破败的奶牛场。他们穿过狭窄蜿蜒的小路，沿着一条多年未修的坑洼泥泞小道，最终来到一个农舍的几座附属建筑前，四周是一片 200 英亩的农田。地上的积雪足足有 1 英尺厚。他们感觉仿佛走进了一个时间胶囊。

“这个地方好似被世界遗忘了。因为这里道路不便，所以没有发展起来。”布朗回忆道，“我们沿着那条半英里长的泥泞车道行驶下去，看到一座老旧的农舍。里面有一位妇人——暖气是坏的，所以他们只能用煤油炉取暖。还有一位穿着黑袍的长老会牧师也在那里。当时我想，我们只是离开曼哈顿一个小时的车程，却仿佛回到了一个世纪以前。”

他立刻被这个地方吸引了。更何况，“这里的价格比康涅狄格的任何一栋房子都便宜”。他们买下了这个地方，进行了翻修，并在周末的时候到这里度假，远离城市生活，享受轻松的休闲时光。他们最初只是农场生活的旁观者。芭芭拉会带着孩子们去看邻居给奶牛挤奶。另一个农夫则在那里收割干草。

后来，一个当地人租用了他们的牧场，为他年迈的母亲饲养肉牛。当牛从牧场逃走时，威尔会帮忙把它们赶回去。母牛生产时，他就在一旁，他甚至学会了阉割公牛。慢慢地，他学会了更多的农场技能。几年后，他购买了更多周边的农田，最初是为了更方便进入主干道，后来则是为了保护这些农田不被开发利用。转折点出现在 2003 年，牛群的主人去世了，她的儿子决定卖掉这些牛。“我们当时觉得，‘反正我们一直在照顾它们’。于是我们决定买下他的 16 头牛。”威尔回忆道。他认为这不会花费太多精力。“这些是肉牛，它们只需要放牧，不需要过多关注。”

芭芭拉的回忆则稍有不同。当时她在纽约市的一家非营利住房机构担任领导职务，工作繁忙。“你想怎么做就怎么做吧，”她记得对丈夫说，“但别指望我会因为一头牛跑到了路上，就请假去那儿赶牛。”

到这时，威尔已经对农场生活有了更浓厚的兴趣。他辞去了银行的工作，成立了一家咨询公司，这样他能有更多的时间待在农场。一个邻居下午会来这里打猎，并帮忙照料牛群。他说服威尔买了一台拖拉机。“所以就是这样一点一点地，我们开始做更多的事情。当然，奶牛会生下小牛，我们就有了越来越多的小牛。”芭芭拉在 2008 年辞去工作后，也开始花更多时间在农场上，她负责牛群的网络营销，并管理记录不断增长的牛群。

没过多久，这对夫妇意识到，他们的养牛业务已经发展得过于庞大，无法再作为一个副业来维持。他们面临着一个选择：要么彻底放弃农场，要么想办法将它变为一个可持续经营的业务。他们不能再保持这种中间状态了。

城市生活还是农场生活？这成为他们心中的一场拉锯战。

“我一直是更犹豫的那个人。”芭芭拉承认。不过，她也逐渐喜欢上了农场生活。在我们交谈时，她还建议我：“到了春天，小牛出生时，你一定要再来看看。那真是一个极其美妙的时刻。小牛一生出来，母牛就开始舔舐它，而小牛就立刻抬起头来。”说到这，她叹了口气：“农场生活确实有它的魅力。尽管一开始有诸多顾虑，但最终我还是彻底迷上了这里的生活。”

最终，农场生活赢得了胜利。

几周后，我再次来到这片农场，和威尔一起进行他的日常巡查。那是一个闷热的周日早晨，他的前同事们可能正悠闲地在汉普顿打高尔夫或享用早午餐。我坐在威尔那辆布满泥土的敞篷越野车里，和他一起将牛群驱赶到新的牧场。在温暖的月份里，他每天都会重复这项工作，把牛群从一个牧场转移到另一个牧场。每个牧场都由细细的金属电围栏围起，电压高达 8000 伏。我看着他关闭一段围栏的电源，把牛群赶出去，随后重新设置围栏，再次打开电源。每次他把手伸向通电的围栏，我都不禁为他捏把汗。

“你不怕被电到吗？”我忍不住问。他耸了耸肩：“这是常有的事。”这已经成为他日常生活的一部分。

一个牧场的牛群安全转移后，车辆在草地上颠簸前行，我紧紧抓住车顶的把手。我们到达另一片牧场，他再次跳下车，移开了一段令人生畏的电围栏。牛群懒洋洋地躺在附近的树荫下，蹄子陷在泥巴和牛粪里。我小心翼翼地从车上下来，泥浆贪婪地吸附在我的靴子上，似乎要将它们拉进泥潭。奶牛安静地看着我，眼睛一眨不眨。我突然意识到，它们的脸并不是我以为的黑色，而是被成千上万只苍蝇覆盖，这些苍蝇在我们周围嗡嗡地飞着，成群结队地停在牛的鼻子上。

威尔似乎并未在意这一切。他拍打牛的侧腹，边拍手边喊着“嗬！嗬！”然后招呼我回到车上，开往相邻的牧场。几分钟后，牛群便像一群 1200 磅重的小狗一般，跟在我们的车后小跑着。

这是一份辛苦而孤独的工作，没有一丝光鲜可言。这与《快乐农夫》中的田园生活或者“再见了，城市生活！”的梦想相去甚远，甚至是我能想象到的最极端的反差。这里绝对不会有爱娃·嘉伯在农舍里等我们喝鸡尾酒。

当人们想要放弃城市的喧嚣，到乡村去享受宁静、悠闲的惬意生活时，这绝对不是他们想象中的场景。而这仅仅是威尔一天的开始。在转移了两个牛群并修理好破裂的水管后，他又把车开到了另一块田地。他带着我穿过一片脚踝深的牛粪水坑（“这不算什么——你应该看看下雨后的样子”），来到了一片长满整齐草行的田地，远远望去，几乎望不到尽头。今天晚些时候，这片田地将会被切割成重达 800 磅的干草捆。一辆庞大的拖拉机停在附近，等着威尔去开动它。

很难想象，一个在哈佛大学受过高等教育的经济学家，居然能如此自然地转变为一位农场主。然而，当我问起威尔这个问题时，他和我其他的受访者一样，认为这种转变是一个渐进的过程。他说，尽管在外人看来，这些经历似乎毫无关联，但实际上他在农场管理中也用到了过往的经验。

作为一名经济学家，威尔一直热衷于各种发展过程和问题，无论是在农场、工厂还是金融领域。“管理农场非常适合他。”他的妻子补充道。对威尔来说，挑战与乐趣都在于他可以将自己的经济学头脑应用到农场这一公认的困难行业中。此外，在农场里，他可以全面掌控每一个环节，从母牛生产到牛肉销售，这与他之前的工作形成鲜明对比。在之前的公司里，他只是庞大组织中的一枚齿轮。“对我来说，务农只是其中一个方面。吸引我的还有经营一个小企业。有收入，有支出，还有工资税。我曾是企业中的一员，专注于自己的领域，只能看到业务的一小部分。而现在，经营农场让我感到更有价值。”

和其他人一样，威尔的转型是一个渐进的过程。他成功的关键之一，是在他意识到自己正在逐渐离开旧生活之前，就已经开始向新生活靠拢。他一边逐渐缩减自己的咨询业务，一边增加对农场的参与。随着时间的推移，他慢慢适应了不同的生活节奏。在夏季的早晨，他甚至不需要闹钟，5 点之前就能自然醒来。而在摩根大通工作时，他不得不在早上 6 点闹钟响起后，强迫自己起床。

对他来说，全职农场工作只是人生的一个新阶段，与从大型银行工作转为独立咨询，或者孩子们上大学后变成空巢老人没什么不同。“我开始尝试农场工作，这是很不同的尝试。每一步都是一个巨大的变化。”他说，“但这些变化是逐步发生的。你可以一点点地尝试，先是只在周末做，再逐渐投入更多。这是一个巨大的优势。”

当我准备告别那里，急切地想去冲个凉、享受空调时，威尔停下手头的工作，目送我离开。他的旧T恤已经被汗水浸透，鞋子上沾满了牛粪和泥块。昔日那位穿着西装、打着领带的常春藤联盟经济学家早已无迹可寻。尽管阳光才刚刚穿透树木，但那里的气温已经逼近33摄氏度。

我小心翼翼地将车开回土路上，把空调开到最大，而威尔则继续他的工作。几个小时的艰苦劳动还在等着他。

但他看起来非常快乐。

7

暂停手头的工作

今天你值得休息一下

伟大的作品都是经过长时间的静默与沉思后才诞生的。

——英国经济学家沃尔特·白芝浩

有一次，我陪着一位精力充沛的同事到全国各地出差，在沿途多个主要城市停留，拜访客户。当我们结束了一系列疲惫不堪的中西部商务之旅，于深夜抵达洛杉矶时，我请求休息一下，并表示迫不及待地想要入住酒店，舒舒服服地睡上一觉。

我的同事嗤笑了一声。“只有笨蛋才睡觉。”他说。

在我的职业生涯里，类似的说法我听到过许多次。我还有一位媒体高管朋友，每当他遇到棘手的挑战时，他就会“煮一壶咖啡”。这意味着，他和他的妻子将彻夜不眠，喝着咖啡一起寻找解决办法。

很多人在遇到棘手的问题时，都会选择加倍努力地工作。我们习惯于在挑战面前坚持不懈，即使我们已经精疲力尽，难以找到解决方案。如果我们正在考虑重大的人生变革，这种情况就更糟了——我们在无数个不眠之夜中反复思考，就像西西弗斯那样，一次又一次地将石头推上山顶，即使我们知道它总是会再次滚落下来。或者像乔治·奥威尔《动物农场》里那匹拉货车的马鲍克斯一样，不断地重复着，“我要更加努力工作！”直至最终倒下。

这恰恰是错误的做法。

如同“顿悟时刻”告诉我们的那样，灵光乍现常常是注意力分散后的产物。只有当你停下手头的工作，去洗个澡、散个步或者睡一觉后，解决方案才会浮现。稍作休息不仅有助于难得的顿悟时刻，也是我们所探讨的其他类型转变的关键，无论是从创伤中恢复、克服困境，还是重新审视职业生涯。它是“探索→挣扎→停滞→解决”这个模式中的重要一环，是再发明与创造性突破的关键。当我们分散注意力时，潜意识会悄然承担起大量的工作。

回想一下，上次你想出一个绝妙创意是在什么时候。你身处何地？是在漫长的一天结束后，坐在办公桌前？还是站了8个小时的轮班之后？又或者是刚开完两个小时的会议？我敢打赌，没有人会在一场线上会议里想到什么天才的点子。事实上，《自然》杂志发表的一项研究发现，线上会议会扼杀创造力。连续不断地工作实际上会让我们的创造力下降，更难想出解决办法。而适当的休息，去做一些完全不同的事情，反而更有成效。

跨学科研究已经证实，休息一下，无论是睡上几个小时，还是休几个月的长假，可能是找到新想法和新方向最重要却最被低估的因素。这些发现的重要性不言而喻，不仅对我们的个人健康至关重要，对于那些亟须重新思考架构，变得更具创新性、更有效率、更人性化的企业、学校和政府来说，同样意义深远。

问题在于，现代社会并不鼓励休息。大多数人很难让自己放松下来。我们习惯于盯着问题来试图克服或解决它。这种观念深植于我们的文化、教育和成长环境之中。

"休息"这个概念本身就值得推敲。美国人通常会放弃三分之一的带薪假期。在疫情期间，居家工作者的工作时间实际上比之前变长了，倦怠成为一种普遍现象。"我太忙了"甚至成为一种地位的象征。我们推崇那些炫耀自己睡得少的高管，例如卢英德在管理百事公司时，自称每晚只睡 4 个小时；时尚设计大师汤姆·福特自称每晚只睡 3 个小时；还有唐纳德·特朗普，他宣称自己每晚只需要不到 4 个小时的睡眠时间。这种盲目崇拜在我母校的一则广告中也得以体现："那些忙得没有时间的人，也会抽出时间来阅读《华尔街日报》。"

除此之外，还有一整个产业专门致力于告诉我们还不够努力。各类书籍都在教我们如何更努力、更快、更好地工作，如何最大效率地完成组织工作，如何模仿成功人士的工作习惯。顾问收取高额的费用，帮助企业优化工作流程和组织架构。职场教练向老板们传授，如何从自身和下属那里榨取更多的生产力。YouTube和Substack上的"专家"们提供了各种"高效的技巧"，承诺我们可以实现未读邮件清零的梦想。而所有的这一切实际上让我们更忙碌，反而没有时间重新思考我们的职业或生活。研究已经表明，忙碌与生产力之间并没有直接关联。

更糟糕的是，如果你真的抽出时间休息，别人反而会轻视你。北达科他州立大学的一位教授通过对节日信件进行分析后发现，过去几十年来，人们提到“太忙了”“忙得不可开交”的次数显著增加。研究人员在一项关于虚拟人物社会地位评估的研究中发现，比起每天工作不足7个小时的悠闲的“吉姆”，受访者认为，每天工作10个小时以上且周末不休息的“吉姆”的社会地位更高。同样，当受访者看到戴着普通耳机（认为她正在听音乐）的“安妮”的照片时，他们认为，戴着蓝牙耳机（认为她正在工作）的“安妮”的社会地位更高。受访者对订购Peapod送货服务的“马修”的评价也比在乔氏超市购物的“马修”更高。当112名受访者被要求阅读“丹尼尔”的两封信时，描述生活“像往常一样忙碌”的“丹尼尔”被认为比生活“像往常一样悠闲”的“丹尼尔”更富有、工作收入更高，也更受欢迎。

研究人员还分析了推特上的“谦虚自夸”现象——他们将这类帖子定义为“通过表面上的自嘲来炫耀某些事情的行为”。在收集了1100条这样的推文后，他们发现其中12%的人都在抱怨自己太忙了。其中包括：

> 剧场导演特拉洛克·里瓦斯：“上周五演出开幕，下周二又要开始排练另一场。在此期间，还有华盛顿的会议。我已经没有生活了！”

美国职业橄榄球接手奥斯汀·佩蒂斯："过去几周忙得不可开交，接下来的两周更是如此……我快忙不过来了！"

演员兼模特亚瑟·凯德："最近在忙的事情甚至可以写一篇博文了！各种会议和电话，让我冷落了我的粉丝。"

新闻记者兼词曲创作者乔希·西格德森："嗨，我16岁了，今年计划出版三本书和发行一张专辑。对于如何完成这些事情，你有什么好的建议吗?"

然而，忙个不停而不休息一下，或许是最无益于新颖创意诞生的方式。一些著名的创新者将他们的成功归功于适当的放松。微软联合创始人保罗·艾伦曾告诉我，他会在晚上弹奏吉他摇滚乐，这使他在白天可以更好地完成编程工作。即使在公司的初创时期，工作强度极大，艾伦依然会在晚上弹奏吉他放松。他小时候学过小提琴，15岁开始学吉他，并且从此爱上了摇滚乐。他认为紧张的编程与放松的音乐之间有着内在的联系："弹琴可以增强我对自己创造能力的信心。"他说。对他来说，弹吉他可以让他的大脑产生新思路，从而帮助他在计算机领域不断创新。无论是音乐还是编程，"有某种力量驱使你去超越现有的界限，以一种全新的方式表达自己"。

不是非要学会弹吉他，或者听吉米·亨德里克斯的音乐——这是保罗·艾伦的灵感来源——才能获得这种助力。简单地让自己做个白日梦，让思绪自由游走一会儿，就能达到类似的效果。即使在最专注的情况下，我们也会有25%到50%的时间在做白日梦。心理健康专家指出，这个比例在新冠疫情期间有所上升。大多数人认为做白日梦是不对的，甚至将其看作一种性格上的缺陷。传统观念告诉我们，当我们在做白日梦时，我们实际上是在浪费时间。我们会努力让自己从中清醒过来。我们会对走神的孩子和配偶大发雷霆，尤其是当他们不关注我们的时候。在会议上走神被发现，更是令人尴尬。老师们会因为学生开小差而批评他们，并把这些表现写到成绩单上。

然而，研究表明，当我们在做白日梦时，我们的创造力实际上处于峰值状态。几年前，加利福尼亚大学圣巴巴拉分校研究心理游移的心理学家乔纳森·斯古勒与他的同事对近 200 名作家和物理学家进行了研究，要求他们记录下每天最具创造力的想法。他们不仅想探究参与者是何时何地产生了最具创造力的想法，还想探究这两类截然不同的专业人士——“创造性”的作家与“分析性”的物理学家——在产生创意想法时，是否存在差异。

令人惊讶的是，这两组人中 20% 最具创意的想法都是在他们不工作的情况下产生的。伟大的灵感往往在做白日梦、支付账单时——专注于问题本身之外的任何时候——突然降临。他们也更有可能在不工作的时间里解决特别棘手的问题或突破僵局。虽然不是所有的创造性想法都称得上是“灵光一现”，但那些“顿悟时刻”更有可能在不工作时出现，而不是坐在办公桌前。

其他研究也表明，散步、亲近自然、锻炼、睡眠和小憩、冥想甚至洗澡，都能带来类似的益处。几乎任何形式的休息都有所帮助。2015 年澳大利亚的一项研究中，1114 名年龄在 18 岁至 85

岁之间的参与者报告称，他们是在打扫房间、锻炼、洗澡和乘坐公共汽车、火车等活动中想出了难题的解决办法。“当我不去主动思考难题时，解决方案就出现了。”一位参与者表示。另一位补充道：“有时我正在打高尔夫球，问题的解决办法突然就浮现在我的脑海中。”还有一位说：“答案常常出现在夜里。有时候是在我睡着时（出现在梦中），有时候是在我刚睡醒时。”

仅仅是散步似乎就可以带来巨大的创造性提升。在一项研究中，与坐着或被轮椅推着的参与者相比，步行的参与者创造力提高了 60%之多。任何形式的步行，哪怕是在跑步机上，盯着一面白墙，也能产生类似的效果。当 40 多名学生被要求想出一些日常用品（例如纽扣）的其他用途时，坐着的学生提出的想法平淡无奇，而散步的学生则更容易产生与众不同的想法，比如把纽扣作为“玩具小屋的门把手”或“迷你过滤网”。

散步带来的创造性益处有助于解释，为什么史蒂夫·乔布斯和奈飞联合创始人里德·哈斯廷斯经常散步，并且喜欢一边走路一边召开会议。作曲家贝多芬、马勒、柴可夫斯基和布里顿也会每天通过散步来寻找创作灵感。亨利·大卫·梭罗、村上春树、威廉·詹姆斯、乔伊斯·卡罗尔·欧茨等作家也都有类似的习惯。哲学家弗里德里希·尼采在 1889 年写道：“所有真正伟大的思想都是在步行中孕育的。”

亲近大自然也有类似的效果。2012 年的一项研究发现，人们在阿拉斯加、科罗拉多或华盛顿的野外徒步 4 至 6 天后，他们在创造性解决问题测试中的得分提高了 50%。如果你没有 4 天的时间，苏格兰的一项研究发现，在公园中散步25分钟就能带来同样的益处，比如减轻挫败感，放松心情，让脑海中的新想法得以碰撞和融合。加拿大甚至在2022年制订了一项计划，允许医生为病人开具国家公园的通行证，理由是有研究表明，亲近大自然可以降低压力激素水平，甚至减少对气候变化的焦虑。“几乎没有什么疾病是大自然不能改善的。”医生梅丽莎·莱姆说道，她是协助发放通行证的PaRx倡议的负责人。

当我在《今日美国》的出版商甘尼特公司工作时，我每天都会到弗吉尼亚州郊区总部宁静的池塘边散步。我的一些同事也有这样的习惯，我们中的许多人甚至在池塘旁边散步边开会。我们不知道其中的原理是什么，但这样做确实有奇效：我们在这些短暂的散步中想出了无数写作和叙事的创意。在另外一个完全不同的环境中，我也注意到了同样的现象。我曾在普林斯顿高等研究院担任研究员，那里曾是阿尔伯特·爱因斯坦的学术中心。校园里有近600英亩的树林，里面有数英里长的小径，一些伟大的科学家曾在这些小径里散步，思考新的理论和发现。这片树林被专门保留下来，“为从事理论研究和知识探索的学者们提供一个宁静的环境”。

研究人员还发现，冥想也有类似的帮助。在今天，人们更多通过应用程序来了解冥想，例如Headspace和Calm，这些应用有助于缓解压力，改善睡眠。但英国的一项研究发现，冥想者的学习能力也更为优异。这为新时代大师拉姆·达斯的口头禅提供了实证支持：“你越安静，听到的就越多。”

这并不是一件容易的事。爱因斯坦和贝多芬这样的大师可以掌控自己的生活节奏，但我们大多数人都被工作时间表牢牢地束缚着。对很多人来说，不仅工作日的白天难以脱身，晚上和周末也很难真正远离工作。著名的越南佛教僧侣一行禅师用他95年人生的大部分时间，劝导人们停下来休息和冥想，不过他的劝导并不总是成功。“不思考是成功的秘诀。”这位禅师在硅谷总部对谷歌公司的一群员工说道：“当我们不工作时，如果我们懂得如何专注于当下，我们可以获得极其富有成效的一段时间。”

如果你不给大脑足够的休息时间，也不让它适当地分心，它就无法在看似无关的信息之间建立起联系，而这往往是创造性突破的关键。最近的研究表明，孩子们在社交媒体上花费过长的时间，会阻碍他们的创造性思维，因为这让他们失去了做白日梦和沉思的机会。《哈佛商业评论》也有类似的报道称，花太多时间在Facebook上会削弱你的专注力和学习能力。

这也是为什么睡眠在激发解决问题能力方面尤为重要。正如我们从保罗·麦卡尼和他创作《昨日》的经历中所看到的那样，人们常常说自己在睡梦中获得了创造性的突破。1816年，玛丽·雪莱在她的日记中写道，有一天晚上，在与丈夫珀西·雪莱和他们的朋友拜伦勋爵讲了一晚上鬼故事后，她梦到了《弗兰肯斯坦》的故事。作家约翰·斯坦贝克用生动的语言描述了这一现象，他说：“那些夜里难以解决的问题，经过‘睡眠委员会’的处理后，一早醒来，便迎刃而解了。”

摇滚名人堂成员托德·朗德格伦以20世纪70年代的经典歌

曲《你好，是我》而闻名。他告诉我，他最著名的歌曲之一，完全是他在睡梦中自然而然创作的，歌词和旋律都一气呵成。1982年，他正在录制一张他标志性风格的流行专辑，一天午夜，他从睡梦中醒来，脑海中突然冒出了一段完全不符合他风格的曲调。他迷迷糊糊地爬下床，记下了那段旋律和歌词："我不想工作，我想整天敲鼓……"

《整日敲鼓》后来成了他最热门的歌曲之一。派对上、广播里、球赛上和广告中，这首歌无处不在。"这是一首新奇的歌，我不会刻意地去创作这种歌曲。它从来不在我的意识里。"他告诉我。他觉得这首歌是上天赐予他的："就像一份礼物。"

但睡眠不仅仅在创造性的"顿悟时刻"起作用。当你听到"睡一觉再说"时，请按照字面意思去做。早在近半个世纪前，威廉·德门特曾让500名学生在睡前尝试解决单词谜题。结果显示，约有20%的人在睡梦中找到了答案。20年后，1993年，哈佛大学心理学家迪尔德丽·巴雷特要求76名学生，在每晚睡前思考一个具体的问题，并持续一周。有些问题是方向性的（比如我应该研究哪个领域），另一些则非常实际（比如我应该如何布置新公寓的家具）。结果，几乎一半的学生报告说，他们在梦中解决了一部分问题——其中一位学生甚至梦见了完美的家具布局，刚好适合她的新公寓。

一整套围绕睡眠和做梦益处的研究体系也因此发展起来，揭示出我们在睡眠中获得学习的奥秘。2004年，德国吕贝克大学的研究人员设计了一个狡猾的实验，他们在教授参与者如何从一组数字中生成另一组数字时，特意采用了一种复杂的方式。实际上，解决这个问题存在着简单的捷径。当参与者8个小时后再次进行尝试时，睡过觉的参与者比一直保持清醒的参与者发现捷径的概率高出两倍多（研究报告没有提及那些被剥夺睡眠的参与者到底有多愤怒）。

我无意间也发现了这一点。大学时，我是一个考试紧张型学生，但我对写作非常有信心。所以我总是选择那些期末考核论文而不是试题的课程。我自认为这样更有把握拿到好成绩。然而，最初的几次尝试后，我发现这个"万无一失"的计划却屡屡失效。问题在于，我总是在论文提交截止前熬夜。天快亮的时候，我的大脑已经彻底罢工了。尽管如此，我仍然固执地坐在书桌前，强迫自己保持清醒，继续苦战。结果自然并不理想。

在经历了几次这样悲惨的经历后，我找到了新的解决办法。当我感到大脑疲惫不堪、完全无法思考时，我就把草稿放进抽屉。有时我只是打盹睡上几个小时，如果有更充分的时间，我就把它搁置在一旁几天。然后，当我重新拿出草稿阅读时，砰！就像有魔法一样，一切都变得清晰起来。所有的缺陷一目了然，解决方案就在眼前，修改论文变得轻而易举。而且这件事竟然变得有趣起来，甚至让我感到很放松。

我一直以为这是我独特的写作技巧——至今我仍在使用，尽管我现在已经熬不了夜。后来，当我读到天才文学家、巨蟒剧团喜剧演员约翰·克里斯的回忆录时，他所描述的创作过程让我感到一种奇妙的共鸣：

“我在晚上写草稿的时候，常常会卡住，我坐在小桌旁，绞尽脑汁，拼命思索。最终，我还是会放弃，然后去睡觉。第二天早上醒来后，我会给自己煮杯咖啡，然后慢慢走到桌旁坐下。几乎是立刻，我就想到了前一天晚上难题的解决办法！就像是上天给了我答案，奖励我为解决问题付出的努力。”

换句话说，克里斯经历了我们所熟悉的全部阶段——探索写草稿的灵感，遭遇卡壳的困境，停止思考，并在酣睡一夜后，解决方案自然而然地浮现。

克里斯还回忆起职业生涯早期的一个令他颇感沮丧的经历。当时他与人合写了一篇讽刺英国国教会布道的文章，他认为写得很好，笑料十足——但他不小心把它弄丢了。他把房间翻了个底朝天，也没能找到。最后，他坐下来，试图凭记忆重新写出来。一件奇怪的事情发生了。当他完成重写后，他又找到了那篇丢失的原稿，并将两者进行了比较。

“奇怪的是，我发现回忆里的版本其实更好。这让我百思不得其解。”他在 2020 年写道，“我开始意识到，我的潜意识一直在工作，只是我并不知道。”

克里斯关于潜意识“一直在工作”的观点是完全正确的。这正是我们在入睡时发生的一种现象。但讽刺的是，当今社会却普遍忽视睡眠的重要性。你昨晚睡了多长时间？醒来时是否感到疲惫？超过三分之一的美国人睡眠不足。美国疾病控制与预防中心对“睡眠不足”的定义是每晚的睡眠时间少于 7 小时。研究人员还发现，睡眠时间少于 6 小时是导致倦怠的“主要风险因素”。更多的休息不仅对我们的健康有益，还能提高工作效率。安永公司的一项研究显示，每增加 10 小时的休假时间，员工的绩效评分就会提高 8%。明尼苏达大学心理学家埃里克·克林格尔则指出，当我们思考诸如职业发展等重要人生问题时，在放松或睡眠状态下，大脑的默认模式成为主导，思维能力达到峰值。

当然，充足的睡眠常常是一个难以实现的目标，但即便是小憩一会儿，也能为我们解决问题带来帮助。哈佛医学院的研究人员让 99 名学生记忆一个复杂的 3D迷宫，然后让他们虚拟地“进入”这个迷宫，并要求他们去往某个指定地点。数小时后，那些在休息期间小睡了 90 分钟的学生，再次挑战迷宫时，表现得远远优于一直保持清醒的学生。更令人惊讶的是，那些梦到迷宫的学生，表现比没有梦到迷宫的学生要优异 10 倍。

长期以来，科学家们一直认为，睡眠不仅能帮助我们巩固新的记忆，还能选择性地清除一些旧的记忆，减轻大脑负担。当你的大脑中充斥着过多信息时，你会很难从中梳理出清晰的思路或产生新颖的想法。睡眠可以让大脑清理掉不重要的信息，专注于重要的信息。此外，当前额叶皮层——即大脑的控制中心，一个类似内在“家长”的理性思维调节部分——进入休眠状态时，思想便会以全新的方式自由流动、碰撞和融合。

有研究表明，大脑在刚刚醒来、仍昏昏欲睡的状态下，创造力最为旺盛。托马斯·爱迪生曾确信地表示，他最好的发明灵感都是在“睡醒边缘”的梦境状态中诞生的。为了捕捉这些灵感，他有时会一天小睡多次，每次入睡前手中握着钢球。当他进入深度睡眠时，钢球便会从他手中掉落，撞击到下方的金属盘中，将他唤醒。虽然他曾说过“天才是1%的灵感加上99%的汗水”，但他的行为却揭示了另一个真相。

爱迪生不需要了解最新的神经科学研究，也能领悟到小睡可以将最有创意的想法激发出来。同样，其他多产的创新者和领导者也有类似的习惯。温斯顿·丘吉尔午睡的习惯广为人知；任天堂的游戏设计师宫本茂曾表示，他是在泡澡时灵感迸发，创造了《大金刚》系列；据说导演英格玛·伯格曼每天下午3点半下班——而他执导了60部电影；著有近70本书和200多篇短篇小说的斯蒂芬·金，通常每天只工作4小时，并会在下午小睡片刻。

长时间的休息带来的益处更多。如果你的工作提供带薪休假，不妨好好利用它。善于利用假期放松的人，晋升的可能性几乎是不休假者的两倍。经过一段长时间休假的领导者，回到工作岗位后，通常会带来更新颖、更具创新性的想法。黛博拉·S.林内尔和蒂姆·沃尔福雷德对61名刚休完几个月假期的非营利组织高管进行调查后发现，除了减轻压力，长假还激发了他们的创造力，发展了“跳出框架”的思维方式，甚至为他们的组织带来全新的愿景。

加利福尼亚大学圣巴巴拉分校的斯古勒教授将其开创性的“思绪游移”研究归功于一次休假。在他职业生涯的最初几十年里，他一直在研究人类的记忆，而在1998年一次休假过后，他意识到他想转向一个全新的研究方向。他将这种转变比作“杰克与豌豆”：“起初那只是几个有趣的想法，但它们就像被我种下的‘豆子’，最终引导我开始探索思维游移和其他重要理念，并让我有所收获。”他说，他自己的经历表明，长时间的休假尤其有利于“重大的方向转变”，例如追求新的职业或研究领域。

艾萨克·牛顿也是提倡长时间休息的伟大思想家之一。英国博学家乔治·斯宾塞-布朗在其1969年探讨数学与哲学之间关联的著作《形式法则》（*Laws of Form*）中形象地描述道：“如牛顿所知并实践的那样，要想获得最简单的真理，需要的是多年的沉思，而非任何忙碌的行为。不需要活动、推理和计算，也不需要阅读或交谈。不要刻意地努力，也不要专注地思考。”

正如我们所知，创造力专家将这种休息时间称为“孵化期”。在此期间，你会有意识地暂时搁置某个问题，而在这之后，你的潜意识就会赠予你一个解决方案。科学家们推测，在“孵化期”内，当你忙于处理其他不相关事务时，大脑就会在后台帮你寻找解决方案。而且，当你从事其他活动时，你会无意间吸收更多的信息，这些信息也会进入你的潜意识中，与其他想法混合，形成新的创意。最终，当你再次回到之前的问题和挑战时，你会获得全新的视角来看待它们。

通常，每个人的“孵化期”都是独一无二的。可能是做饭、洗澡、在公园里跑步，或者像斯古勒那样，通过一段长时间的休假来暂时远离日常工作。然而，从新冠疫情初期开始，一个奇怪的、或许是前所未有的现象出现了——所有人的生活都在同一时间被打乱了。一线医护人员和其他必要工作人员陷入了精疲力尽的工作狂潮，其他人的生活节奏却突然被踩了急刹车。学校关闭，孩子们被送回家。办公室职员开始在厨房桌子上居家工作。祖父母不能探望孙子孙女，朋友们不能一起喝咖啡或吃饭；电影院关门，体育赛事取消。从教育到旅行再到社交，每一个人们熟悉的生活元素，都被彻底颠覆了，许多人的生活甚至在疫苗和治疗手段引入后，仍然未能恢复常态。

简言之，疫情迫使我们所有人从日常生活中抽离，进行了一次长时间的休息。无意间，它创造了一个全球范围内的“培养皿”实验，数百万人同时经历了一次延长的生活暂停期。“可以说，疫情为每个人都提供了一个‘孵化期’。”斯古勒告诉我。这段突然被迫脱离日常生活的孵化期，成了数百万人重新思考人生的契机，许多人在这期间重新审视了生活的优先级，重新评估了人生目标，结束了某些关系或开启了新的关系。许多人走上了重新规划未来的道路。

这也是为什么有数百万人在这段孵化期里选择了辞职，尽管其中将近三分之一的人并未找到新的工作。疫情创造了一个全球实验室，让科学家可以研究“孵化期”的每个过程是如何展开的。“你有了休息的时间，许多无意识的过程得以进行。”斯古勒解释道，“你接触到不同的环境，不同的信息，读到一些你平时不会读的东西。”而当疫情消退时，“时间已经过去了，所以当你最终回到工作中时，你会以全新的眼光看待它”。

这种情况在伊利诺伊州内珀维尔的露西·张·埃文斯身上尤

为突出。疫情初期的封闭促使她“开始更深入地审视内心……我变得更加内省了”。作为一名前特勤局特工，她在孩子年幼时选择离开职场。离婚后，她重新开始从事土木工程工作，这是她最初所学的专业。然而，疫情暴发后，48 岁的露西辞去了土木工作，一边辅导孩子居家学习，一边攻读在线MBA课程。她的生活被局限在他们的小房子里。尽管生活空间变得狭小，她的梦想却越发宏大。这场生活的暂停为她带来了一些意想不到的好处。

“生活里这种清晰的断裂消除了我思维中的障碍。”她说道。通勤以及“一成不变的日常惯例”的消失让她开始想象一个全新的未来。这种停滞的时刻让其他想法也逐渐浮现。首先，露西意识到她再也无法忍受有毒的工作环境：“我觉得我不能再忍受那种不良的工作环境了。”她决定转向一个更有意义的职业，比如为陷入困境的儿童福利系统寻找解决方案。“我希望我能够看着孩子们的眼睛，告诉他们我做了一些对他们未来世界有益的事情。”

她的经历引起了许多人的共鸣。当《纽约时报》向读者询问2022 年的新年目标时，随着疫情进入第三年，不少人提到他们觉得需要停下脚步。“我决定少做一些工作，更多地享受生活。”一位读者写道。另一位说：“我决定守住我的底线。‘不’也可以是一种回答。”“我再也不要在晚餐后或周末发送工作邮件了。”第三位这样写道。还有一位表示：“我决定把工作放在第二位。从现在开始，我的家庭和我自己才是最重要的。”另一位补充道：“我受够了这种日子——孩子每天上学托管十来个小时，我却在工作里错失他们的成长，这种分离再也不会继续！”

塞莱斯特·海德利在她的书《无为之道》（*Do Nothing*）中写道，我们是可以将休息融入日常生活中去的，而且我们应当这样做。“回想一下你连续加班的日子。你觉得那时的你适合进行创造性或深入的思考吗？”她写道，“当我们的大脑放空时，我们才可以重新激发创造力，并进行反思——这两项活动对于改进至关重要。”

即使是短暂的休息也可以带来显著的效果。几年前，当我在写我的第一本书时，我有过一段痛苦的长假期。我整天坐在那里，盯着笔记本电脑屏幕上闪烁的光标。整整 4 天过去了，我一个字都没有写出来。我遇到了严重的写作瓶颈，突然之间，我觉得我的创意之泉已经枯竭。

几天后，在飞往瑞士参加会议的跨大西洋航班上，我偶然坐在了托尼·施瓦茨旁边。托尼曾是一名记者，如今因代笔唐纳德·特朗普的著作《交易的艺术》（*The Art of the Deal*）而广为人知，后来成为这位前总统最严厉的批评者之一。他是The Energy Project咨询公司的创始人，该公司帮助企业为员工平衡工作与生活。我们聊天的时候，他看到我既疲惫又焦虑，因为这本书的交稿日期已经迫在眉睫。我向他承认我陷入了写作瓶颈期。托尼告诉我：“试试 90 分钟法则。”

他继而解释道，这个法则很简单：你首先需要全神贯注地工作 90 分钟。别发邮件，别看手机，不要分心。但在 90 分钟后，你必须停下来，休息片刻。你要严格按照这个法则执行。休息时你可以做任何事情——运动、吃饭、看电视，只要不工作，什么都可以。然后，你再回到电脑前工作，并重复这个过程。但他提醒说，每天只能进行三次这样的循环，超过这个限度会让你感到精疲力尽。

我听从了托尼的建议——效果非常好。每当一段 90 分钟的工作临近结束，知道马上要停下手头的工作，让我反而更容易也更专注地写出一些东西。我会告诉自己，只需要完成这个句子或者这段文字就好。我会把脑子里所有的东西都写下来，集中精力赶在最后期限前完成。随后的强制休息也让我如释重负，因为我知道自己必须这样做，而不是在偷懒。我突破了写作的瓶颈，并顺利在交稿日期前完成了那本书。

托尼的 90 分钟法则是有神经科学依据的。60 年前，睡眠研究人员纳撒尼尔·克莱特曼发现了“休息—活动的基本周期”：在夜间，我们从浅度睡眠进入深度睡眠，再回到浅度睡眠，这个过程大约每 90 分钟循环一次。事实证明，这个周期在我们醒着的时候也同样适用。通过集中注意力，然后短暂地休息，我们可以让大脑恢复活力，并让思绪重新凝聚起来，为下一轮工作做好准备。

有些人已经自行发现了这个规律。19 世纪自然学家查尔斯·达尔文每天会安排三次 90 分钟的工作，间隔上午和下午的散步，与妻子共进午餐，以及傍晚的小憩。在这种时间表下，他写出了 19 本书，包括他的开创性著作《物种起源》。法国数学家亨利·庞加莱则将他的工作时间划分为两个高强度的时段，每个时段两小时，一次在早上，一次在下午——总共 4 个小时。

已故的佛罗里达州立大学心理学家K.安德斯·艾瑞克森通过一项对小提琴大师的研究，也证实了这种方法的有效性。艾瑞克森发现，如果想要成为某个领域的专家，需要投入1万小时的练习，而这一著名结论通过马尔科姆·格拉德威尔的《异类》（*Outliers*）进一步扩大了影响力。但艾瑞克森还发现了另一个鲜为人知的关键：音乐大师不仅知道自己需要练习多长时间——他们还知道什么时候该停下来。

艾瑞克森所研究的小提琴大师们并没有整天都在练习。相反，在进行了90分钟专注的“深度练习”后，他们会放下乐器。一天里，他们不会进行超过3次这样的练习，总共不超过4.5个小时。成绩优异的学生往往会在白天小睡，晚上也会比成绩不如他们的学生多睡一个小时，并且每周还会花费大约25个小时进行休闲活动。他们之所以成为专家，不仅因为他们比其他人投入了更多的练习时间，还因为他们掌握了合理的时间安排。他们有规律地练习，也有规律地休息。这种方式使他们的大脑能够合成并储存他们在练习中所学到的内容。

讽刺的是，在艾瑞克森的研究中，那些被认为仅仅是“技艺精通”的小提琴家们，他们开始学习乐器的平均年龄（8岁）与被认为“有天赋”的小提琴手们相同，学习的年数（10年）也相同。真正的不同不在于他们的天分，而在于他们如何管理练习的时间——以及，同样重要的是，如何管理休息的时间。

与我们不同，我们的祖先深知休息的重要性。更难能可贵的是，他们对此并没有丝毫的内疚感。相反，他们还庆祝休闲时光。亚里士多德是休息的坚定支持者，他认为安静愉悦的沉思是最高的美德之一，也是人类幸福不可或缺的部分。古希腊的贵族们珍视闲暇时间，因为这使他们能够专注于城邦事务——思考他们的精神、道德和政治生活。罗马人甚至蔑视体力劳动，认为那是一种“卑贱”的追求，正如西塞罗在公元前 44 年所言：“他们所得的报酬本身就是奴役的象征。”在亚洲和欧洲的统治阶级中，沉思时间同样备受推崇，这也是犹太教和基督教中安息日的起源。

对忙碌的崇拜是一个相对现代的发明，主要源于美国。1607 年，约翰·史密斯上尉在詹姆斯敦建立殖民地后，颁布了一项法令，规定任何被发现“懒惰”的人都将被驱逐（“不工作者不得食”）。开国元勋本杰明·富兰克林更是进一步推动了这一信条。他 42 岁时从印刷业退休，宣称自己要做一个“闲暇之人”。然而，在接下来的 40 年里，他却忙碌于政治家、科学家、作家、法国大使等各种身份。他提出的“不要把今天能做的事拖到明天”和“早睡早起使人健康、富有且聪明”等名言，可谓顺理成章。在他 1757 年出版的《致富之道》（*The Way to Wealth*）一书中，他还告诫人们，“懒惰使一切变得困难”。

富兰克林去世半个世纪后，工业革命的到来引入了固定的工作时间，改变了工作的本质，数千人开始在工厂或铁路工作，而不是在家里或农场。老师教给孩子们的不仅是阅读和写作，还告诫他们“懒惰是一种耻辱”。过去按任务领取报酬的农民和工匠逐渐变成了按小时领取薪酬的工厂工人。时间突然变成了金钱。经济学家估计，19世纪工厂工人每周的平均工作时间超过了60小时，有时甚至接近70小时。“新教伦理”更是强化了“只工作、不娱乐”的观念，认为努力工作和节俭会带来天国的奖赏。

工作的全方位占据让心理学先驱威廉·詹姆斯在1896年发表了名为《放松的福音》的演讲，公开抨击这种现象。他哀叹“那些荒谬的匆忙感和无暇感……那种紧张和焦虑的状态”，并警告说：“这些完全无意义且不必要的内心态度……被许多人理想化为钦佩的生活方式，对美国人来说，是压垮骆驼的最后一根稻草。”他敦促听众，是时候放松下来，“松开”大脑，让它自由驰骋了。

一个世纪后，科学家们证实了他的话——大脑确实需要“松开”才能释放创造力。但在詹姆斯发表演讲时，大多数人对此置若罔闻。到了19世纪末至20世纪初的镀金时代，出现了安德鲁·卡内基、约翰·D.洛克菲勒和J.P.摩根这样的工业巨头，富人和工人之间的阶级差距日益加剧。数百万人长时间地工作，工资却仅能维持生计。每周工作60小时的情况很普遍，6天工作制更是常态。现代的“周末”还没有被发明出来，休闲仅是富人的特权，而他们也并不会把这些时间用于进行亚里士多德式的沉思。

经济学家托斯丹·范伯伦在1899年的社会评论《有闲阶级论》中，尖锐地抨击了那些将劳动视为“低贱标志”的富人。对他们来说，休闲时间是其优越地位的“经济表现”，他们通过对奢侈品的“炫耀性消费”和过多的“炫耀性休闲时间”来展示自己的地位。弗朗西斯·斯科特·菲茨杰拉德在1925年的小说《了不起的盖茨比》中将这一理论具象化为“漫不经心的人”，“他们砸碎了东西，毁灭了人，然后退回到自己的金钱或极度的冷漠中去”。1927年，德国导演弗里茨·朗创作出无声电影杰作《大都会》时，“休闲”已经被简化为“邪恶”的象征。这部电影描绘了一幅反乌托邦式的未来景象：工厂工人在地下无休止地工作，为一座宏大的城市提供动力，而统治这座城市的工业家们的特权子女则在屋顶上嬉戏玩乐。朗想要传达的讯息毫不含蓄：在大众意识中，勤劳的人之所以高尚，正是因为他们努力工作，这与那些腐败懒惰的富人形成了鲜明对比。

亨利·福特通过将T型车装配线每周6天的工作时间缩减为5天而声名远扬，并协助确立了1940年法规颁布的每周40小时工作制。随着装配线和大规模生产的兴起，过长的工作时间终于有望向更加人性化的方向转变。

事实上，早在1930年，经济学家约翰·梅纳德·凯恩斯就预测，生产力的提高将使2030年每周的工作时间减少至15小时。几年后，尼古拉·特斯拉也预言，机器人将在一个世纪内取代大多数人力劳动。“这是人类自创世以来第一次面对他真正的、永久的问题——如何利用从经济压力中解脱出来的自由，”凯恩斯写道，“即如何填补空闲时间。”

然而，事实是如此讽刺。

今天，美国仍然是一个未经改革、狂热于工作的国家。这种被吹嘘的道德伦理如今已演变为弗兰肯斯坦式的怪物，清教徒努力工作的理想被扭曲为狂热的忙碌信条："忙碌"变成了一种宗教。我们会认为，如果我们停下来想一想，是否真的对生活和工作感到满意，那就是在"浪费时间"。如今，四分之一的美国人每周的工作时间超过45小时，其中16%的人每周工作时间超过60小时；尽管在此水平下的工作活动会导致生产力下降和健康风险的显著增加。而那些每周工作超过55小时的人，心脏病和中风的风险会急剧攀升。一项针对194个国家工人的全球研究发现，2016年，因工作时间过长导致约74.5万人死亡，成为"迄今为止计算出的所有职业风险因素中最大的一个"。

然而，在这场变革中，我们或许能够找到一条充满希望的前行之路——一条由张明茹和千千万万像她一样的人开辟的道路。新冠疫情让我们许多人深感震撼，提醒我们停下来、休息片刻的重要性和价值。它让我们认识到旧的生活方式已不再适用，也让我们看到了重新出发的契机。

我们现在正处于一个前所未有的机会之中，有望重塑工作场所、工作文化以及我们对工作的态度。我们大多数人所习惯的工作时长——标准的每周40小时、5天工作制——早在疫情之前就已过时。它是在第二次世界大战后被标准化，基于严格的军事等级制度，由男性为男性制定的，并且前提是有一名妻子在家处理家务。尽管这一模式自那以后经历了一些调整，比如开放式办公、提供免费餐饮等福利，但即使在科技和通信日新月异的今天，工作的本质依然在几十年间没有太大改变——直到新冠疫情的到来。

新的工作模式正在逐渐浮现，比如在工作日和工作周以及年度内有针对性地安排休息和灵活的工作时间。混合办公模式——每周 2 至 3 天在办公室，剩下的时间在家办公——正在成为新常态。超过 100 家公司甚至更进一步，采用或试验性地推行 4 天工作制。目前为止的所有研究都显示，缩短工作时长带来了诸多益处，而几乎没有任何不利影响。例如，在冰岛的一项试验中，工人们表示压力和倦怠感有所减轻，而生产力却保持稳定甚至有所提高。

一些公司也在继续沿用疫情期间的做法，比如设置“充电日”、强制性的整周休假、星期五不开会以及下班后不发邮件。甚至高盛也开始强制要求员工每年至少休假 3 周。与此同时，赛富时等公司采取了永久性的“可远程办公”政策，而包括 Pinterest、Uber 和 Dropbox 在内的一些公司，则缩减了计划中的实体办公室扩建。

企业仍在努力寻找现场协作与远程办公之间的平衡，因为现场协作的思维碰撞能够带来新的创意。但很显然，远程办公有助于节省宝贵的时间：2019 年，美国人每天的通勤时间平均接近 1 小时，每年因交通堵塞会浪费将近 19 个工作日的时间。

各类机构正在采取一些策略防止员工产生工作倦怠，并提高员工的稳定性，这是值得赞扬的。但是这种方法加剧了脑力工作者与按小时计酬的工人以及其他仍然缺乏灵活性的工作之间的差距。这就引出了一个问题：如果我们在设计工作场所的时候，在一开始就不让倦怠成为必然的副产品，那会是什么样的呢？如果工作能够更好地融入生活，而不是与生活背道而驰，那又会怎样呢？

实现这些目标可能会在其他行业引发多米诺骨牌效应，为我们所有人带来更多的喘息空间。以教育为例，大多数孩子的上学时间太早。如果我们要改变工作时长，为什么不调整学校的上课时间呢？也许是时候重新审视学校的整个日程安排了。在医疗保健领域，疫情期间远程医疗的兴起仅仅是一个开始，我们可以进一步思考，如何让人们更易于获得医疗服务，同时为医护人员创造更人性化的工作环境。

要实现这些改变，一定程度上还需要我们调整自己的心态。我们必须学会摆脱对忙碌的迷恋，重新定义我们的工作方式、生活方式，甚至是思维方式。有些人已经在这样做了。例如，弗吉尼亚州里士满的布里特·阿尔泽过去经常长时间工作，管理自家颇受欢迎的甜品店，而他的妻子卡里则从事人寿保险销售。他们的生活节奏非常紧张，不断在工作和照顾刚出生的儿子之间疲于奔命。他们从未想过自己的生活可以是另一种样子。

然而，在疫情初期的封锁期间，31 岁的卡里不得不辞去工作来照顾他们的儿子。与此同时，30 岁的布里特也不得不关闭他的甜品小店。随着他们的生活突然变得空闲，他开始把一些时间用在户外，照料他们的花园。在那些独处的时光里，他进行了深刻的自我反思。他说："待在花园的时光让我想起了童年农场的生活，重新激发起我对环境科学的兴趣，那是我大学时的专业。在我待在家里的那段时间里，我一直在种花种草，感到生活非常充实。我意识到，我必须重新回归户外工作。”

他们突然从日常生活的旋涡中挣脱出来，而这促使他们辞去工作，一起开了一家园艺公司。“我们意识到，对我们来说，最重要的是家庭、房子、灵活性和生活质量，而不是赚钱。”卡里说。这一转变非常艰难；她一直将自己视为一名终身在商界打拼的职业女性，现在却不得不重新评估自己的计划和自我认知。当限制放松后，她尝试过重回职场，但很快发现，额外的收入并不值得牺牲与家人在一起的时光。“我不想再回到过去那种状态了，牺牲陪伴儿子的宝贵时光，在他入睡前才赶回家。”她说，“疫情期间让我领悟到的一切不能被遗忘。”

布里特表示，他们的新生活“绝对”更加充实和有意义。“这才是生活的真谛，让你感到完整和满足。”讽刺的是，是疫情让这一切成为可能。他说：“疫情让我有机会重新审视自己。否则，我可能会永远待在我的甜品店里。”

不应该是等到全球性大流行病来临，我们才有机会停下来喘口气。也许现在，我们终于可以听从100多年前威廉·詹姆斯的那句忠告：是时候让我们每个人“松开”大脑，“让它自由驰骋”了。

8

找到你的“专家伙伴”

……或者成为他人的“专家伙伴”

> 在每个人的一生中，总会有那么一段时间，我们内心的火焰会熄灭。然后它会因为遇见另一个人而重新被点燃。我们应该对那些重燃我们内心之火的人心怀感激。
>
> ——阿尔贝特·施韦泽

任何一位在职妈妈都会告诉你，有些东西是不得不放弃的。多年来，我在努力兼顾繁重的工作和养育两个孩子的过程中，放弃了两样东西：做饭和睡眠。至今，我仍在努力恢复正常睡眠。新冠疫情期间，居家工作的时候，我终于学会了做饭。那时候，我觉得我可能是美国最后一个知道伊娜·加滕的人，也就是大家所熟知的“赤脚伯爵夫人”。

显然，每个人都知道加滕，一档网络美食节目的明星。她标志性的栗色短发和牛仔衬衫形象深入人心，拥有众多狂热的追随者。她写了十几本食谱书，销量总计数百万册。她制作的煎锅烤柠檬鸡和比蒂巧克力蛋糕简直让人垂涎欲滴。

然而，她差点错失这一切。

1978年，年轻的伊娜职业发展非常迅速，她拿到了MBA学位，并在白宫获得了一份颇有声望的核预算分析师的工作。尽管这份工作光鲜亮丽，她却感到无比乏味。她开始在家中尝试茱莉亚·切尔德的食谱，每周与朋友们聚会烹制美食，这让她真正感到快乐。她处在探索阶段，寻找着另一条人生道路，却不知道路在何处。

“有一天，我坐在办公室里，想着，我得做点别的事情。”她回忆道。就在那时，她在《纽约时报》上看到了一则广告，广告称，纽约州西汉普顿海滩边的一家小型特色食品店正在出售；西汉普顿是她从未去过的一个小镇。食品店名为“赤脚伯爵夫人”，取自阿娃·嘉娜出演的一部电影的名字；她也没看过那部电影。尽管如此，这家店却让伊娜产生了兴趣。下班后，她与丈夫杰弗里闲聊时，心里仍想着那家店。

“那天晚上我回到家，对杰弗里说：‘你知道的，我真的需要做点别的事情。’”

“‘想做什么就去做。’他回答说，‘只要你想做，你就一定会做好。’”

“我说：‘你知道吗，我也是这么认为的。’”

于是，这对夫妇驱车前往那个小镇，发现那是一家小得像邮票的店铺。“那家店只有37平方米，店员正在烤巧克力饼干。我当时就觉得，这正是我想要的。”他们报了一个非常低的价格，想着这样可以争取到更多的时间仔细考虑，是否真的要做出这个疯狂的决定。然而，报价立即被接受了。“哦，天哪！我必须做这件事了。可我还没有准备好。”她回忆说。尽管如此，在丈夫的支持下，伊娜鼓起勇气，决定迎接挑战。于是，回到华盛顿后，她辞去了那份前途光明的工作，接手了正处于淡季的小镇上的一家小店。

她的这个决定并没有得到太多的支持。

“开一家小店！”她的父母惊恐地叫道，“为什么要这样做？”

这确实是一个合情合理的问题。为了一个小镇的小店而放弃MBA和好职位，听起来确实有些疯狂。更何况，伊娜完全没有任何经营的经验。那无疑是个巨大的挑战，而她已经无路可退。伊娜几乎是立刻就感到了深深的恐慌。“这是我一生中做过的最愚蠢的事情。”她回忆起一开始自己的想法，“我从来没有接触过食品行业，什么都不懂。”她的丈夫再次坚定地站在了她身边，安慰道：“如果你第一周就能做得很好，那第二周你就该觉得无聊了。”

虽然她的父母“一点也不支持”她，但她的丈夫却是她坚实的后盾。在他的鼓励下，伊娜全身心地投入她的新生活。创业的过程异常艰辛。每年夏季的5月至9月是小镇的旺季，她每天需要工作15个小时，一周工作6天。她一个晚上就要为十多场聚会提供餐饮服务。然而，她的努力得到了回报。随着她的名气越来越大，她扩大了店面，并把店铺搬到了东汉普顿，并且在那里吸引到了像史蒂文·斯皮尔伯格这样的本地名人。她开始在全国范围内获得关注，逐渐成为一位广受认可的美食偶像。这位核预算分析师成功转型为一名美食明星。

在经营了近20年后，伊娜决定出售这家受欢迎的店铺，寻求新的挑战。起初，她感到有些迷茫，不知道下一步该做什么。她再一次抛开了旧生活和旧身份，却还未找到新的方向。“我强迫自己每天早上去办公室，结果一连好几天，我都只是在看杂志或整理地址簿。”她回忆说，那是“我人生中最艰难的一年”。

杰弗里再一次给予了她帮助。他耐心地倾听她的想法，然后说：“你喜欢食品行业。继续留在这个领域吧。”于是，她决定尝试写一本食谱书。51岁时，她出版了第一本食谱书，之后又陆续出版了十几本，每一本都极为畅销。很快，她在电视上的美食节目也大获成功。

“我为杰弗里做饭的那些年，以及我经营特色食品店的经历，实际上都是在为我真正的热爱——写食谱——做准备。”她说。她的丈夫鼓励她去做自己热爱的事情，对她来说，那是“最好的建议”。

“只需要一个真正相信你的人。”她对凯蒂·库瑞克解释说，“可能是你的老师、父母，或者伴侣。对我来说，那个人就是杰弗里，我的整个生活因此改变了。”

正如我们所见，当我们要做出重大改变时，往往从探索新信息开始，这个过程甚至是无意识的。就像伊娜·加滕年轻时那样，拥有MBA学位的她在家中尝试茱莉亚·切尔德的食谱，为朋友们烹制晚餐。接下来是令人感到不舒服的挣扎期。这段时期可能持续数月甚至数年，那时我们放弃了旧的身份，却尚未找到新的身份。加滕买下那家小型特色食品店（她曾感叹“这是我做过的最愚蠢的事情！”），以及她在卖掉店铺后陷入“人生中最艰难的一年”时，正是处在挣扎阶段。

然而，有时候，要想突破重围，找到解决方案，我们需要外界的帮助。单凭自己，有时难以跨越那道坎。我们可能会陷入无休止的思考、反复推敲和幻想中，却无法确定自己是否做出了正确的决定。我们可能会迷失在思维的混乱旋涡中。

这时，“专家伙伴”就显得尤为重要。

我在这里借用的“专家伙伴”这个说法，最早是由创伤心理学家提出的，用来描述那些帮助幸存者面对他们的经历并走向成长的人或团队。心理学家理查德·特德斯奇发现，对于那些经历了战争、疾病、暴力或其他可怕事件的人来说，“专家伙伴”往往是他们转变的关键。这个人会倾听你的故事，帮助你调节情绪，并在你重新审视自己的信念和目标时给予鼓励。“专家伙伴”不一定会给出建议，更不会提出要求，而是会以清晰的视角看待你，并帮助你发掘新的机会。

在我看来，伊娜·加滕的丈夫就是她的“专家伙伴”。他帮助她认识到，自己所热爱的事情是值得追求的，鼓励她冒险走上一条新的道路，设定新的目标。他相信她的能力，即便在她自己都不确信时，也坚定地支持她。在她挣扎的时候，他是那个给予她信心，让她勇往直前、转向新方向的人。

我采访过许多经历重大转变的人，他们几乎都提到过某个外部的声音——可能是一个人也可能是一群人——在他们的转型过程中给予了帮助。在写作这本书的时候，我越来越清晰地意识到，在更通俗的意义上，我们每个人都需要一个“专家伙伴”。我们需要一个能够倾听我们内心声音，帮助我们厘清目标和做出决定的人。不仅如此，我们也可以努力成为他人的“专家伙伴”。

从这个角度来说，“专家伙伴”可以有多种形式。那个人可能是伴侣，就像伊娜·加滕和电话修理工克里斯·多诺万（他的伴侣鼓励他追寻成为鞋子设计师的梦想）的例子。当我考虑辞去《华尔街日报》长期稳定的工作，冒险创办一本新杂志时，我同样依赖我丈夫的支持。在那几个月里，我一直在犹豫是否应该冒险一试。我的丈夫始终不发表意见，说这个决定必须由我自己做出。但他耐心地听我反复权衡利弊，最重要的是，他观察到当我谈论这个设想中的杂志时，我的神情焕然一新，这是他多年未曾见到的。在他的帮助下——倾听我的心声，反馈我带给他的感受，而不是告诉我该怎么做——我最终意识到，我已经准备好跨出这一步了。

吉姆·范德黑也同样认为是他的妻子给了他创办“政客”网站的“及时推动”。2006 年，当他还在《华盛顿邮报》担任记者时，他和同事约翰·哈里斯几乎已经决定放弃创办这家政治新闻网站。毕竟，风险太大了：他有两个年幼的孩子；除了年少时在小恺撒比萨店上过夜班外，他从未管理过任何项目。几乎所有人都认为他们的新项目不会成功。但他的妻子奥顿对他说：“别再退缩了，咬紧牙关，坚持下去。”他回忆道，她“往往比我更了解我自己”。如今，这个网站已经成为一个庞大的媒体平台，而范德黑后来又与另一家政治新闻网站Axios合作，成为其联合创始人和首席执行官。“我们都需要一个像奥顿那样的人，”他说，“一个我们相信他能给予我们明智的——往往也是强硬的——建议的人。”

“专家伙伴”不一定只是家人或亲密的朋友。任何拥有比你更清晰视角的人都可以担任这个角色。“专家伙伴”可能是你最意想不到的人。我的一位大学同学克里斯托弗·汉迪，主修英国研究，曾在画廊工作多年，之后从事银行和保险业工作。他在业余时间学习了飞行，并常常与妻子艾米一起飞往伦敦旅行。后来，这对夫妇搬到了缅因州的波特兰抚养孩子，他因此重新开始尝试表演，这是在学校时他的一大爱好。他尝试了配音工作，并参与了一些夏季剧目。2006年，他获得了社区剧院A.R.葛尼双人剧《情书》中联合主演的角色。

在那场戏剧的排练过程中，他的搭档——白天是达美航空公司的一名乘务员——有一天突然对他说：“你会是一名很棒的航空乘务员。”

这句话着实让克里斯感到意外，他从未考虑过这个职业。他对自己的定位很狭隘，认为自己只是一个在银行工作、偶尔参与戏剧表演的顾家男人。但他的搭档，通过在台上和台下对他的观察，将他从未联系在一起的兴趣和才能拼凑到一起。他对航空和旅游有着浓厚的兴趣，性格外向，喜欢站在舞台上，还拥有一副洪亮的嗓音。他懂得如何与观众交流，能够吸引人们的注意力。他的搭档以一种全新的方式将这些碎片拼合在一起，并清楚地看到了他可以转向的新方向。

“那是一个震撼心灵的时刻。”他后来回忆道。

那句看似随意的评论让他开始深思，并将他带上了一条全新的道路。他辞去了工作，开始研究各大航空公司，并最终报名参加了捷蓝航空的培训课程。如今，克里斯已经成为这家航空公司的乘务长。2022 年，他被选为捷蓝航空新开设的伦敦航线的首批乘务员之一，这个职位让他能够充分运用自己在英国研究方面的知识（在我们的交谈中，他能轻松地从 19 世纪的画家弗雷德里克·莱顿谈到剧作家吉尔伯特与萨利文）。他人生中的每一段经历——无论是戏剧训练、对航空的兴趣，还是对旅行的热爱，甚至是大学时期所学的专业——都汇聚在他的新事业中。他经历了一段漫长的探索，最终找到了自己热爱的工作。

“作为一名乘务长，我可以利用我的戏剧和配音技巧，使机舱的安全公告更令人愉快，甚至更有趣！毕竟，乘客就是我的观众，为什么不给他们带来一些乐趣呢?”他说，“更重要的是，我发现我很喜欢帮助他人，让他们的一天变得更加愉快。”

而这一切都源于那位出乎意料的“专家伙伴”——他的达美航空乘务员搭档的观察。“她通过我在舞台上的表现，说台词的声音、肢体的把控、如何在众多观众面前表现自己、传递故事信息的方式，看到了这一点。”他说，“而这是我自己永远也不会看到的。”

克里斯的“专家伙伴”在航空业有着多年的从业经验，对这个行业了如指掌。然而，“专家伙伴”的关键并不在于他们对某个职业的专业知识，而在于他们对你的深刻了解。加滕的丈夫是管理学领域的专家，还是耶鲁大学管理学院的名誉院长，但他对烹饪的知识仅限于如何泡咖啡；而我的丈夫是一名律师，对记者这个职业并无了解（但他确实擅长烹饪，而且咖啡做得很棒）。

事实上，“专家伙伴”不一定要与你的职业紧密相关。他们的职业距离反而能赋予他们独特的视角和清晰的判断力，看到你看不到的潜力。他们的观察可能会具有启发性。那些彻底转变职业或以其他方式改变人生的人，常常会提到某个与新职业毫无关联的人对他们的影响。

丹尼·迈耶的故事就令人深思。这个在圣路易斯长大的男孩，从小就对美食情有独钟。小学时，他就通过交换三明治来体验不同家庭的饮食文化。他的父母是法国迷，在他很小的时候就带他品尝了法国美食。每次家庭度假，他都沉浸于各地的本土美食，并在夏令营时学会了在篝火上烹饪。到了高中，他开始为朋友们发明独创的特色美食（比如填满奶酪的培根卷香肠）。大学毕业后，他在一家防盗标签制作公司担任销售，利用出差的机会品尝各地美食。

然而，随着时间的推移，他感到自己是时候该“长大”了。于是，迈耶决定去读法学院。在曼哈顿的一次晚餐上（“是第二大道的埃利奥餐厅”，即便多年过去，他仍能清楚记得这家餐厅），他向姑姑和叔叔抱怨，第二天要去参加法学院的入学考试。他告诉他们，虽然他对读法学院并无特别的兴趣，但他觉得需要停止“瞎折腾”，成为一个真正的成年人。

但他的叔叔却不这么认为。

“从你小时候起，你的世界就围着美食转。”叔叔说，“为什么不干脆开一家餐馆呢?”迈耶回忆道，那个想法像闪电一样击中了他，“既新鲜又完全合情合理”。他突然意识到，自己从小到大所做的一切——从交换三明治开始——似乎都在指向这个方向。当他正在探索未来的迷茫阶段时，他叔叔的一句简单话语却让他瞬间豁然开朗。正是这个建议让他走上了成为全球顶级餐饮企业家的道路。“从那一刻起，我的目标就再也没有变过。”

他再没考虑过去读法学院。

如今，迈耶成了联合广场餐饮集团的执行主席，该集团旗下拥有十几家餐馆，包括知名的谢来喜酒馆；此外，他还创立了休闲快餐连锁店“昔客堡”。迈耶告诉我:“那天晚上之前，我知道自己喜欢餐饮，但从未想过这是一条可以追求的职业道路。”

想象一下，如果没有迈耶的叔叔，我们的世界会变得多么乏味！当然，这个世界会多一名律师，但我们将错失美味的巧克力奶昔、无数精致的美食，还有那些在餐馆里求婚的浪漫时刻。

迈耶的经历并非个例，对许多人来说，如果没有外界的推动，他们可能永远不会迈入新领域。我们应该感谢那些“专家伙伴”，正是他们让一些历史上伟大的领袖得以崭露头角。如沃顿商学院的亚当·格兰特所说，许多传奇领袖在一开始对他们的事业都是犹豫不决的，他们的才能经过了他人的发掘和鼓励。

史蒂夫·沃兹尼亚克是在史蒂夫·乔布斯、他的朋友甚至父母的劝说下，才离开惠普公司，与乔布斯共同创办了苹果公司。米开朗琪罗起初并不认为自己是一名画家——他以雕塑闻名——直到在教皇的坚持下，他才花了两年的时间，创作出西斯廷教堂的天顶画。马丁·路德·金也是在同僚的推动下，才成为蒙哥马利改进协会的领袖，领导了一次抵制巴士的运动，并在 1963 年华盛顿的大游行中作为压轴演讲者发表了《我有一个梦想》的演讲。“我们只能想象，有多少沃兹尼亚克、米开朗琪罗和路德·金，因为没有被推到聚光灯下，而未能追求、宣传或推广他们的创意。”格兰特这样写道。

有时，专家伙伴也可能是你的工作导师。我们都知道导师在职业发展中的重要性，尤其是那些不仅提供建议，还能真正推动你获得晋升的担保人。虽然这两个角色都非常关键，但通常仅限于职业范围内。然而，有时候，导师或担保人的眼光能跨越你的工作身份，发现你隐藏的才能，帮助你在人生和工作中找到全新的方向。

例如，媒体高管辛迪·斯蒂弗斯曾是《首映》杂志的一名年轻的记者，她的老板苏珊·莱恩让她同时参与业务运营的管理工作。辛迪当时并不认为自己适合做企业高管。尽管她确实有着高度的组织能力，擅长优化流程，并且拥有近乎过目不忘的记忆力，但这些能力对她来说“完全是天生的”，因此她从未意识到这些能力有多么特殊，或者适用于其他工作领域。“我觉得每个人都能做到。”她说。然而，老板的慧眼识人最终改变了辛迪的职业和人生轨迹。此后，她在多家媒体公司担任过重要职位，从《Time Out New York》的创始主编，到玛莎·斯图尔特生活多媒体公司的高级执行官。她最近在TED大会就职，不仅招募了许多顶尖的TED演讲者，还创立了一个专为创新者设计的常驻项目。

“我从中学到了重要的一课，那就是，当你在思考自己的人生方向时，不妨找一个曾经关注过你工作表现的人，问问在他们眼中，你的优势是什么。”辛迪说，“我拥有的这些技能对我来说太平常了，以至于我根本没有重视它们，甚至不会特意想到它们。”

波士顿咨询公司（BCG）甚至建议每一位CEO找到一个“值得信赖的对话伙伴”来担任这个角色。BCG的研究表明，过去50年里，企业的复杂性呈指数级增长。“高压、高风险下，人们丧失了深思与反省。”他们发现，这种思考上的缺失阻碍了CEO“发掘潜在的机遇”。因此，BCG建议CEO在繁忙的日程中挤出一点时间，与一个能够“坦诚沟通”的可信赖伙伴会面，获得实现突破性想法所需的清晰视角。

事实上，对于任何考虑转型的人来说，第一步可以尝试把别人眼中你所擅长的优势写下来。斯卡斯代尔市的市长简·维隆拥有哈佛大学的MBA学位，她创立了一个帮助小型企业家的非营利组织，经常为女性职业人士和校友团体提供指导。她建议女性：“写下别人眼中你擅长的事情，那通常是你自己不以为意的。因为那些事对你来说轻而易举，所以常常低估它们的价值。”但你可能从中获得启发。我们常常忽视自己的优点，因为在我们眼里，那些并不特别，但对他人而言，它们可能就像霓虹灯一样闪亮。

维隆的建议指出了另一个关键点：虽然“专家伙伴”可能是你的亲密朋友或同事，但也可能并不来自你最亲近的圈子。“专家伙伴”甚至可能是多年未见的旧识。多项研究表明，“休眠关系”（已经失去联系的人）和“弱关系”（只是一面之缘的人）拥有非凡的力量。你可能多年没有联系过这个人，也可能仅仅是认识这个人；他也许从前与你共事过，或者是你的一名校友。有时候，这些曾经的关系比你当下圈子里的人更能为你带来帮助，因为你可能已经从身边人那里获得了全部的建议、资源和支持。而一段休眠的关系，或许正是你迈向下一个冒险旅程的引路人。

50 年前，社会学家马克·格拉诺维特发表了一项开创性研究，探讨“弱关系的力量”。他采访了 282 名刚刚换过工作的波士顿白领，询问他们是如何找到新工作的。此前的研究结果普遍预测，他们会通过亲密朋友、同事或亲戚找到新工作，毕竟这些关系网显然会“更积极地提供工作信息的帮助”。这个理论听起来很有道理：如果你想要寻求一份新工作，难道不应该依赖最亲密的人吗？难道不应该向导师、同事或朋友寻求帮助吗？

然而，格拉诺维特发现，事实并非如此。恰恰相反，绝大多数受访者（约 84%）都是通过仅有一面之缘的朋友找到新工作的。这个人也许是他们的老同学、前同事、偶然认识或者经由朋友介绍认识的人。这份工作机会可能来自朋友的熟人、同学的前室友，或者同事的亲戚。格拉诺维特总结道，真正的机会往往来自一个人密切的人际关系网之外。因为你熟悉的人所了解的内容与你大致相同，也有着相似的世界观。而圈外的普通朋友或前同事，却能为你带来新的视角和机会。

格拉诺维特还发现，这种动态的情况同样有助于推动创新的发生。熟悉的团队成员间往往有着相似的想法，而与关联性并不密切的群体合作，才能激发真正具有突破性的新想法。“值得注意的是，”他冷静地指出，“人们往往从那些早已被遗忘的人那里获取到了最关键的信息。”

休眠关系可能是宝贵的资源。约 10 年前，研究人员让 224 名高管联系一个至少 3 年未联系过的老朋友，这个人需要是一个“能在工作上提供信息、知识或建议”的对象，而且必须进行面对面或电话交流，而不是简单地通过邮件。

结果出人意料：这些休眠关系所提供的创意和想法远远超过了高管身边密切的关系网所能提供的。当参与者与他们的休眠关系交谈时，双方往往直击主题，很少陷入社交中常常出现的漫无目的的闲聊，这种高效的沟通方式对时间有限的高管来说非常有利。而因为有着过往的联系基础，双方更容易建立起信任。一位高管反馈道：“在联系他们之前，我以为他们并不会提供什么帮助……但事实证明我错了。他们提出的新想法让我非常惊讶。”另一位则表示：“这次经历让我受益匪浅。我发现自己的人脉资源潜力无限。”

我们在日常生活中偶遇的“弱关系”，还有另一个附加的好处：提升我们的幸福感。心理学家吉莉安·桑德斯特罗姆在一项研究中，让参与者记录下一天中与这些人的互动——小区的门卫，咖啡馆的咖啡师，超市的收银员，等等。她发现，与弱关系互动最多的人往往幸福感最强。并且，一天中与弱关系互动次数最多的人在那一天也会比其他人更快乐。

格拉诺维特的开创性研究在LinkedIn和Facebook等社交媒体出现之前很久就完成了。但在社交媒体时代，弱关系和休眠关系甚至更有价值。你可以轻松地通过社交平台与老同学互动。如果你想找到以前的老板或教授，谷歌搜索一下即可。同样，或许你前男友的前室友正从事着你感兴趣的行业，或者正居住在你打算搬去的城市。

事实上，科技发展已经超越了生物学和人类大脑在处理人际关系方面的局限。你的一生中可能会结识数千人，但人类的认知能力最多只能同时处理100到200段关系。超过这一限度，有些关系就会自然进入休眠状态。在过去的几年里，人们总是认为，远距离的关系最终会走向消亡，但现在不同了。

尽管社交媒体在许多方面导致了一些问题，比如虚假信息的传播和网络霸凌的增多，但不可否认的是，它至少在一个方面是卓有成效的：它让我们能够瞬间重建或更新人际关系，无论这些人是近在咫尺还是远在天边。重温过去、重拾旧友从未如此简单。

有时，“专家伙伴”的选择可能是显而易见的，就像伊娜·加滕和她的丈夫。但有时候，这个选择并不总是那么清晰。如果你需要一个“专家伙伴”，应该从哪里开始寻找呢？

或许你的生活中已经有了这样的人——一个朋友、亲戚、同事，甚至是一个你只是偶尔联络但值得信赖的人。虽然你可能之前从未想过让他们来担任这个角色，但他们的确具备这个条件。正如特德斯奇和他的合著者布雷特·摩尔在《创伤后成长手册》（*The Posttraumatic Growth Workbook*）中所写，“专家伙伴”应该是一个“相处很自在，让你不必改变自己”的人。他/她会试图从你的角度看待问题，同时也能“提供独特的视角”。这个人“相信你有能力继续这条未知的道路”，并且“相信你能做得很好”。同时，他/她还能“指出你忽视的事情，尤其是关于你自己和你所取得的进展”。

当然，找到一个“专家伙伴”，请求他们坦率真诚地反馈，可能会让你感到不安。许多人不愿意寻求建议，担心这会让自己看起来软弱或无能。如果我们希望给熟人或同事留下好印象，这种顾虑可能会更为严重。我们可能会担心这让我们显得愚笨，进而让对方质疑我们的能力。

然而，事实却是，当我们寻求建议时，别人往往会认为我们更有能力。

在一系列研究中，沃顿商学院和哈佛大学的研究人员让学生与“同伴”一起解决脑筋急转弯或具有挑战性的数学难题。一些学生被告知，他们将仅根据答案的准确性来评分，而另一些学生则被告知，他们将根据给同伴（实际上是一台电脑）留下的印象来评分。在开始之前，学生可以选择三种方式与同伴进行沟通：（1）“嗨，你能给我一些建议吗？”（2）“嗨，希望你表现出色。”（3）不发送任何信息。

毫不意外，那些按准确性评分的学生会积极地寻求建议。而那些按印象评分的学生寻求帮助的可能性却不足一半。他们担心这会让自己看起来很笨，尽管寻求建议实际上能帮助他们解决问题。然而，当学生收到来自“同伴”（实际上也是一台电脑）发送的信息时，他们对发送（1），即寻求建议的“同伴”评价更高。他们认为，向他们寻求建议的人一定很聪明——部分原因是别人向我们求助时，会让我们感到受尊重。我们会倾向于认为，向我们求助的人一定也和我们一样聪明。

不仅如此，寻求建议还能让我们更讨人喜欢。在另一项研究中，哈佛大学的研究人员分析了人们在“了解彼此”的聊天和面对面快速约会中的表现。在这两种情况下，他们发现，问了很多问题的人更容易获得好感。询问者看起来更关心和理解对方。研究人员总结道，事实上，我们大多数人问的问题都不够多。正如他们所写：“多询问没什么坏处。”

有些时候，“专家伙伴”甚至不需要给出实际的建议，他们的存在本身就足以产生作用。他们最重要的作用可能就是倾听。当我们心里有了一个目标但没有诉诸言语时，这个目标往往很容易悄然消失。但当我们与他人分享这个目标时，我们会感到一种无形的责任感，从而更有可能坚持到底。比如，假设你想减掉9

斤体重，如果你把这个目标藏在心里，无人知晓，那么你就很容易在饮食上妥协。但如果你每天都与另一个人分享进展，你就更有可能坚持下去。

事实上，和他人分享目标，无论目标大小，都能显著提高成功率。2015 年的一项针对 23 岁至 72 岁成年人的研究发现，那些每周与朋友分享进展的人中，超过 70%的人最终实现了自己的目标，而这一比例是不与他人分享目标者的两倍。无论目标是提高工作效率、改善工作与生活的平衡、写书、还是卖房，这一规律都普遍适用。

这一发现与伦敦商学院赫米尼亚·伊巴拉教授关于职业转换的研究结果相契合。她发现，思考新方向虽然有助于转变，但如果仅仅停留在思考层面，反而可能适得其反。关键在于要与他人分享这些想法，找到你的“专家伙伴”。如果你只是自己在脑海中反复思索，那不过是在空想，无法带来实际的进展。她在《职业身份：重塑职业生涯的非传统策略》（*Working Identity: Inventioning Your Career*）一书中指出，采取行动至关重要，包括尝试新的活动，接触新的群体，寻找新的榜样，以及通过讲述自己的经历来重塑自我。换句话说，寻求“专家伙伴”并请他们给予反馈，或与他们分享你的经历，是一种力量的象征，而非软弱的体现。

综合来看，所有研究得出的结论都大致相同：如果你所做的只是思考一个新的方向，你会陷入无休止的自我对话，而得不到新的信息或见解。无论是写下你的目标、结交新的群体，还是向他人讲述你的经历——这些研究方法的共同点是：需要你将心中的目标表达出来，并获取他人的反馈。这能够打破头脑中不断循环、无效的自我对话。

这正是格伦·马扎拉的“专家伙伴”对他产生的影响。格伦曾是纽约市一家医院的后勤经理，负责监督医院的预算和建设项目。他并不喜欢这份工作，但由于他早早结婚并有了孩子，他需要一份稳定的收入。这份工作当然不是他理想中的职业，他的梦想是成为一名电视剧编剧。但他毫无经验，因此他的梦想看似遥不可及，尤其在面对经济压力的情况下，更是显得不切实际。

但他的“专家伙伴”——他妻子的“姑妈”，她家族的一位亲密朋友——帮助他看到了新的可能。这位“姑妈”是公共广播电视纪录片的制作人，对电视行业有一定的了解。当她听到格伦讲述他在医院同时处理多项工作、协调多方利益时，她指出：“你在医院做的很多事情其实和电视制作很像。”当他将自己的梦想与她分享后，这个梦想就开始变得真实起来。她的鼓励成了格伦的转折点。“她对待这件事很认真。”格伦告诉我。

这个鼓励促使格伦真正投入写作之中。他的家里没有电脑，所以他每天天还未亮便赶到医院，在工作开始前挤出几个小时写作。最终，在写了三个没有被采纳的剧本后，他终于有了一个代理人。从为唐·约翰逊主演的电视剧《纳什大桥》撰写剧本开始，格伦驶入了事业发展的快车道，随后成为《光头神探》的执行制片人，后来还担任了《行尸走肉》的制作总监，并获得诸多荣誉。

在每个人的一生中，毫无疑问，你不仅有机会找到一位“专家伙伴”，也可能成为他人的“专家伙伴”。陪伴的关键在于保持包容和耐心。“专家伙伴”的角色是提出问题，帮助他人从新的视角看待问题，而不是告诉他们应该怎么想或者怎么做。专家伙伴需要给予反馈，帮助他人明确目标是什么、如何实现，以及已经取得的成就。正如特德斯奇和摩尔所说：“‘专家伙伴’会提供对可能发生的事情的一些看法，但绝不会表现得好像自己什么都知道。”

在特德斯奇和摩尔的心理学研究中，“专家伙伴”通常是家人或朋友；实际上，“专家伙伴”也可能是经过专业训练的治疗师。同样，“专家伙伴”可能是你已经认识的人，也可能是一位专业的职业教练或生活教练。

凯马里德·海的经历就是如此。凯的父母是柬埔寨移民，他们为了逃离内战定居纽约。凯自幼勤奋好学，始终遵循第一代移民成功人士的典范之路：学业优异，考入耶鲁大学，毕业后进入金融行业。31 岁时，他已经成为知名投资公司贝莱德的常务董事。他的职业发展如预期般顺利。但是，尽管他对同事和薪酬都很满意，却总觉得“哪里不对劲”。每天 12 个小时的工作让他感到“麻木不已”。他并不讨厌自己做的工作，但也不觉得开心。

他想不明白为什么这些成就不能给他带来真正的满足感。他有稳定的经济收入、体面的职位，在社交场合经常会获得同龄人羡慕的目光。然而，这一切并没有让他感到幸福。“我从小就害羞，只知道埋头学习，感觉自己置身于这里的文化之外。我一直有很多不安全感。”他说，“我以为成功和财富会让这些不安消失，但是，当我拥有了成功和财富，我发现它们根本没有消失。”

为了应对空虚的感觉，凯开始经营副业。他用匿名的方式开始撰写音乐博客，组织线上活动，尝试各种提高生产力的软件。在一次度假中，他创办了名为“RadReads”的订阅简报，分享生活小窍门和他在别处读到的有趣文章的链接。“这让我真正感到有活力。我意识到，占用我时间5%的事情给我带来了99%的快乐。”他回忆道，“我对自己说，想象一下，如果你把100%的时间都用来做这些事，会是什么样的。”他的这种感觉在妻子生下女儿后变得更加明确。积攒了足够维持18个月生活的积蓄后，他终于决定辞去这份高薪工作。

凯的辞职并不是冲动的决定，而是经过深思熟虑的。他已经35岁，刚刚组建了家庭。“我的父母无法理解。‘我们为了逃离柬埔寨，牺牲了我们的一生，而你在得到这个职位3年后就辞职了？’我的妻子也会说：‘如果我遇到其他妈妈，我该怎么告诉她们你是做什么的？’”几乎每天，他都会收到朋友或前同事的信息，他们会随口问道：“你最近在做什么？”失去职业身份让他感到非常困扰。“这差点让我重回职场。”

在这个关键时刻，“专家伙伴”帮助了他。他找到了一位生活教练，这位教练“教会我很多方法，帮助我应对那些情绪”。还有一位自称“实践哲学家”的教练，帮助他探索了“为什么我会对工作如此痴迷”这类问题。这些教练帮助他理解了自己真正想要的生活。于是他和家人搬到了加州，在那里，他可以尽情享受冲浪的乐趣。他专注于每周更新“RadReads”简报，发现自己对生活的思考和在提升生产力方面的建议受到许多中年职业人士的欢迎。从《为什么那么多成功人士害怕破产?》到《你愿意为拥有“贝索斯身材”做些什么?》，他的文章覆盖的话题非常广泛。随着简报的影响力越来越大，甚至吸引了有线电视新闻网（CNN）的注意，CNN在一篇文章中称他为“千禧一代的奥普拉”。

从那以后，凯的业务不断壮大，他雇用了全职员工，并推出了一门在线生产力课程，将他对时间管理和人生问题的哲学思考结合在一起。正如他所说：“人们是为提升生产力而来，却最终被存在主义所吸引。”

在“专家伙伴”的帮助下，凯开启了一份能够让生活主导工作，而非工作主导生活的事业。他从不在上午 11 点半之前安排会议，这可以让他在早上冲浪，并为孩子们做好上学准备。他每天都可以与家人共进晚餐。尽管他的收入远达不如从事金融行业时，但这对他来说已经不再重要。他每周工作约 38 小时，并计划减少到 30 小时。他认为，如果要赚更多的钱，就必须工作更长的时间，而“我只想争取更多的时间去冲浪”。既然已经拥有了时间，“我就不需要再赚更多的钱来‘买回’时间”。

现在，凯也开始担任职场教练，成为他人的“专家伙伴”。在我们交谈时，他蓄着时髦而邋遢的胡子，穿着黑色T恤，身后支着一块冲浪板。他说，辞职以后，“有 4 年的时间，我曾经非常害怕。但现在我已经不再害怕了”。

伊娜·加滕与她的丈夫杰弗里已经携手走过50余载，而杰弗里依然是她的“专家伙伴”。他偶尔会在她最新的烹饪节目《伊娜·加滕请我做客》中出现。伊娜为杰弗里撰写的食谱书《杰弗里特制食谱》（*Cooking for Jeffrey*）中饱含着他们相识时的甜美回忆——那时伊娜还是一名高中生，而杰弗里是她哥哥的大学同学。书中收录了他最爱的菜式，包括“完美烤鸡”和“柠檬酒乳清干酪蛋糕”。在这本食谱的封面上，杰弗里微笑着站在伊娜身旁，手中拿着一块巧克力夹心蛋糕。

书中对杰弗里的描述几乎完美诠释了“专家伙伴”的定义。伊娜写道：“杰弗里是第一个鼓励我的人，把原本只是爱好和消遣的事情，变成了我的事业。他的一番话开启了我前所未有的幸福生活旅程。我原本就喜欢为他做饭，但他让我意识到，这份兴趣可以让我走得更远。”

作为完美的“专家伙伴”，杰弗里并没有告诉她具体应该做什么，而是启发她去自主寻找人生方向。“我经常说，他是我认识的第一个真正的女权主义者，他坚信我能实现任何梦想。”伊娜写道，“他不仅让我爱上了烹饪，也一直鼓励我去追寻自己的热爱。”

“专家伙伴”的影响力令人惊叹，即使是那些已经失去联系一段时间的人，也可能为我们开辟新的天地。我的亲身经历就深刻说明了这一点。我曾与杰夫·扎斯洛共事，他是我见过的最友善、最幽默，也最有才华的记者之一。我们在《华尔街日报》共事多年，直到我离职去创办杂志，而他则转行成了一名多产的作家，他的作品包括合作撰写的加布里埃尔·吉福兹和切斯利·“萨利”·萨伦伯格的传记。

有几年时间我们没有什么联系，直到我在《纽约时报》发表了一篇专栏文章，追忆我严格的童年音乐老师，以及他的学生们纷纷致以的迟来敬意。文章中，我描述了在老师的追悼会上，我带着多年未再演奏的中提琴，参加了纪念他的校友音乐会的感触。我曾以为自己对这位高中毕业后几乎没再见过的老师，还有着如此深厚的感情是有些荒唐的。然而，当我来到排练场地，我看到年龄跨越三代的学生——如今已是会计、律师和教师——从全国各地赶来，带着他们搁置多年的乐器。他们和我有着一样深刻的感触。我们这些大多已不再演奏的音乐家，组成了一支规模堪比纽约爱乐乐团的交响乐团。那是我人生中最为震撼的经历之一。

杰夫读到那篇文章后，立刻从芝加哥打电话给我。“你一定要写一本书来讲述这个故事。”电话一接通他就直接说道。我从未有过这样的想法，因为在此之前，我一直是一名商业记者和编辑，而非一个创作感人故事的作家。“我不写这类内容。”我抗议道。事实上，我之所以写下那篇文章，还是因为一位好友——他是我的另一个“专家伙伴”——在一次与我共度晚餐时，听我讲述了这个经历，并极力建议我写下来。

但杰夫比我更了解我的才能、潜力，甚至我的性格。他知道，在我严肃编辑的外表下，其实隐藏着一个会因为贺曼公司感人广告而潸然泪下，在《莫负当年情》重播时哭成泪人的我。

“我会每天给你打电话，直到你意识到这真的可以写成一本书！”他笑着说道，但语气却非常认真。他甚至给我寄了一些图书策划样本，向我展示这个流程是如何运作的。当透过他的眼睛看向自己，了解到他是如何看待我时，我豁然开朗。他让我意识到，我其实是想尝试转型，写一些叙事性、充满情感的故事。最终，他的洞察力促成了我与老师的女儿，芝加哥交响乐团的小提琴家梅拉妮·库普钦斯基合著的《弦音之外》（*Strings Attached*）一书，讲述了她的父亲从乌克兰战争难民到古典音乐引路人的动人心弦的故事。

我很幸运能与杰夫共事并成为好友，更幸运的是，我们后来重新建立起了深厚的友谊。他无疑是我的完美专家伙伴。但很遗憾，不久后他因一场车祸去世，年仅 53 岁。

我们永远无法预知生活会带给我们什么。你可能会犹豫是否应该联系那些许久未联系的人。也许你是因为感到害羞，或者尴尬，甚至是担心他们会厌烦你或感到被冒犯。但是，试一试吧，也许你不会后悔的——而且，这可能还会改变你的人生。

9
培乐多教会我们的
如何让品牌起死回生

> 如果说我在IBM学到了什么，那就是必须不断地为企业注入新的生命。只有这样，它才能走过103年的辉煌历程。
>
> ——吉尼·罗曼提，
>
> IBM前首席执行官

如果你生活在大约一个世纪前的美国，你家里的墙壁会因为煤炉的使用而布满厚重的黑色污渍。虽然煤炉能够带来温暖，但它也会留下难以清除的顽固残留物。为了清理这些污渍，你需要去五金店买一种特制的清洁泥。

而在今天，我们在生活里几乎已经看不到这样的清洁泥，除了一个品牌：库托（Kutol）。

你可能在想，我从没听说过这个牌子，但你一定更熟悉它的另一个名字。库托的创造者对这个产品进行了重新设计，添加了颜色和一种淡淡的香草香气，去掉了洗涤成分，将其重新包装成一款儿童玩具。

培乐多（Play-Doh）这个名字如今家喻户晓，它创造了数十亿美元的销售额，仍然是全球最畅销的玩具品牌之一。

培乐多的品牌转型故事十分独特且富有时代性。然而，从过时的清洁泥到知名儿童玩具，这一惊人转变为各类企业提供了宝贵的启示。这个故事揭示了为什么有些企业和品牌会消失，而另一些则通过重新定义自我，获得了更大的成功。在一个企业平均寿命只有 10 年左右的时代，培乐多向我们展示了一家企业如何通过成功转型，历经半个世纪依然保持活力。作为创新商业环境的一个案例，培乐多为其他企业提供了一个思考如何驾驭变革的窗口。

在本书中，我们见证了一些人实现的惊人转型。有些人重新开创了自己的职业生涯，比如吉姆·帕特森。有些人在经历了难以想象的创伤后重建了自己的生活，比如凯·威尔逊。有些人经历了“顿悟”时刻，从而想出了独创性的发明，比如亚瑟·弗莱的便利贴。还有一些人无意间开启了转型之路，比如从经济学家转变为农民的威尔·布朗，或者出于现实需求，从全职妈妈转变为创业者的简·维隆。我们发现，无论是生活还是工作，这些人在转型的过程中都经历了类似的“转型路线图”：他们会先探索信息，在放弃旧身份时历经挣扎，并在接受新身份前陷入迷茫。他们通常会遭遇阻碍前进的困境，但最终找到了解决办法。我们看到，转变了自己职业的人、从创伤中恢复过来的人和经历了毁灭性的打击后重新崛起的人之间有着诸多相似之处。

他们的事例为如何应对瞬息万变的世界提供了宝贵的见解。那么，对企业来说呢？企业面临的挑战更加复杂。企业领导者不仅要重新思考和改进产品，还需要适应员工和客户日益变化的新需求。他们必须对市场和文化的变化保持敏锐的反应能力。

这样复杂的演变，甚至可以称为革命，在每个组织中的表现各不相同。然而，尽管没有放之四海而皆准的公式，成功转型的企业却往往有着一些共同的特征。它们的发展轨迹往往反映了个体的发展轨迹。那些从危机边缘复苏的公司和品牌，它们的领导者通常会不断寻求解决方案，在经过漫长而艰难的挣扎后，才得以重生。这个过程甚至可能会经历接近“灭亡”的困境。转型往往会把公司带往一个全然不同的方向，有时，与其说是对现有产品进行了调整，不如说是重新构想了一个与最初产品截然不同的设计。

此外，还有一个重要因素。转型的突破口几乎每次都来自权力结构之外的人。这个人往往是比核心圈子更能看清问题本质的圈外人或团队。这与伊娜·加滕的丈夫在她转变为“赤脚伯爵夫人”的过程中所扮演的“专家伙伴”角色类似：他发现了她自己所不知道的优势与机会。同样，在公司内部，常常也需要一些高级管理层以外的人来打破僵局，启发并拓展管理者的眼界。

你很少会听到有哪位CEO，即便是最具远见的CEO，能仅凭一己之力想出扭转公司局面的办法。苹果公司的史蒂夫·乔布斯并不是一个人构思出iPhone的概念。事实上，这款产品最初是公司内部工程师和设计师们的“私人项目”，乔布斯不仅一开始对他们的工作毫不知情，甚至在得知后还表示反对。他认为“智能”手机不过是一个噱头，只有“极客”才会令他感兴趣。然而，他的员工们最终说服了他，他也因此全心全意地投入这个项目中，并最终改变了整个行业。

就像iPhone一样，一个伟大的革新理念，可能来自基层员工，甚至可能来自外部，比如客户或供应商。他们可以不受束缚地重新畅想产品，而每天专注于销售额和下季度利润的管理者却没有这样的自由。他们不受传统约束，也没有“我们一向如此”的思维局限。还有一个关键在于，就像乔布斯一样，这样的成功往往也依赖于领导者是否有勇气倾听新的想法，并给予支持——或者明智地不加以干涉。

这也是为什么便利贴诞生于3M公司内部，而非一个自上而下推行的公司计划。3M公司允许员工将15%的时间用于自己感兴趣的项目，亚瑟·弗莱正是利用这段时间，重新发明了一种原本毫无用处的黏合剂。当他需要其他部门的支持时——这些部门的老板并不会把自己的员工借给他用——他的同事也是利用自己15%的时间段和他一起工作。正是这种“叛逆”的项目，在未获公司正式批准的情况下，使他们将一款失败的黏合剂变成了3M公司历史上最成功的产品之一。也有其他公司采用了类似的计划，比如谷歌的20%项目时间，促成了谷歌邮箱（Gmail）和谷歌新闻（Google News）的诞生。

许多重要的产品类别实际上是由外部人员发现的，因为他们能看到内部人员所忽视的机会。一个最不可思议的事例是金佰利公司（Kimberly-Clark）在第一次世界大战期间为士兵伤员制造的新型绷带。这种绷带的创新之处在于使用木浆替代棉花，木浆的吸收性更好且成本更低。战争结束后，对绷带的需求大幅减少，但护士们却开始囤积这些绷带；不是为了病人，而是为了她们自己。因为她们发现，这种绷带非常适合做卫生巾。

在此之前的几个世纪以来，女性都在使用布料（因此有了“她正垫着块布”这种粗俗的说法）或自制的卫生巾来应对经期。而护士们发现了一种更好的解决方法。远在有企业家察觉之前，她们就已经意识到这种产品不仅有其他用途，还有着巨大的潜在市场——女性几乎占成年人口的一半。金佰利最终于1919年推出了Kotex（意为“棉质触感”）卫生巾。如今，全球女性卫生用品的市场价值已经达到了390亿美元。

化学巨头巴斯夫公司的一位销售代表无意中发现了一种全新的家用清洁泥。当时，他正在拜访一家日本建筑公司，试图推销巴斯夫的隔热隔音泡沫。他不小心将一杯咖啡洒到了桌上的设计图纸上，情急之下，他抓起一块海绵似的隔热泡沫，边道歉边擦拭。然而，这种泡沫不仅清除了咖啡渍，还意外地抹去了图纸上的字迹。

回到公司后，这位销售代表向他的同事，一名化学家，讲述了这个故事。通常情况下，这种茶水间的闲聊到此就该结束了。欧洲工商管理学院的本·本萨乌教授在书中写道：“过去，这种发现可能会被巴斯夫公司视作无关紧要的小插曲。”毕竟，销售人员和化学家是两个截然不同的领域，况且巴斯夫每年在研发上的投入高达20亿美元。

但幸运的是，巴斯夫公司当时正致力于打破部门壁垒，加速创新。于是，领导层注意到了这一发现，并集思广益，重新设计了这种泡沫的用途。最终，他们与宝洁公司合作，于2003年推出了大获成功的“魔法清洁海绵”（Mr. Clean Magic Eraser）。如今，这款产品已经成为家喻户晓的清洁神器（我自己家也在使用），用于擦除墙上的划痕和蜡笔的痕迹。

本萨乌认为，现代企业在追求创新或自我重塑时，必须采取类似的策略，即赋予每一位员工提出新想法的权利。他指出，大多数组织“未能意识到，整个组织包括所有的员工，每个人在创新过程中都扮演着重要角色”。他描述了一个类似专家伙伴的角色——一个拥有全新视角和洞察力的人，能够帮助组织重塑未来：“如果你能把任何人、任何时间、任何地点的创新作为目标，你就可以将你的组织转变为一个真正的创新引擎。”

我曾经遇见过一个极为杰出的重塑案例。它讲述了一个彻底失败的项目如何转变为有史以来最赚钱的制药产品的故事。

让我们一起走进英国的三明治小镇。这个小镇是紧邻多佛白色悬崖的一个古老的中世纪哨站，那里的时光仿佛倒流了。如果你来到这里旅行，你可能会穿过始建于1384年的古老石门——渔夫门，或者漫步在小镇中心狭窄蜿蜒的鹅卵石街道上，你还可能登上圣彼得教堂的塔楼，欣赏如画的田园风光。也许你会在15世纪的乔治与龙酒馆里喝上一杯，给这次探访画上完美的句号。

三明治是个宁静的小镇，几乎与一个村庄无异，人口不足5000人。几个世纪以来，这个小镇最广为人知的故事，就是……你肯定听过的那个。据说，18世纪时，第四代三明治伯爵约翰·蒙塔古嗜赌成癖，以至于连吃饭时也不愿离开赌桌。他命令仆人将咸牛肉夹在两片面包中送来。于是，其他人也纷纷效仿，要求“和三明治一样!”

20世纪50年代，在这座似乎是来自另一个世纪的小镇上，制药巨头辉瑞公司设立了一个前沿实验室。1986年，科学家们在这里研发出一种治疗心绞痛的药物。心绞痛是一种因动脉狭窄导致心脏无法泵送足够血液的疾病。他们希望这种名为UK-92480的化合物能够选择性地阻断一种名为PDE5的酶，从而扩张血管，减轻胸痛。

当时实验室的一位科学家伊恩·奥斯特洛清楚地记得，在20世纪80年代末，他第一次听说这种药物的情景。奥斯特洛是一个低调的英国人，身材瘦小，头发稀疏，性格温和，从表面来看，完全看不出有朝一日他将为数百万人的生活带来巨变。他起初对药物的效果持怀疑态度，这很正常，毕竟药物开发的过程总是漫长且令人沮丧和失望的，失败再寻常不过。“我当时并不认为这款药物会改变世界，或者有什么类似的影响。”他告诉我。

尽管如此，这款治疗心绞痛的药物还是有着足够的潜力，至少值得测试一下。可惜，早期测试的结果并不理想。志愿者每天服用三次这种药物，但出现了肌肉酸痛、头痛和消化不良等不良反应。奥斯特洛回忆道，男性参与者还报告了一个颇为意外的副作用："服药几天后，勃起次数有所增加。"这让药物的成功之路平添了几分波折。"当时在辉瑞公司，没有人对这个副作用特别在意。"他说。这一发现最初被认为毫无关联，甚至负责的研究员在报告时也是"极不情愿"。会议结束后，他坦言对此感到"尴尬"。

随后进行的小规模心绞痛患者试验同样不尽如人意。尽管药物带来了"中等程度的帮助"，但患者依然出现了那些恼人的副作用，结果得不偿失。

按照常规，这款药物可能会因此被放弃，成为又一个令人失望的项目。"在治疗心绞痛方面，这款药物没有什么前途，"奥斯特洛告诉我，"大多数人认为它会被淘汰。"事实上，随着时间的推移，大家对它的兴趣渐渐消失了。这款心绞痛药物的研发以失败告终。

这本可能就是这个故事的结局。全球各行各业中有无数类似的案例，一款潜在的新产品经过测试，结果不尽如人意，最终被放弃，公司转而寻找其他更有前景的方案。

然而，有时失败的产品中潜藏着成功的机遇。当个人或团队从另一个角度审视失败时，也许会发掘出最初未曾预见的希望。奥斯特洛和他的同事们注意到了男性勃起次数增加这一奇怪的副作用。慢慢地，他们意识到，也许他们对这种药物前景的看法是错误的。抛开心绞痛，这款药物是否可以用于治疗阳痿？

奥斯特洛和他的团队能够以一个全新的视角看待这款药物，得益于他们拥有大多数同事所没有的自由。他们离纽约总部很远，相隔 3500 英里，跨越多个时区和一片海洋，几乎无人关注他们的工作。“在三明治，我们似乎有更多探索的自由，不会被另一边的高层过度管理。”奥斯特洛告诉我。没有了过多条条框框的干扰，这支小型科学家团队拥有了管理层所不具备的独立视角，能够以创新的思维重新审视他们的发现。

不过，真正的挑战才刚刚开始。没有人知道治疗阳痿的药物是否真的有市场，因为当时还从未有过这类药物。在那个年代，这通常被认为是一种心理问题，而非生理问题。少数听说了这个研究的人也大多持怀疑态度，有些人甚至觉得像辉瑞这样的大公司不应该研究“性相关的药物”，有失体面。“有些人认为这是个不重要的问题，认为我们应该专注于癌症和心脏病。”奥斯特洛回忆道，“还有人认为那只是心理问题。从 20 世纪 70 年代开始，我们受到的培训都在告诉我们，90% 的阳痿病例是心理原因造成的。”更重要的是，“我想当时没人知道这有多普遍。很多人觉得它可能根本没有市场”。

尽管内部有不少反对声音，奥斯特洛和他的团队依然坚持了下来，他们从英国、瑞典和法国招募了 300 名男性参与者。这一次的结果让人难以忽视：90% 的参与者在最高剂量下产生了反应。事实上，结果如此惊人，以至于在临床试验中出现了前所未有的情况：参与者开始主动要求更多的药物。尽管他们都是匿名参与的——每个人都有自己的编号——但一些人直接联系了三明治的研究人员，公开了自己的志愿者身份，恳求追加剂量。

“我就像一个溺水之人，而你们的药物就是抛给我的一条救生绳。”一位参与者写信给研究人员，恳求他们提供更多的药物，“现在我又沉到了水底。你们拿走了我的救生绳，我要被淹死了。”

直到这时，公司内部才逐渐意识到这款神奇药物的潜力，而公众也通过新闻报道开始关注它。最重要的是，这一研究方向得到了公司时任CEO小威廉·斯蒂尔的全力支持，他成为这款药物的有力倡导者。巧妙的营销策略也发挥了作用。“‘阳痿’是一个带有负面含义和贬义的词语。”最终负责该药物营销工作的詹尼斯·利普斯基说。正是这一洞察促使团队将“阳痿”重新命名为“勃起功能障碍”，这是一个当时鲜为人知的医学术语，听起来更理性客观，情感负担也更轻。利普斯基表示：“完全是为了消除污名化。”

1998年，辉瑞公司的这款药物获得了美国食品药品监督管理局的批准，成为公司历史上最畅销的产品之一。这个原本计划用于治疗心绞痛的化合物意外开辟了一个全新的药物领域。今天，勃起功能障碍药物的市场估值接近30亿美元。然而，如果不是温文尔雅的奥斯特洛和他那支小而强大的坚定团队——这些位于偏远中世纪小村庄、不被公司决策所影响却具有非凡创造力的成员们——世界上或许永远都不会有如今被称为“伟哥”的蓝色小药丸。

奥斯特洛和他的团队得益于远离总部的工作环境，这让他们获得了宝贵的自主权。他们是一个紧密合作的团队，决心在漫长的挣扎过程中坚持到底，克服质疑的声音的影响，并灵活调整策略。最终，他们通过低调、渐进的实验取得了成功。从奥斯特洛首次了解到这款心绞痛药物的研究计划，到“伟哥”正式上市，整整 10 年的时间过去了——这 10 年中，他们经历了无数次尝试与失败，过程充满曲折与停滞。

然而，如果情况只是稍有不同——比如奥斯特洛和他的团队没有坚持继续试验，或者管理层在心绞痛药物研究失败时就要求他们停止，或者没有那位CEO的有力支持——“伟哥”可能就不会问世。

这不禁让我们想问：还有多少类似“伟哥”这样的产品未被发现？还有多少失败的产品本可以通过创新重生，而不是被遗忘在历史的尘埃中？如果高层管理者能够更用心地倾听员工和客户的声音，多少濒临失败的品牌可能还会重获新生？

在大型企业工作过的人对那些自上而下、僵化的“构思”和“转型”不会感到陌生，但这一类的尝试几乎总是无果而终。有一次我被派去参加公司的一个静修会，我们被要求选择一个自己的“精神动物”。我不止一次参加过类似的无聊集体活动，比如给钉在墙上的使命宣言贴上彩色圆点。近年来，越来越多的企业会任命一位“首席转型官”来推动公司的整体转型，但那往往只是形式化的应付工作，而非真正的变革。然而，尽管我曾多次参与这些令人痛苦的公司“创意”练习，我也看到过许多由基层员工提出的潜在变革性创意，却被高层领导扼杀或干脆置之不理。

奥斯特洛也很清楚他和他的团队是多么幸运。在开发过程中，“伟哥”曾多次面临夭折的风险。他告诉我：“一个项目要想成功，必须具备正确的组织结构、资源和人员。我们正好处于一个能够让项目顺利发展的绝佳位置。”

并非所有企业都具备这样的能力。许多公司无法有效重塑其产品或完成自我革新。那么，成功与失败、生存与淘汰之间的关键区别究竟是什么？换句话说，如何才能成为像奈飞那样的成功企业，而不是像百视达一样走向衰败？答案的一部分在于，企业领导者能否正确评估“专家伙伴”的建议，尤其是那些告诉他们不该做什么的忠告。

奈飞（Netflix）是一个典型的成功转型案例。它最初以DVD邮寄租赁业务起家，随后敏锐地转型为数字流媒体平台，并进一步成长为娱乐行业的巨头，每年在《王冠》《怪奇物语》《鱿鱼游戏》等热门内容上投入数十亿美元。

奈飞以其企业文化宣言闻名，该宣言最早由联合创始人兼CEO里德·哈斯廷斯提出，并通过一份长达125页的幻灯片展示。这份宣言曾被誉为“硅谷有史以来最重要的文件之一”。其中一些原则颇具争议，比如坚持认为表现平庸的员工应当被解雇（“表现平庸者将得到一笔丰厚的遣散费”），让人不禁联想到《饥饿游戏》的残酷竞争。此外，这份文化宣言并没能阻止公司犯下一些重大失误，比如在一些平庸的节目上挥霍巨资。尽管如此，其中的一些核心原则——比如重视坦诚与反馈——对奈飞的成功起到了关键作用，特别是它鼓励基层员工大胆创新。在关键时刻，奈飞的管理层会信任那些“专家伙伴”的意见，及时调整甚至推翻自己的决策。

例如，21世纪初，公司管理层正致力于开发一种新的视频传输设备："奈飞盒子"。用户把盒子买回家，选择第二天想看的电影，盒子就会在夜里自动完成下载（当时的下载速度非常慢）。管理层为此发布了项目志愿邀请，但只有一人响应。这名唯一的志愿者是罗伯特·金奇尔，他曾在一家人才代理机构的邮件室工作。他说："在奈飞领导一个新项目是一件非常愚蠢的事。这家公司的文化强调绝对的专注，会毫不留情地淘汰那些与核心战略不符的业务计划。你可能在一个项目上耗费数年心血，然后在一次简短的会议中得知这个项目被搁置了。"

金奇尔原本应该专注于奈飞盒子项目，但这位十几岁时曾是职业越野滑雪运动员的捷克人发现了一个新的关注点：当时刚刚兴起的YouTube视频。"我在上面看到了很多画质粗糙的视频，比如滑雪事故或者有人把厨房点着了。这些视频吸引了大量观众。"他意识到，大众并不需要通过家中笨重的盒子下载高清电影。他们可以通过互联网的流媒体服务直接观看影片。"见证YouTube的流行是一种启示，"他写道，"这促使我们放弃了奈飞盒子项目，转而开发一种用户无须下载便能直接通过流媒体观看电影的服务。"

大约10年后，当奈飞在2015年进一步完善流媒体服务时，另一位普通员工推动了一个重大转变。当时，用户只能在联网设备上观看奈飞节目。如果乘坐飞机或在没有互联网的地方，就无法下载节目。员工们不断提出增加下载功能的建议，但高层始终予以否决。他们认为没有足够的用户对此感兴趣，而且实现这个功能将会分散公司对流媒体业务的宝贵时间和精力。

不过，有一位高管的意见不同。他邀请了公司的一名研究员扎克·申德尔去调研已经推出下载功能的国家的情况。结果，与预期相反，下载功能非常受欢迎。一位印度通勤者在拼车上班时会下载节目观看；一位德国用户会在信号较强的客厅下载节目，然后在信号较弱的厨房里边做饭边看。答案非常明确。扎克将这些调查结果汇报给他的老板，随后一级一级地向上传递，最终递交到哈斯廷斯那里。奈飞随即调整策略，开发了下载功能。

“我必须事先声明，我在公司只是基层员工，我就是个研究员。”扎克说，“但我依然能够挑战最高层领导的公开意见，并成功让公司接受这个功能的开发。这就是奈飞的企业文化。”

组织内部的员工通常在发现新想法和推动转型方面具有优势，但高层领导者有时也能起到同样的作用，尤其是当领导者来自外部时。外部领导者虽然会面临更多挑战，但他们能够带来新的视角，不受“我们这里向来如此”这种思维定势的限制。

一个典型的例子是汽车业传奇高管罗伯特·卢茨。他以夸张的举止和成功帮助多家汽车公司完成转型而闻名。保罗·英格拉西亚在 2001 年《华尔街日报》的一篇文章中曾这样描述他：“卢茨先生从不做任何‘恰当’的事情，至少他不会刻意去这样做。他喜欢疾驶的飞机、汽车和粗雪茄。他有着自己的‘战斗机和直升机’。”对于企业里那些“温情脉脉的团队建设活动毫不掩饰自己的厌恶”。卢茨的高调出格广为人知——在 1992 年的底特律车展上，他开着一辆吉普大切诺基直接冲上了会议中心的台阶，并撞碎了一扇窗户。

1986 年，当停滞不前的克莱斯勒公司请来卢茨时，这家公司亟须转型。由于长期忽视新产品开发，它在行业内几乎毫无存在感。“基本上没人会首选克莱斯勒的产品。”卢茨直率地对我说，“如果你去参加聚会，别人问‘你在哪儿工作？’如果你说你在克莱斯勒公司，他们会怜悯地看你一眼，然后拍拍你的肩膀。”

在一小群同样来自外部的支持者的影响下，卢茨决定：“这家公司需要的是一些前所未有、令人震撼的东西。”他回忆道：“如果你想改变人们的看法，你必须做出真正轰动的事情。”于是，“道奇蝰蛇”诞生了，一款极具视觉冲击力但完全不实用的敞篷跑车：没有空调、没有电动顶篷、没有防抱死刹车系统，并且，如卢茨所说，“是刻意为之”。一位评论家形容这款车“粗犷而直接，犹如一把大锤，文明程度堪比一场内战”。也正因如此，“道奇蝰蛇”迅速成为“老派车迷心中的终极梦想”。

对此，内部出现了大量反对的声音。卢茨的这个大胆构想源于一个周末，他驾驶自己的科布拉跑车兜风时突发灵感。周一，他就向公司宣布了这一想法，尽管当时他并没有任何市场调研或数据支持这一决定。公司财务部门认为，8000 万美元的开发预算应该用于更实际的用途，比如偿还债务。销售人员担心，售价 5 万美元的“道奇蝰蛇”——比普通道奇车型高出一倍多——难以被市场接受。然而，卢茨的直觉被证明是正确的。这款车在 1991

年一经上市就引发了轰动。这款车不仅改变了人们对克莱斯勒公司的看法，还为后续的热销车型铺平了道路，包括（英格拉西亚口中“令人眼前一亮、芝加哥黑帮风格的”）“PT漫游者”（PT Cruiser）和重新设计后的“道奇公羊”（Dodge Ram）。

卢茨坚信，正因为他是一个“局外人”，才能成功带领公司转型。他和他的团队常自嘲为“被大公司抛弃的异类，因为处于弱势所以不断想证明自己的价值”。他们或许曾经做过高管，但从未丢失“天马行空”的视角，而正是这种视角，让他们带领公司走向从未涉足的领域。

2001 年，69 岁的卢茨到通用汽车公司任职时，再次采用了相同的策略。当时，他力主推出雪佛兰沃蓝达插电式混合动力汽车，意图打破外界对通用汽车技术落后的固有印象，并试图从媒体宠儿丰田普锐斯手中抢回一些关注。“要想改变媒体和公众对公司的看法，你必须做一些出乎意料、震撼人心的事情。”他告诉我，“无论是‘道奇蝰蛇’还是雪佛兰沃蓝达，它们都是为了这个目的而诞生的。”

这一次，他也同样遇到了很多反对者。他告诉我：“几乎没有人支持这个项目，除了我和一群勇敢的战友。当你要做一些真正打破常规的事情时……总有人希望它失败。”这些人当中也包括他的一些同事：“我在通用汽车经历过的最艰难的战斗，就是推动沃蓝达项目获批，即使当时我就是这家公司的副董事长。”最终，让卢茨团队得以成功创新的，是他们这个小团队的坚持。“他们是一群坚韧不拔的人，非常清楚自己想要的是什么，并且能够成功化解来自各方的阻力。”

他和他的团队的经历也指出了企业变革中的另一个关键因素：小型团队往往比大型团队更具创新能力。芝加哥大学的研究人员分析了6500多万篇论文、专利和软件产品后发现，小团队更容易产生颠覆性的突破，而大团队通常只倾向于对现有成果进行改进。虽然两种团队各有优势，但如果想要实现真正的创新或变革——最好从一个小团队开始。

不仅是在汽车和制药行业，小团队在许多领域中都展现了显著的优势。无论是3M公司发明便利贴的创新团队，还是推动Kotex卫生巾诞生的护士小组，抑或支持iPhone手机研发的工程师和设计师们，这些小团队在本质上都在发挥着“专家伙伴”的作用。

这一原则同样适用于小规模项目。在《华尔街日报》和康泰纳仕集团工作时，每当我需要设计新栏目，我发现一个能围坐在一张桌子旁，一起吃比萨、喝啤酒的小团队足矣。我们在公司自助餐厅的桌子旁碰撞出《周末版》栏目的创意——一个很受欢迎、用商业视角写作葡萄酒、二手车购买、度假旅行等休闲生活方式的栏目。几年后，“9·11”事件导致市中心的办公室无法使用，我们在咖啡厅的几次小型聚会时，碰撞出《个人版》栏目的构想——将油价、利率等宏观新闻解读为对个人有直接影响的消费者导向文章。在写作本书的过程中，我才意识到，这种基于经验的做法实际上已经被科学证实。

还有一个关键因素促成了这些成功的案例。无论是魔法清洁海绵还是“道奇蝰蛇”，这些来自外部的创意，最终都被公司高层听到并采纳。相较之下，大部分时候，内部的创新者往往会被忽视、边缘化甚至遭到排挤。埃尔姆赫斯特学院的布鲁斯·D.费舍尔和马修·罗德在研究一家鼓励员工创新的制造企业时，发现了类似的现象。该公司鼓励员工提交创意，并通过每月的抽奖激励参与者，奖品是一张 50 美元的礼品卡。

起初，这个激励措施看似有效。第一年，新创意如潮水般涌来，他们收到了 180 份提案。但随着时间的推移，提交的创意越来越少，每年仅有十几份。当研究人员询问员工为什么不再继续提出新想法时，他们的回答很简单：因为领导层并没有实际跟进他们提出的创意。员工们表示，虽然他们可能会获得一张礼品卡，但他们的创意为什么不被采纳？如果想法被否定了，为什么不给予反馈？研究人员发现，员工们普遍感觉“管理层并没有认真听取他们的意见”。

另一家公用事业公司的情况也是如此。研究人员发现，当他们向会计师、营销专家和工程师询问提交创新建议的情况时，他们普遍认为自己提交的创意“得不到跟进”和反馈，从而打击了他们的积极性，而不是因为时间不足或工作量过大等问题。研究人员总结说：“如果提交的想法屡屡得不到反馈，员工创新的动力就会逐渐减弱。”想要利用好“局外人”的视角，借助公司内部“专家伙伴”的智慧，领导者必须学会倾听。

对于辉瑞和克莱斯勒这样的公司，挑战在于如何对现有的产品进行重新设计。但是，如果你生产的唯一产品过时了，该怎么办？如果再多的改进也无济于事，该怎么办？

这就是库托墙纸清洁泥制造商所面临的困境。1933 年，辛辛那提的兄弟克莱奥·麦克维克和诺亚·麦克维克首次推出的这款产品，曾风靡一时。在那个年代，煤是美国家庭取暖的主要燃料。尽管煤廉价且供应充足，但它非常容易弄脏墙壁和地板，留下厚厚的煤灰。在乙烯基墙纸出现之前，墙纸基本是由纸制成的，清理煤灰时非常容易损坏。因此，家庭主妇们经常使用一种被称为“墙纸面团”——通常由面粉、盐和清洁泥制成——的清洁物在墙壁上擦拭，来吸附污垢。

库托品牌的墙纸清洁泥曾为麦克维克家族——一个苏格兰移民煤矿家族——带来可观的收入。克莱奥充满活力，个性鲜明，是一位富有魅力的领导者。他胆识过人，在运动方面颇有天赋，喜欢自己驾驶飞机——他曾在两次飞行事故中生还，其中一次坠毁在新泽西州的沼泽中。他不仅慷慨地为家族成员提供工作机会，还希望自己十几岁的儿子乔能够继承家族事业。

然而，一切都在 1949 年 11 月的一个雨夜戛然而止。那天，克莱奥驾驶着他的四座私人飞机前往罗德岛，探望在布朗大学读书的乔。与他的父亲不同，乔性格温和，热衷于思考，尽管年轻时曾被送到军事学校锤炼，但他被东方宗教和精神世界深深吸引。他一直计划前往肯塔基州的盖瑟曼修道院，拜访著名的特拉普派修士和灵性导师托马斯·默顿。他的父亲对此极为不满，决定亲自去布朗大学“敲醒”自己的儿子。

于是，年轻的乔按照父亲的指示，在普罗维登斯的一家旅店外等候他。时间一分一秒地过去了，他一直没有等来他的父亲。直到黎明时分，乔才得知，他父亲的好运气终于用光了：他的飞机在城外一片草地上坠毁。那时他年仅 46 岁。

克莱奥的去世不仅是家族的一场悲剧，也导致了企业的动荡。顷刻之间，这个家族的未来都蒙上了阴影，乔的个人计划也随之破碎。乔的母亲继承了家族产业，但她迫切需要帮助，乔也因此不得不暂时，甚至可能永远地搁置他对灵性的精神追求。他的家族需要他。于是，乔毕业后就和新婚妻子哈丽特回到了俄亥俄州。哈丽特原本是一名才华横溢的钢琴家，已经被耶鲁音乐学院录取，但为了家庭，她放弃了自己的梦想。1952 年夏天，哈丽特怀上了他们的第一个孩子，她原本应该在音乐学院追逐艺术梦想，却在辛辛那提囿于家庭主妇的生活。然而，更糟糕的还在后面。孩子出生仅几天后，乔被诊断出患有霍奇金淋巴瘤。这是一种致命的血癌，在当时无法治愈，甚至没有有效的治疗方法。医生告诉他，他只剩下几个月的时间了。于是，乔和哈丽特将刚出生的女儿交给乔的母亲照顾，前往波士顿接受一种实验性治疗。高剂量的放射疗法让治疗过程极其艰难，精疲力尽之后，这对夫妇又远赴墨西哥，寄希望于另一种长期疗法。又过了整整一年，他们才回到辛辛那提。曾经还是婴儿的小女儿朱丽叶已经开始蹒跚学步，却对母亲充满了陌生感，甚至拒绝接近她。

虽然乔最终战胜了病魔，但在他忙于治疗和康复的这一年，家族企业却日渐衰退。第二次世界大战后，煤炭迅速被电力、石油和天然气等清洁燃料所取代。1940 年，超过一半的美国家庭仍在使用煤炭取暖，但到了 1960 年，这一比例骤降至 12%，并在之后的几十年里降至不足 1%。墙壁不再被煤灰覆盖，家庭主妇们逐渐停止使用库托墙纸清洁泥，许多商店也彻底停止出售这种产品。

随着库托业务的不断萎缩，家族企业面临严重的财务危机，而现在这一切都落在了乔的肩上。公司正在以极快的速度走向倒闭，现金储备迅速耗尽，留给乔的时间已经不多。破产不仅会摧毁这个家族产业，还会导致整个家族陷入财务危机。乔的女儿朱丽叶多年后回忆道："库托当时岌岌可危，公司已经到了必须做出艰难决定的时刻。"当时，乔还不到 25 岁，而整个家族的未来和责任已经重重地压在他的身上。生活从未如此灰暗。

就在这时，乔的"专家伙伴"奇迹般地出现了，而且极其令人意想不到：这位"专家伙伴"是他的妻妹，一名幼儿园老师。

在乔艰难维持摇摇欲坠的墙纸清洁泥生意时，他的妻子向她的妹妹凯瑟琳·祖福尔倾诉了他们的困境。凯瑟琳是新泽西一位年轻的家庭主妇，经营着一所幼儿园。大家都叫她凯。她和丈夫罗伯特刚搬到多佛小镇，罗伯特是一名刚执业的泌尿科医生，正着手建立他的诊所。

祖福尔夫妇是一对非常聪慧的夫妇。祖福尔医生用外科胶带修好了家里的水管，还自己动手给车加装了安全带。他的妻子则是个精力充沛的"行动派"，无论遇到什么障碍都能克服。当地媒体曾称她为"勇往直前的祖福尔夫人"，她不畏惧与镇上的官员对抗，还经常为自己的项目向政客们施压。她想让自己的孩子们学音乐，便请来了一位外地的老师，并把家中的一间空房设成教室，给当地的孩子们提供学习场地。她让四个女儿组成了弦乐四重奏，并坚持要求她们每天在上学前和放学后练习，并记录每天的练习时长。

“她是一个难相处的母亲，要求很高。虽然有时她也会支持我们，但更多的是提出要求。幸好她的要求对我们都是有益处的。”她的女儿玛格丽特回忆道。玛格丽特后来成了一名职业中提琴演奏家。“有时候你会觉得真受不了她，但事后总会发现她是对的。如果你不按照她说的去做，最终你也会明白她的想法是正确的。”

当凯需要照顾不断长大的孩子时，毫不意外，她也自己解决了这个问题：她在长老会教堂开办了一所幼儿园。1955 年圣诞节前夕，凯正在忙着幼儿园的事，她翻阅着一本幼儿园杂志，想寻找一些手工创意。

几十年后，当我见到祖福尔医生时，96 岁的他头脑依然敏锐，他生动地回忆起接下来发生的事情。凯在翻阅杂志时突然停了下来。他看到她眼中熟悉的光芒。凯转向丈夫，向他挥舞着手中的杂志。“我们可以拯救乔的生意！”她激动地说。那篇引起她注意的文章描述了墙纸清洁泥如何被制作成类似于黏土模型的小玩具。凯的第一反应是：库托公司不也可以吗？

夫妇二人决定像往常一样先亲自进行试验。他们拿出凯的擀面杖，在小厨房的桌子上把清洁泥压平，然后用饼干模具做成圣诞装饰品，烤干后用绳子挂在一棵两英尺高的小圣诞树上。效果看起来非常好，他们立刻打电话给远在辛辛那提的乔。“乔，”凯对她的姐夫说，“我有办法拯救你的生意了。”

那时的乔正陷入绝望，疯狂地寻找解决办法。是抵押房子还是卖掉公司？眼看着已经无路可走，凯的这个想法成了他最后的希望。当乔从辛辛那提飞过来看这些圣诞装饰品时（“他满脸的绝望”，祖福尔医生回忆道），他立刻决定接受凯的建议。库托墙纸清洁泥不仅可以重新设计为儿童玩的黏土模型，它还有文章里写的相同的罐子、相同的机器、相同的工厂，几乎可以制作出完全相同的产品。这真是天才般的创意。

乔整天在工厂里和成堆的胶泥在一起，但他从未想过这些东西可以有其他用途。除了清洁这一已经失去需求的用途，他想不出还有什么别的可能。最终，一个外部的视角帮助他建立起这种联系，一个对库托没有任何先入之见的人，重新定义了这个产品——不再只是清洁泥，而是制作成玩具。

回到辛辛那提，乔和他的妻子，以及一位名叫刘天的化学家开始了改进工作。他们调整了墙纸清洁泥的配方，确保无毒，这样即使孩子误食也不会有危险。刘博士减少了盐的含量，添加了香味，也就是现在著名的培乐多气味。麦克维克的孩子们成为最早的内部测试用户，他们经常在厨房里玩这些新材料，甚至有时会到工厂里，在光滑的地板上滑旱冰，四周都是装着泥的罐子。“在今天这个数字化时代，人们往往忽略了通过面对面交流来激发灵感的重要性。”他的女儿玛丽·诺耶斯感慨道，“我们需要关注生活中的简单事物。也许机会就在眼前。”谈到她的父亲，她补充道：“他在这方面真的很有天赋。”

乔和他的叔叔诺亚甚至想出了一个完美的名字。兴奋之下，他们打电话给祖福尔夫妇。在新泽西的厨房里，凯和丈夫一起接起电话，准备聆听这个好消息。

“我们决定叫它‘彩虹工艺造型泥’！”乔兴奋地说。

“等一下，我们稍后再打给你。”祖福尔夫妇说。

挂掉电话，祖福尔夫妇对视了一眼。“我们必须想出一个更好的名字。”祖福尔医生回忆说，“名字要简短、有趣、朗朗上口。”最终，祖福尔医生想出了一个大家都满意的名字。“这是我对整件事的唯一贡献，它的名字，是我想出来的。”祖福尔医生说，“我以前写过一些东西，但最终出名的却只有这个词：培乐多。”

培乐多的诞生源于局外人的重新想象，挽救了这个濒临死亡的产品。但这同样需要领导层的支持，而乔在这个过程中展现出无与伦比的热情，他参加了全国各地的玩具展销会。“就像一辆装得满满当当的篷车，东西从后面不断掉下来。”他的女儿朱丽叶回忆说。他把培乐多玩具分发给当地的学校，并邀请学生们参观工厂。他甚至为培乐多写了一部音乐剧，自己作曲。这部音乐剧在当地的社区剧院里演出，大获好评（“在我们这个小镇上，这首歌曾风靡一时，”朱丽叶告诉我），但遗憾的是，如今它已被历史所遗忘。

或许乔最出色的销售手段，是成功说服了鲍勃·基山，也就是著名的“袋鼠船长”，在他平日的儿童电视节目中展示培乐多，并将销售分成作为报酬。不久之后，5岁的朱丽叶穿着派对连衣裙，头上系着丝带，出现在电视荧屏里，在镜头前展示如何玩培乐多。

“袋鼠船长的节目就像给干草堆点了一把火，使培乐多迅速流行起来。”她回忆道。

在库托公司濒临破产，乔的家庭和公司员工都面临危机时，他展现出的创造力在某种程度上是有悖常理的。一般来说，当人们处于如此严峻的财务困境时，创造力往往会被抑制。但矛盾的是，极度的困境有时恰恰能激发出非凡的创造力，这是许多最具创造性的商业转型中常见的特质。

新闻行业就是一个典型例子。近年来，随着印刷出版物的衰落和广告资金向数字平台转移，本地新闻遭受了严重打击。自2005年以来，已有2000多家本地报社关闭，而这种惨烈的局面没有丝毫减弱的趋势。然而，在拥有100多家当地报纸和大型都市报纸业务的甘尼特公司，曾与我共事过的本地记者，却展现出非凡的创造力。他们源源不断地为读者提供新鲜观点。尽管行业资源日益匮乏，他们还需要承受额外的工作量，但依然想出了许多令人耳目一新的产品、活动和商业创意。在整个新闻行业，许多最具创新性的商业模式和营销方式，正是在这些财务状况最为紧张的本地新闻机构中诞生的。

圣母大学的一项研究揭示了其中的原因。研究团队对印度乡村的 12 位企业家和创新性问题解决者进行了研究，发现资源最匮乏的人往往最具创新精神——因为他们别无选择。一名学生设计了一个巧妙的自动化系统，在雨季能够自动收回晾衣绳；一位买不起农业设备的农民对一辆摩托车进行了改装，使其能够用来犁地、播种、除草和喷药；还有一位蘑菇种植者发明了一台自动堆肥机，他告诉研究人员："有钱人难以创新，是因为他们没必要那样做。"

这些企业家将他们的方法称为"Jugaad"，在印地语中大致可理解为"应急解决方案"或"灵活破解方法"。正如我们在那些从失败中重整旗鼓的人身上所看到的，这些企业家通过不断尝试、逐步改进来获得成功。他们不受传统思维的束缚，甚至不在意他人的看法，坚定地相信自己的判断。那位农民科塔里自信地说："现在，如果你问任何人，大家都会说我能解决任何问题。"

培乐多的成功也是如此。随着这种造型泥销量的不断增长，许多顾问主动向乔提供建议。哈佛商学院的专家告诉他应该扩大业务，乔却拒绝了他们的建议。他们警告说："你会失败的，你会被吞并。"然而，乔就像印度的那位蘑菇种植者一样，坚信自己的直觉。"跟随自己的直觉，"他的女儿朱丽叶说，"这就是他唯一的依靠。他做的完全是与专家建议相反的事情。他没有经验，全凭直觉行事。"

事实证明，乔的直觉是正确的。公司的销售额迅速攀升，1965 年，乔以 300 万美元的价格将公司出售给了通用磨坊公司，按今天的美元价格计算，相当于 2600 万美元。这笔交易让乔登上了当年《时代》杂志的封面，标题为《百万富翁：他们是如何成功的》，与他同登封面的还有百老汇制作人哈尔·普林斯及海湾西方工业公司董事长查尔斯·布鲁多恩等明日之星。那时，乔·麦克维克只有35岁。

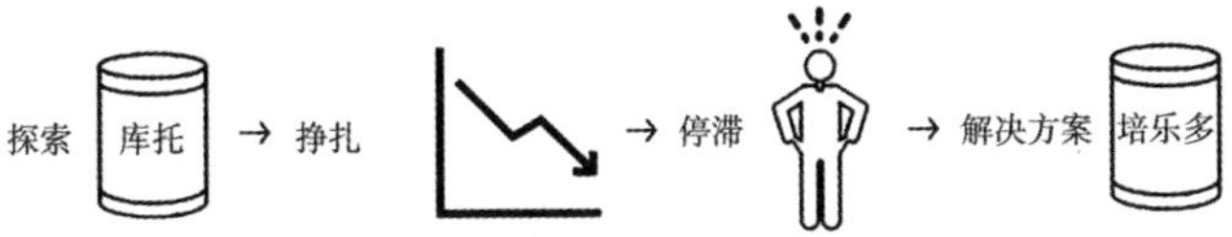

今天，培乐多已经归玩具巨头孩之宝公司所有。尽管创始家族已经不再参与其中，但培乐多的影响依然深远。培乐多带来的财富让乔得以重新追随他最初的兴趣——钻研东方宗教、冥想和瑜伽。最终，他与哈丽特离婚，余生辗转于加利福尼亚州、科罗拉多州以及印度，并在印度的静修院生活，直至61岁去世。与此同时，虽然凯在企业历史上享有盛誉，但她并未因自己的贡献得到任何经济回报。两家人因姐妹之间的另一个争执而疏远。不过，祖福尔夫妇的生活依然很好。祖福尔医生退休后，他与妻子在教堂的地下室为贫困移民群体开设了一家诊所。如今，新泽西州的多个城镇都有设备齐全的祖福尔社区医疗中心。

在很多方面，培乐多的转型成为品牌重塑的经典案例。该公司的领导人曾努力探索传统的解决方案来应对库托销量的下滑，经历了痛苦的挣扎和近乎破产的困境。最终，他们想到的解决方案是对产品进行重新定位。培乐多的成功证明了外部声音的重要性，无论这些声音来自员工、客户，还是像凯这样的“专家伙伴”。它也展示出领导层识别并推进创新想法的关键作用。虽然乔·麦克维克并非提出将墙纸清洁泥转型为儿童黏土玩具的那个人，但一旦他认定这是一个可行的方向，他便全力以赴，确保了培乐多的顺利推出。这些步骤中的每一步都是这一家族企业重生的关键。

讽刺的是，如果乔从一开始就听从另一位外部人士的建议，他可能会少走很多弯路。早在凯提出将墙纸清洁泥转化为儿童玩具之前，有一天，一位工人曾来到库托公司的办公室，带来了一些用清洁泥捏成的小泥人。多年后，乔的妹夫兼同事比尔·罗登博回忆说：“那位贴墙纸的工人给我们展示了一些用墙纸清洁泥捏成的小动物。”乔和比尔当时并未意识到这是一个巨大的机会，就把他打发走了。

“我们都觉得这人很有趣，但当时真的完全没有往那个方向想。”比尔后来感慨道，“机会就摆在我们面前！”他们当时并没有看到这个可能性，他们无法跳出固有的思维框架，去想象库托可以成为除了清洁泥之外的任何东西。

这让人不禁会想，在今天，有多少员工、客户，甚至亲属，手握着改变企业命运的创新想法？那些正处在失败边缘的品牌和公司，正需要这样的想法来赋予它们新的生命，哪怕是彻底改变最初的面貌……只要领导者愿意去倾听。

尾声

下一步！

送给读者的工具包

无论你身处何地，那都是你的起点。

——卡比尔·达斯

培乐多从墙纸清洁泥转型为儿童玩具，正是对这个快速变化的世界作出的回应。它诞生于一个人人都感到迷茫的时代，产品和公司的初衷均已过时，没有人知道未来会如何。某种意义上，我们现在正处在类似的境地。每隔几十年，我们的文化都会经历一次巨大的冲击。而眼下，在新冠疫情、政治动荡和经济不确定的影响下，我们所经历的状况尤其令人不安。我们正处于历史性的巨变之中。因此，许多人在试图弄清下一步该做什么的时候，会感到格外迷茫、困惑或者恐惧。

随着变化的加速，理解如何驾驭变化也变得越发紧迫。这就是为什么我在本书中讲述那些故事——了解他们如何成功地应对这些变化，对我们是有益的，并且可以让我们感到安心。有些人找到了新的职业，或是为自己的生活找到了新的目标；另一些人则从失败中重新振作，或在看似将他们排斥在外的世界中，创造了属于自己的位置。他们曾经历重要的“顿悟时刻”，从而发明了便利贴和“伟哥”等创新事物。当他们感到生活或工作停滞不前时，他们设法摆脱了安于现状或懒惰的状态，以惊人的创造力向前迈进。

我所记录的这些人面临着迥异的挑战，并以各种迥异的方式作出了应对。然而，他们的故事中有一些共同的线索，他们所学到的教训对我们同样有所启发。总体而言，正如我们所看到的，他们往往经历着相似的阶段：探索新的信息，挣扎于从一种生活或工作方式转向另一条新道路；他们可能会陷入止步不前的僵局；但最终找到了解决方案，成功完成转变。

除此之外，他们还分享了一些宝贵的见解。首先，即便我们觉得自己被困住了，或是停滞不前，实际上我们并未止步。我们在前进、在探索，虽然当下未能察觉。无论是律师乔安妮·李·莫利纳罗，为迁就素食主义丈夫的饮食习惯，最终成为明星“韩国素食者”，还是艾伦·格林斯潘，在早期音乐生涯的引导下，逐步成长为经济学大师，我们下一步行动的种子，早已在我们当下所做之事中扎根。你可能无法预见自己曲折的道路将通向何方，如同哈兰·大卫·桑德斯，历经律师、轮胎销售员等多种身份，最终成为肯德基的代言人。但你现在所做的一切艰苦努力，或许都在引领你走向那条属于你的道路。

其次，我们需要学会拥抱整趟旅程——换句话说，要拥抱其中的挣扎。电视业高管玛拉·金斯伯格经历了一次又一次的挫折，失去了生计，还差点失去了自己的儿子，但她旅程中的每一步，都让她重新塑造了一种更有意义的生活，成为一名服装设计师。斯卡斯代尔市长简·贝隆在成为非营利组织CEO和公民领袖前的十几年里，一直觉得自己是个隐形的全职妈妈。正如他们所证明的那样，生活并非童话，青蛙不会突然变成王子。相反，生活是一系列的停滞、反复与前行，这可能并不舒适，并且几乎肯定不会很轻松，但这一切都是必要的。

最后，那些成功转型的人几乎都学会了适时停下来，偶尔休息一下。他们最终意识到——尽管有时意识到得有些晚——休息并不是软弱的表现，而是力量的象征。基思·莱因哈德把所有清醒时的精力都投入麦当劳的广告项目中，却在睡梦中创造了"汉堡神偷"。新冠疫情的停摆让卡里和布里特·阿尔泽有了时间去反思，并意识到他们想要改变职业，将生活重心从工作转向家庭。对于喜剧演员约翰·克里斯而言，那些带来新见解的休息，就像"一份礼物，一种奖励"。

我们需要停止对忙碌的迷恋，就像威廉·詹姆斯曾经说过的那样，花时间"松开"我们的大脑。事实上，这也是我还在努力学习的一个理念。虽然至今成效有限，但我会继续尝试，并借助像我丈夫这样的"专家伙伴"的帮助。这也是最后一个关键点：当你需要帮助时，向他人寻求帮助是完全可以的——找到你自己的"专家伙伴"，同时也成为他人的"专家伙伴"。

虽然每个人和每个组织各不相同，但是我所采访的众多人士，以及来自各个领域的科学家和研究人员，提出了一些简单明了的策略，有助于更为顺利地度过转型期。以下是从他们的经验中总结出的几点建议。

探索期

尝试“可能的自我”。詹姆斯·帕特森在广告公司工作时就认为自己是一名小说家；电话维修员克里斯·多诺万早在成为鞋子设计师前，就已经对从事这个职业充满了想象。心理学家黑泽尔·马库斯和保拉·努里乌斯提出了“可能的自我”这个概念，用来描述我们如何设想自己的未来：我们想成为怎样的人、可能成为怎样的人，甚至是害怕成为怎样的人。我们可以设想未来的自己更快乐、更自信、更苗条，甚至重新设想自己的生活和事业。勾勒这些“可能的自我”可以帮助我们将其变为现实，带来积极的改变。

循序渐进地迈出每一小步。与我们成长过程中听到的灰姑娘或蜘蛛侠的故事不同，现实中并不存在一夜之间的转变。几乎每一次的转变都源于一系列通常是微小甚至是不经意间的改变。无论是伊娜·加滕在成为“赤脚伯爵夫人”的很久之前，就开始邀请朋友来家中品尝她烹制的美食，还是经济学家威尔·布朗在成为农场主之前，花了数年的时间逐步学会了修补牛栏和阉割奶牛，每一次成功的转变其实都是由无数个细小甚至难以察觉的步骤组成。

听从内心的直觉。克利·希勒和乔安娜·特普林凭借“直觉”一起创办了广受欢迎的“家居编辑”整理业务。许多拥有海量数据的高管在做出支出决策时，同样也会抛开数据，选择跟随自己的直觉。虽然这听起来似乎不合常理，但有时候过多的信息反而会带来虚假的安全感，让我们做出错误的决定。直觉虽然看似不够科学，但它实际上反映了我们的专业知识和模式识别能力。我们的身体往往比大脑更早觉察到正确的方向。正如神经科学家安东尼奥·达马西奥所说，“思维与大脑存在割裂”或许是“错误的”。

挣扎期

拥抱挣扎。任何一种过渡的中间阶段都是最艰难和最容易被忽视的。我们常常会忽略成功转型故事中这个关键的过渡期。然而，转变没有捷径。在创造力研究中，这个阶段被称为“孵化期”：你被某个问题难住了，然后在半夜突然醒来，想到了答案。对于职业转换者来说，这个阶段就是“临界期”：你已经抛弃了旧的身份，但还没有完全融入新的身份。对于创伤幸存者来说，这是个人成长之前的“挣扎期”。这就是凯·威尔逊从恐怖袭击中幸存下来后成了慈善家，以及科学家卡塔琳·考里科在经历了数十年的职业挫折后，最终研发出疫苗的原因。

制作失败简历。每个人都有失败的时候，但失败往往比成功更具有教育意义。当科学家梅兰妮·斯蒂芬第一次整理出她的失败简历时，她意识到自己一直在努力适应不适合自己的职业路径，并因此转向了一个更令她感到满足的方向。西北大学的科学家王大顺发现，那些早期“差一点”成功的人——比如在竞技运动中最初排名第四的选手——更有可能在后期取得更优异的成绩。列出你的失败经历可以帮助你评估当下是应该继续坚持，还是放弃并调整方向。

寻求“专家伙伴”的建议。创伤专家发现，与了解你的人交谈可以帮助你实现创伤后的成长。更广泛地说，我们每个人都需要一个“专家伙伴”。丹尼·迈耶年轻时曾考虑就读法学院，他的叔叔对他说：“从你小时候起，你的世界就围着美食转……为什么不干脆开一家餐馆呢?”就是这句话让迈耶——联合广场餐饮集团的创始人——走上了成为世界顶级餐馆经营者之一的道路。迈耶告诉我：“我知道自己喜欢餐饮，但从未想过这是一条可以追求的职业道路。”没有外部的推动，“可能我自己永远不会看到这个机会”。

利用你的关系网，特别是那些“弱关系”。如果你正在寻找一个新的方向或机会，最有价值的建议可能来自那些你多年未联系的旧友，或者只是偶然认识的“弱关系”。对包括LinkedIn数据在内的大量分析研究发现，在寻找新工作时，关系网中联系较弱的人更有可能帮助你发现机会，而不是身边最亲近的人。此外，当研究人员让224位高管向至少3年未联系的人寻求工作建议时，这些高管发现，他们从这些关联较弱的联系人那里获得的创意和新见解，比从紧密联系的人那里获得的要多得多。

付诸行动。思考一条新的路径很重要，但单靠思考无法取得实质进展。行动才是关键。可以从先迈出一小步开始尝试，比如参加课程、培养爱好，或者交一些志趣相投的朋友。乔斯林·妮可·约翰逊建议：“做一些可控的新尝试。”她在弗吉尼亚州夏洛茨维尔市的公立学校做了十几年的美术老师，50岁时出版了备受赞誉的处女作《我的蒙蒂塞洛》。她说：“你必须先行动起来。”

分享你的目标。与他人分享你的目标，能够增加实现它们的可能性。2015年的一项针对23岁至72岁成年人的研究发现，那些每周与朋友分享进展的人中，超过70%的人最终实现了自己的目标，而这一比例是不与他人分享目标者的两倍。无论目标是提高工作效率、改善工作与生活的平衡、写书，还是卖房，这一规律都普遍适用。

停滞期

休息一下。洗澡、跑步、小睡——或者如果条件允许，休个长假。德雷克塞尔大学的约翰·库尼奥斯发现，当你遇到困境时，分散注意力往往是解决问题或产生新想法的最佳方法。2015年，澳大利亚查理斯特大学的琳达·奥文顿及其团队对1114人进行调查时发现，80%的人表示他们在洗澡、锻炼、乘坐交通工具、亲近自然或睡觉时，找到了难题的解决方案。事实上，科学家们已经围绕睡眠的益处展开了一整套研究，他们认为，睡眠可以让一些无关紧要的想法以新的方式融合在一起，从而产生突破性的创意。虽然长时间的休息，比如休假，是一种奢侈，但它往往能带来启发。非营利组织领导者在休假过后，通常会为组织带去变革的新想法。

做白日梦。即使在最忙碌的时候，我们也会花费25%到50%的时间做白日梦。心理健康专家指出，新冠疫情期间这个数字还会增加。好消息是，加利福尼亚大学圣巴巴拉分校的心理学家在对物理学家和作家进行的一项研究中发现，他们最具创意的想法中，有20%是在做白日梦时产生。更重要的是，这些在白日梦中产生的创意往往比集中精力工作时产生的想法更能解决“问题的瓶颈”，并常常带来“顿悟时刻”。

试试90分钟法则。心理学家K.安德斯·艾瑞克森发现，顶级小提琴家往往会在90分钟的专注练习后休息一下，这一模式对其他工作同样有效。如果你在某项任务上陷入困境，试着专注工作90分钟。不看电子邮件，不看手机，不分心。但在90分钟结束后，你必须停下来。休息的方式并不重要——锻炼、用餐、看电视都可以，只要不继续工作。之后再重新回到办公桌前，并重复这个过程。这个方法几乎总会比连续不断地工作更有成效。在写作本书时，我亲自验证了这一点，确实效果显著。

获得解决方案

请记住，每段经历都是有意义的。也许你感觉自己在原地打转，但你的经历也蕴藏着独特的价值，即便你未曾察觉。凯瑟琳·芬尼从耶鲁大学的流行病学研究员转变为“最会过日子的时尚达人”，再到投身于黑人企业的科技领域，成为美国最有影响力的投资者和企业家之一，这一路的所有经历成就了现在的她。莱恩·埃尔莫尔将他儿时成为“佩里·梅森”的梦想、对民权的关注、职业篮球生涯以及“更衣室里的律师”经历融合在一起，最终成为哥伦比亚大学体育管理与宣传的教授。几乎每一位受访者都对自己过去的努力，包括那些失败的经历，持有类似的看法。

保持开放的心态。未来的方向可能并非你最初设想的那样。在我的采访中，我领悟到一个重要的见解：那些成功实现重大转变的人，往往是通过探索曲折而意外的道路达成目标的。凯马里德·海曾梦想成为顶级金融公司的董事总经理，但当他实现了这个目标后，却发现自己真正渴望的是有意义的工作，有时间照顾家庭，以及充裕的冲浪时间。克里斯托弗·汉迪在银行工作时从未考虑过成为空乘人员，直到他的社区剧院搭档发现了他这一潜力。管理学教授埃里克·丹恩发现，当谈到促使他们转换职业的顿悟时，人们通常会提到自己“对变化的可能性持开放态度”。保持开阔的眼界、心态和好奇心，说不定会发现新的机会。

变化是反复且持续的。无论你当前身处何地，你的旅程都尚未结束。尤其让我受到启发的，是那些在退休后仍不断重塑自我的人，比如75岁开始经营自己初创公司的保罗·特斯纳，以及提出“培乐多”这个名字，96岁时仍充满活力的罗伯特·祖福尔博士。我们还可以从化学家斯宾塞·西尔弗身上汲取灵感，他因失败的黏合剂而发明了便利贴，在80岁时，他又重新定义自己，成为一名画家。令我印象深刻的还有便利贴的共同发明者亚瑟·弗莱，当我采访他时，他已近90岁，却仍追逐自己的好奇心。在我们交谈时，他说他正在“研究几项发明”。这样的追求正是我们每个人所向往的。

毫无疑问，踏入未知会让人感到恐惧，但这也让人感到兴奋。令人欣慰的是，正如这些杰出人物以及其他成功者所证明的那样，我们每个人都可以借鉴一些实用的策略。我们都拥有一张重塑自我的路线图，指引我们在生活、爱情和工作中前行。

从本书所讲述的故事中，我们可以汲取他们宝贵的智慧。尽管改变的过程有其自身的时间框架，起初看似难以理解或预料，但实际上，这些过程都在推动我们向前发展，认识到这一点，对我们来说尤具启发性。与此同时，关于改变的科学研究也在不断深化我们的认知，照亮了原本黑暗且难以捉摸的前路。了解改变发生背后的方法与奥秘，不仅能够帮助我们驾驭这段旅程，还能让我们享受这段旅程。

致 谢

我要向本书中提到的每一个人表达我由衷的感谢——无论是那些慷慨分享他们故事的人，还是那些帮助我将这些经历置于恰当背景中的研究人员和专家。每一天，你们都在激励着我。

作为一名作家，我非常庆幸能够遇到哈珀柯林斯/马利纳（HarperCollins/Mariner Books）出版公司的彼得·哈伯德（Peter Hubbard）作为我的编辑。他睿智的指导和建议让这本书变得更加完美。我也非常感激莫莉·根德尔（Molly Gendell），尽管在新冠疫情期间，但她仍以幽默、高效以及优雅的态度指导了这本手稿的完成。同时，感谢埃尔西·莱昂斯（Elsie Lyons）为这本书设计了出色的封面，以及辛西娅·巴克（Cynthia Buck）对细节的精心编辑。这是我与哈珀柯林斯合作的第二本书，我非常感谢出版商莉娅特·斯特利克（Liate Stehlik）、本·斯坦伯格（Ben Steinberg）、艾莉森·卡尼（Allison Carney）以及整个团队的支持。能够再次与莎伦·罗森布卢姆（Sharyn Rosenblum）合作是一件令人非常愉快的事情！

我对苏珊·格拉克（Suzanne Gluck）的感激之情表达得再多

都不为过。她不仅是一位杰出的经纪人，更是一位出色的读者、无私的支持者和了不起的朋友。同时感谢妮娜·伊安多洛（Nina Iandolo）的帮助，以及哈里·沃克经纪机构的优秀团队，特别是唐和艾伦·沃克（Don and Ellen Walker）、金伯利·利利恩斯坦（Kimberly Lilienstein）、卡拉·霍克（Kara Hoke）和亚历克萨·斯特恩斯海因（Alexa Sternschein）。

许多朋友和同事为这本书的诞生贡献了力量——他们与我一起进行头脑风暴，提供建议，完善主题，有时甚至提供给我一个可以依靠的肩膀。我要特别感谢《华尔街日报》"智囊团"才华横溢的编辑和朋友们：艾琳·达斯平（Eileen Daspin）、爱德华·费尔森塔尔（Edward Felsenthal）、阿利克斯·弗里德曼（Alix Freedman）、劳拉·兰德罗（Laura Landro）、伊本·夏皮罗（Eben Shapiro）、艾米·史蒂文斯（Amy Stevens）和希拉里·斯托特（Hilary Stout）。我还要感谢伊利斯·克莱曼（Elyse Klayman）、佩吉·卡尔布（Peggy Kalb）和南希·贝特（Nancy Better）给予我的建议，并特别感谢南希阅读手稿并提供了极具见地的意见，使这本书的内容更加完善。

安德鲁·海沃德（Andrew Heyward）不仅是我采访和写作过程中不知疲倦的伙伴，还为我引荐了从经济学家转型为农场主的威尔·布朗。感谢黛比·斯佩罗（Debbie Spero）将我引荐给玛拉·金斯伯格；感谢伊利斯·克莱曼（Elyse Klayman）将我介绍给简·贝隆；感谢凯文·德莱尼（Kevin Delaney）将我推荐给凯马里德·海；感谢黛布拉·斯帕克（Depra Spark），是她最先发现了克里斯托弗·汉迪；感谢播客主持人南希·迈尔（Nancy Meyer）让我联系上亚瑟·弗莱；感谢辛迪·斯蒂弗斯（Cyndi Stivers）将我引荐给保罗·特斯纳。我还要感谢那些帮助我厘清思路的人，其中包括布鲁斯·费勒（Bruce Feiler）、亚当·格兰特（Adam Grant）、罗杰（Roger）和安·麦克纳米（Ann McNamee），以及安（Ann）和安德鲁·蒂施（Andrew Tisch）。在写作过程中，《华尔街日报》的加里·罗森（Gary Rosen）和《时代》杂志的卢卡斯·维特曼（Lucas Wittmann）对其中几篇文章给予了指导，帮助我巩固了本书的主题。我也很感谢CNBC的同事们，他们邀请我在节目中讨论这些话题，包括安德鲁·罗斯·索尔金（Andrew Ross Sorkin）、贝基·奎克（Becky Quick）、乔·克南（Joe Kernen）、马克斯韦尔·迈耶斯（Maxwell Meyers）和丹·科拉鲁索（Dan Colarusso）。

萨拉·克罗莱夫斯基（Sara Krolewski）的事实核查工作远超预期，她不仅对事实、拼写和数据进行了验证，还深入挖掘了历史、诉讼和专利申请，使每一页的内容都变得更完善。谢谢你，萨拉。

最后，深深感谢我的家人。我的孩子安德鲁和丽贝卡，以及我出色的女婿萨姆，是你们最初激励我去探讨这个主题。我的丈夫汤姆，一直以来都对我充满耐心和爱心，他是我的精神支柱。新冠疫情期间我们都在家工作，他包容了我撰写本书的工作，这对他来说并不容易。他总是一如既往地用爱、幽默、鼓励和世界上最美味的金汤力酒来支持我。我永远爱你。